Histoire du pétrole

Du même auteur

Une colonisation douce : les missions du Paraguay, Paris, L'Harmattan, 1989.

L'Abbé Grégoire, défenseur des Juifs et des Noirs, Paris, Harmattan, 1992.

Bismarck, démon ou génie ?, Paris, L'Harmattan, 1994.

Histoire du Texas, Paris, L'Harmattan, 1996.

La France en Égypte, L'Harmattan, 1998.

Benito Juarez, héros national mexicain, L'Harmattan, 2001.

Thomas Paine, le combattant des deux révolutions, américaine et française, L'Harmattan, 2004.

John D. Rockefeller, La naissance d'une multinationale, L'Harmattan, 2007.

Maurice Ezran

Histoire du pétrole

L'Harmattan

5-7, rue de l'Ecole polytechnique, 75005 Paris

http://www.librairieharmattan.com
diffusion.harmattan@wanadoo.fr
harmattan1@wanadoo.fr

ISBN : 978-2-296-08260-1
EAN : 9782296082601

INTRODUCTION

Le XXe siècle est considéré à juste titre comme « l'âge du pétrole », et pour presque tout le monde, il ne fut pas un âge de tout repos. Avant de tenter d'expliquer ce paradoxe, il est nécessaire de répondre à la question : Qu'est-ce que le pétrole ?

Depuis des millions d'années, des sédiments arrachés des montagnes et transportés par l'eau ou l'air, s'accumulent dans des zones appelées bassins sédimentaires. Ils sont disposés sous forme de strates, qui subiront ensuite de multiples bouleversements géologiques. Certains de ces lieux servent de réceptacle à des débris organiques de plantes ou de petits animaux, qui se dégradent sous l'effet de la température et de la pression. Ils vont fermenter pour se transformer en hydrocarbures, c'est-à-dire en composés chimiques comprenant majoritairement de l'hydrogène et du carbone.

A la suite des mouvements de l'écorce terrestre, ces produits formés dans ce que les géologues appellent la roche mère, vont migrer vers des régions poreuses et perméables pouvant les accueillir et les conserver jusqu'à nos jours. Ce sont les roches-magasins communément appelées des pièges. C'est dans la majorité des cas des structures en forme de dôme nommées anticlinaux, possédant une couverture imperméable sous laquelle se regroupent ces hydrocarbures liquides et gazeux avec de l'eau. Lorsque ces structures ne sont pas profondes et qu'elles comportent des fissures, il arrive que les hydrocarbures se frayent un passage vers la surface du sol : On découvre alors des suintements d'un liquide noir et visqueux que l'on nomme huile de pierre (peter-oil) ou pétrole.

Le pétrole dès qu'il a pu être utilisé de façon rationnelle a été un bienfait considérable pour la quasi-totalité de la population de la terre, toutefois à des degrés très variables suivant les pays et selon la position sociale des individus dans chacun d'eux. Source de prospérité, il a pu remplacer le charbon dès l'aube du XXe siècle. Celui-ci extrait du sol par des mineurs dans des conditions de travail très pénibles, difficile à transporter, brûlant en dégageant des fumées toxiques a dû céder la place à ce liquide circulant sur des milliers de kilomètres dans des oléoducs, ou bien naviguant à bord de navires pétroliers. Le pétrole a révolutionné d'abord l'éclairage puis les modes de transport. L'automobile et l'avion n'auraient pas existé sans lui, pas plus que les matières plastiques et les lubrifiants. Il est donc facile de comprendre pourquoi ses contemporains l'ont qualifié d'« or noir ». Mais le pétrole a également été une source de problèmes pour ceux qui le produisaient, le raffinaient, le commercialisaient et finalement par ceux qui l'utilisaient. Cette inquiétude avait plusieurs origines :

- Dès le début de son exploitation rationnelle, c'est-à-dire la seconde moitié du XIXe siècle, cette industrie a été secouée par des crises ayant de multiples origines. Les unes étaient liées au caractère aléatoire de la découverte des gisements pétroliers, occasionnant des enrichissements spectaculaires chez certains prospecteurs, tandis que d'autres dans le voisinage se trouvaient acculés à la faillite et à la misère. Les crises étant provoquées également par la succession de périodes de surproduction et ensuite des moments de pénuries. Le pétrole, facile à extraire du sous-sol tentait les aventuriers dans l'ignorance totale des lois de l'économie et du marché. La ruée vers l'or noir aux États unis au XIXe siècle fut bien plus ample et bien plus pénible que celle de l'or métal.

La conséquence de ces remous d'origine structurels a été et le reste de nos jours, des variations inattendues de prix souvent d'amplitudes considérables, dont on n'arrive pas toujours à détecter la raison. Elles peuvent avoir pour origine la surproduction, l'excès de consommation, les rigueurs du climat, les difficultés de transport, la spéculation. Ces sursauts financiers sont souvent à l'origine de crises économiques aux conséquences sociales et politiques imprédictibles. L'inquiétude est alors générale et atteint aussi bien l'industriel cherchant à faire fonctionner convenablement ses usines que l'automobiliste devant la pompe à essence.

- La deuxième source de préoccupations est d'ordre géopolitique et social. Les gisements pétroliers sont très inégalement répartis à la surface du globe. Certaines régions sont fabuleusement riches, comme celles des États du golfe Persique, d'autres en sont démunies avec très peu d'espoir d'en trouver. Beaucoup de centres industriels, gros consommateurs de carburants liquides n'ont que de faibles ressources dans leurs sous-sols. Cette situation crée inéluctablement des tensions, des chocs d'intérêt.

La situation se complique car beaucoup de pays, malgré la grande richesse de leurs sous-sols sont politiquement instables et deviennent des sources d'approvisionnement peu fiables. Ce qui accroît encore l'incertitude, c'est la situation sociale de ces pays, souvent peu démocratiques et peu soucieux des droits de l'Homme, où les énormes richesses des classes privilégiées côtoient la misère totale des milieux défavorisés. Le nombre de milliardaires du pétrole qu'ils soient Américains, Russes ou du Moyen-Orient, dépasse largement en ce début de XXIe siècle celui des « Rois de la Mine et du Rail » cloués au pilori par Karl Marx.

- La dernière cause de malaise dans le monde pétrolier est d'ordre politique. Beaucoup de ces pays actuellement producteurs sont d'anciennes colonies des pays européens. Les mouvements nationalistes ayant abouti à l'indépendance se sont tous donné comme objectif de nationaliser totalement les ressources de leurs sous-sols ainsi que les installations en surface. Les compagnies pétrolières qu'elles soient d'origine américaine, anglaise, hollandaise ou française ont donc été les cibles privilégiées de ces mouvements, les considérant comme des survivances de l'époque coloniale. Les guerres d'indépendance ont été doublées de conflits pour la récupération de ces ressources nationales. Ce qui compliquait encore plus le problème c'est que les sources pétrolières ainsi nationalisées n'avaient pas les cadres techniques compétents pour faire fonctionner les installations. De toutes les matières premières, le pétrole est celle qui a été le plus impliquée en politique et cela persiste jusqu'à nos jours.

Mais cette énumération de difficultés liées au pétrole, ne doit pas nous faire perdre de vue qu'il a été à l'origine d'épopées parfois exaltantes. Il faut reconnaître le travail pénible et dangereux des pionniers à qui l'on doit la découverte des premiers gisements au XIXe puis au début du XXe siècle, leurs expéditions d'exploration dans les déserts brûlants d'Arabie, d'Iran ou du Sahara, leurs recherches dans les étendues glacées d'Alaska ou de Sibérie, leurs forages effectués durant les tempêtes de la mer du Nord. C'est au courage, à l'acharnement et à l'esprit de sacrifice de ces pionniers que l'on doit la plupart de ces richesses actuellement exploitées.

Quel est le but de cet ouvrage ?

- Il ne peut être une histoire détaillée de cette épopée gigantesque durant plus de 150 ans et qui s'est déroulée dans tous les continents du globe. D'autres ouvrages beaucoup plus volumineux s'en sont chargés. Notre récit se focalisera sur les principales phases de cette grande histoire, les causes des événements principaux et leurs conséquences, politiques et sociales.

- Il ne sera pas non plus une histoire des progrès techniques réalisés dans l'industrie du pétrole. De puis les premiers forages effectués en Pennsylvanie vers 1850 aux grandes plateformes de la Mer du Nord, le progrès est immense, toutes les techniques modernes sont utilisées et convergent vers la découverte, l'extraction et l'utilisation de ce combustible primordial. Une histoire des techniques pétrolières n'est pas le but recherché.

- Cet ouvrage ne sera pas non plus une étude financière relative à cette industrie. Les finances du pétrole sont très complexes et les bilans, comme on l'a souligné, souvent imprévisibles. Les problèmes financiers n'y seront abordés qu'inclus dans l'historique des relations entre compagnies pétrolières et États fournisseurs, ou que dans le récit des accords inter-compagnies.

Ce livre s'adresse à tous ceux qui veulent comprendre la signification de cette extraordinaire aventure technique. Rarement une entreprise pacifique internationale n'a mobilisé tant de personnes, tant de capitaux, tant de compétences, en puisant et en sélectionnant dans les ressources humaines de tous les pays, sans aucune distinction d'origine ethnique ou de croyances. La compétence a toujours été le premier critère dans le choix du personnel des compagnies pétrolières.

Ce livre traitera donc :

Des origines tumultueuses de l'industrie pétrolière, ses débuts pénibles et ses difficultés à s'imposer.

De la naissance de cette industrie, créative de multinationales, ses combats politiques, sociaux et militaires.

De l'arme politique de pétrole, de son utilisation dans la guerre et comme moyen de pression économique et politique. Ce récit nous mènera de la fin de la Première Guerre mondiale aux années 1970.

Des chocs pétroliers qui ont ébranlé politiquement et économiquement le monde occidental durant le dernier quart du XXe siècle.

Finalement du pétrole du XXIe siècle naissant, nous permettant de faire une légère extrapolation jusqu'à 2030 et de répondre à cette angoissante question que tout le monde se pose : allons-nous en manquer ?

Après l'ère du charbon qui a occupé tout le XIXe siècle, celle du pétrole touche-t-elle à sa fin ? À cette question, cet ouvrage apportera de prudentes réponses.

Ce livre se donne donc pour ambition de faire comprendre, de « dé-diaboliser » et de raconter cette prodigieuse aventure humaine qui continue de nos jours.

PREMIÈRE PARTIE
LES PRÉCURSEURS
(1850-1890)

CHAPITRE I

DE L'ANTIQUITÉ AUX TEMPS MODERNES

1 – Dans la nuit des temps

Le pétrole, déjà connu depuis la préhistoire, a toujours été présent dans l'aventure humaine. Apparaissant à la surface du sol ou dans les rivières, denrée plutôt rare, il pouvait servir à une consommation locale plutôt qu'au négoce. Il était utilisé par petites quantités de façons très diverses et souvent inattendues. D'où l'intérêt de souligner l'imagination créatrice de ces hommes qui ont pu trouver des emplois à ce produit visqueux, malodorant et désagréable à manipuler.

a) Références bibliques

On peut relever dans le texte biblique plusieurs mentions de ce produit. Dans le livre de la Genèse, les instructions détaillées de l'Éternel à Noé pour la construction de son Arche sont très claires :

« *Tu l'enduiras dedans et dehors de bitume* » (1)

C'est le premier exemple de projet de calfatage d'un navire. Plus loin, lors de la construction de la Tour de Babel, la Bible spécifie les matériaux utilisés :

« *La brique leur tint lieu de pierre et le bitume de mortier* » (2)

Beaucoup plus tard, la Bible raconte le stratagème utilisé par la mère de Moïse pour sauver son fils, condamné par le Pharaon :

« *Elle lui prépara un berceau de jonc, qu'elle enduisit de bitume et de poix, elle y plaça l'enfant et le déposa dans les roseaux de la rive du fleuve* » (3)

b) Dans l'Antiquité

En Mésopotamie, région que nous connaissons maintenant riche en gisements d'hydrocarbures, le pétrole brut lourd, le bitume, est utilisé comme ciment pour la construction des Palais de Suze et Ninive. Il sert également à assurer l'étanchéité des terrasses et colmater les citernes contenant des réserves d'eau. Son emploi comme lubrifiant pour les essieux des chars et charrettes date de cette époque. Dans l'Égypte ancienne, il sert parfois à embaumer les morts.

c) Pétrole et religions

Il se trouve que dans certaines régions du Moyen Orient, des phénomènes produits par les hydrocarbures et surtout le gaz naturel, ont pu frapper les esprits. Les gaz s'échappaient de fissures entre les rochers, s'enflammaient, devenaient ainsi des feux éternels. Ceux-ci étaient alors considérés comme des manifestations de la puissance divine. Le culte de Zoroastre, en Iran, dans des temples où des torchères émettaient des flammes en permanence, était fait pour impressionner les foules. Des sanctuaires furent construits sur ce modèle dans la région de Bakou au Caucase, ainsi que chez les Sumériens en Mésopotamie.

La Bible mentionne également l'existence de ces feux permanents lors du récit de la vie de Moïse, en exil dans le désert :

« *Un ange du Seigneur lui apparut dans un jet de flammes au milieu d'un buisson. Il remarque que le buisson était en feu et cependant ne se consumait point* » (4)

Des traces de ce culte du feu se retrouvent de nos jours dans les flammes éternelles du souvenir ainsi que dans celles des Jeux olympiques.

d) Pétrole et médecine

Le pétrole, denrée magique et mystérieuse doit pouvoir guérir les maladies des hommes. Il est alors facile de lui imputer des vertus médicales dans les domaines les plus divers. Souvent des recettes, d'origine arabe, sont transportées en Occident et utilisées pour soigner les maladies de peau, les brûlures d'estomac, la toux, la constipation. On la vend dans de petites fioles, colportées par des marchands dans toute l'Europe du Moyen Âge.

e) Le pétrole et la guerre :

L'utilisation du pétrole comme arme de combat date de la plus haute antiquité. On a entendu parler des feux médiques en Grèce ancienne vers l'an 700 avant J.-C. ou des feux grègeois faits avec des récipients contenant des mélanges de naphte et de soufre enflammés catapultés dans les villes assiégées et remplacés parfois par de grosses pierres entourées d'étoupe en feu. Les armes se perfectionnant, des combattants munis de flèches à bout porteur de tissus imbibés de pétrole les lançaient à l'aide d'arcs ou d'arbalètes pour incendier les maisons. Dans la marine, les projectiles enflammés, catapultés lors de combats navals, tombent sur les galères ennemies.

f) Le pétrole pour l'éclairage et le chauffage

On ne peut terminer cette énumération des usages du pétrole sans en mentionner deux autres :

D'abord pour l'éclairage qui se pratiquait à l'aide de torches en Mésopotamie. Celles-ci présentent l'avantage de durer longtemps et d'être difficilement soufflées par le vent. Ce même usage du pétrole se retrouve en Birmanie et en Chine. Ensuite, le gaz naturel, vers l'an -300 avant J.-C., capté en Chine dans des tuyaux de bambou servait alors à chauffer des fourneaux et autres installations pour le traitement des métaux.

L'utilisation du pétrole reste cependant assez marginale durant toute l'Antiquité. Elle a lieu en des endroits limités, autour des régions où on le ramasse suintant entre les rochers, ou bien tout près des émanations de gaz. Des tentatives d'extraction du sol sont entreprises dans le Caucase où l'on creuse des puits profonds de 10 à 20 mètres, d'où on remonte le pétrole brut au bout d'une corde dans des récipients. Il subsiste des vestiges de cette pratique dans les ruines de la ville d'Ur en Mésopotamie ou dans celles des sanctuaires du Caucase.

L'Europe occidentale ne connut pas ces techniques. Dès la chute de l'Empire romain, elles disparaissaient car il n'existe que fort peu de lieux où des hydrocarbures liquides ou gazeux apparaissaient à la surface du sol. D'ailleurs dans cette région du monde ce sont le bois ou le charbon qui deviennent les combustibles destinés au chauffage. Des huiles végétales ou animales servent à l'éclairage, des chevaux et des bœufs constituent la force motrice. Le pétrole et ses dérivés sont oubliés pour de longs siècles.

2 – L'artisanat pétrolier

À la Renaissance, à l'aube de la civilisation technique, la curiosité scientifique s'éveille, les hommes recherchent de nouveaux horizons, de nouveaux produits. La découverte de l'Amérique en 1492, puis sa colonisation, créent des chocs intellectuels et des interrogations éthiques. On est confronté à de nouvelles ethnies utilisant pour vivre des produits et des techniques d'un nouveau genre. Les colons de Pennsylvanie remarquent que les Indiens de la tribu de Senneca récoltent du bitume à la surface des rivières ou dans des trous et l'emploient comme médicament ou pour s'éclairer la nuit.

En Amérique du Sud, sur les bords du lac Maracaibo au Venezuela, les conquistadores espagnols observent les Indiens Motilones qui recueillent du goudron et enduisent l'intérieur de leurs pirogues pour les rendre étanches. Cette technique sera reprise plus tard par les navigateurs de la région : corsaires, pirates ou capitaines de galions qui feront escale dans ce lac, le temps de calfater leurs navires avec cette substance providentielle.

A Pechelbronn, en Alsace, en 1627, le comte de Hanau-Lichtenberg octroie une concession pour l'extraction de la « poix-minérale ». On creuse des puits puis des galeries, comme dans les mines de fer. Arrivés aux sables pétrolifères, ils sont remontés à la surface, lavés à l'eau bouillante pour extraire le pétrole qui servira de lubrifiant, de ciment, d'huile d'éclairage ou de médicament. Parfois au fond d'une galerie de près de 100 mètres, on rencontre du pétrole liquide, s'écoulant tout seul, il est alors remonté dans les récipients. (5)

En Suisse, près de Neuchâtel, un physicien Eirinis obtient dès 1712 une concession pour exploiter une mine d'asphalte. Il extrait le produit, le purifie et le vend en France comme ciment. Il est alors utilisé pour rendre étanches les bassins du Roi-Soleil à Versailles puis servira de ciment pour l'Arc de triomphe du Carrousel. (6)

Plus tard, à Bakou, sur la rive occidentale de la mer Caspienne, qui passe en 1806 sous la domination russe après avoir été province du calife de Bagdad une petite industrie pétrolière commence à naître. On creuse des fossés ou des puits qui ne sont pas très profonds car les gisements affleurent presque. On remonte le pétrole et dès 1829 on compte près de 50 puits dans la péninsule d'Apcheron (7).

La technique évolue, les puits, partout où il y a des indices de la présence d'hydrocarbures, sont de plus en plus profonds, creusés à la main, jusqu'à 30 mètres de profondeur. De petites usines de traitement apparaissent, à Bakou ou en Roumanie, elles séparent par lavage le pétrole du sable ou le distillent dans des alambics rudimentaires pour obtenir des composants plus légers.

L'Extrême-Orient entre en scène, les Hollandais commencent à s'y intéresser aux Indes néerlandaises, les Anglais en Birmanie. C'est toujours la même technique utilisée, c'est-à-dire des puits creusés à la main. Le pétrole est exporté vers l'Occident ou sert sur place pour cuire les aliments et pour brûler au bout des torches lors de déplacements en pleine nuit.

Jusqu'au début du XIXe siècle, le pétrole sous ses différentes formes reste un produit marginal, peu répandu car il est cher, d'extraction difficile et arrivant de pays lointains. D'ailleurs son besoin se fait peu sentir parmi les populations en majorité rurales d'Europe ou d'Amérique. Il est surtout vendu dans de petites bouteilles en pharmacie. Son emploi dans le bâtiment ou pour la construction navale reste limité aux travaux importants et coûteux. Avec l'évolution des sociétés occidentales, des besoins nouveaux émergent qui accentuent la demande de ce produit encore exotique, et qui donneront naissance à une grande industrie.

3 – La révolution de l'éclairage

Dès le début du XIXe siècle, avec le développement de la population urbaine et les migrations des paysans vers les villes, attirés par les possibilités de travail dans les usines, les besoins en éclairage vont en grandissant. Le rythme de vie des campagnes, c'est-à-dire lever et coucher avec le soleil, devient incompatible avec les horaires de travail rigides fixés par les usines. Il faut pouvoir s'éclairer pendant les longues nuits d'hiver, ainsi que pendant les départs hâtifs du matin. Les populations des quartiers pauvres utilisaient des mèches trempées dans de la graisse ou des chandelles de suif fumeuses et malodorantes. Les familles riches achètent des bougies de cire ou des lampes à l'huile de baleine. Celle-ci donne une flamme claire et propre. Une véritable industrie de cette huile existe au XIXe siècle, alimentée par des baleiniers munis de harpons lancés par des canons, provoquant une hécatombe de tous ces cétacés durant ce siècle, et menaçant la survie de tous les grands mammifères marins.

Dans d'autres riches quartiers de ces villes d'Europe et d'Amérique, on a recours au « gaz d'éclairage » produit par la distillation en vase clos de la houille. Le méthane ainsi obtenu est stocké dans d'immenses réservoirs appelés alors « gazomètres » puis expédié par de multiples tuyaux ramifiés vers les habitations. Il sert alors à l'éclairage des maisons individuelles, des bâtiments publics, des théâtres et des rues principales. Il donne une belle lumière blanche, mais reste très coûteux, nécessitant un fort investissement afin de l'acheminer vers les habitations. Il n'est pas exempt de dangers d'explosion, d'incendie ou d'asphyxie. Il reste cependant un produit très utilisé jusqu'à la moitié du XXe siècle.

a) Naissance du kérosène

En 1854, à New York, un avocat George H. Bissel, se procure une bouteille de pétrole recueilli à l'ouest de la Pennsylvanie en un lieu appelé Oil Creek. On lui vante les qualités de ce produit naturel. Il confie cet échantillon à son ami le docteur Benjamin Sillivan, chimiste réputé de l'université de Yale. Celui-ci au bout de trois mois lui fait un rapport très favorable. On peut en extraire près de 25% de combustible de bonne qualité, sans odeur, donnant une belle lumière blanche. Les résidus de l'extraction peuvent faire des lubrifiants très efficaces. (8)

Bissel s'associe à James M. Townsend, banquier avec qui ils fondent la « Pennsylvania Rock Oil C° ». Ils achètent 40 hectares de terres près de Oil Creek, ils ramassent le pétrole arrivant à la surface des rivières et à l'aide d'alambics parviennent à mettre sur le marché un produit nommé kérosène de bonne qualité. Le nom Kérosène vient du grec (keros : cire, elaison : huile). Leur petite usine de raffinage fonctionne correctement mais ne peut se développer pour deux raisons : 1) les lampes à pétrole sont chères ; 2) la matière première, le pétrole brut est rare.

b) Le problème de la lampe

Le kérosène comme tous les combustibles utilisés pour l'éclairage, est placé dans un récipient surmonté d'une mèche trempant dans le liquide et qui une fois enflammée donne de la lumière. Comme toutes les lampes à mèche, cet appareil n'est pas exempt du danger d'incendie et court le risque d'être soufflé par le vent. Vers la fin du XVIIIe siècle, un pharmacien parisien, Quinquenet, eut l'idée d'entourer la flamme du brûleur d'une cheminée de verre, mettant ainsi l'ensemble à l'abri de toute manipulation dangereuse. Il crée ainsi la « lampe à pétrole » dont l'usage se répand, mais reste réservé au début, comme le kérosène, aux gens aisés. Cette lampe se développe avant tout à Vienne en Autriche, brûlant du kérosène venant de Galicie. On en fabrique de multiples modèles, richement décorés, avec de beaux abat-jour. Ces objets font jusqu'à nos jours la joie des collectionneurs, certains modèles atteignant parfois des prix très élevés. À l'époque, les lampes à pétrole viennoises sont exportées vers toute l'Europe et les États-Unis où elles trônent au-dessus des tables de salles à manger des riches bourgeois de New York.

C'est cette lampe à pétrole qui, une fois popularisée, va profondément bouleverser le mode de vie de tous les habitants, riches ou pauvres des grandes villes. C'est grâce à elle que la vie familiale peut se poursuivre après la tombée de la nuit. Il devient possible de dîner tard autour d'une table éclairée. La soirée continue après le coucher des enfants, avec les femmes occupées à leurs broderies, les hommes à jouer aux cartes ou lisant les journaux. Mais ce mode de vie est quand même long à s'établir : la rareté du combustible rend impossible la fabrication en série des lampes à bon marché et le kérosène en petites quantités coûte cher.

c) Le pétrole denrée rare :

L'industrie du pétrole progresse dans la première moitié du XIXe siècle. Le ramassage des huiles et bitumes arrivant à la surface est abandonné rapidement car trop aléatoire. On ne recueille plus le pétrole, on va le chercher sous terre, en petites quantités, par des techniques en tous points semblables à celles des mines de fer ou de charbon. Des mineurs vont l'extraire dans les galeries pour l'amener à la surface. Des mines de pétrole ont ainsi fonctionné à Pechelbronn en Alsace, en Roumanie, dans les Indes néerlandaises, et sur les rives de la mer Caspienne. Dans la région de Bakou en 1843, l'industrie pétrolière produit au total 3 tonnes de pétrole brut et 14 tonnes de produits raffinés. C'est un record pour l'époque, mais dont l'évocation devait bien faire sourire les magnats du pétrole, de la même région à la fin du XIXe siècle.

En ces années 1850, les besoins en éclairage des populations urbaines croissent énormément dans l'Ancien et le Nouveau Monde. Les techniques d'éclairage à la lampe sont au point et on sait raffiner le pétrole. On ne sait pas encore l'extraire de la terre.

CHAPITRE II

L'OR NOIR DE PENNSYLVANIE

1 – L'épopée du Colonel Drake

La Pennsylvania Rock Oil C° est en difficulté, n'arrive pas à accroître sa production par manque de matière première. La demande en kérosène de bonne qualité va en croissant mais la production des alambics ne suit pas. Le ramassage du pétrole brut devient une méthode de travail dépassée. Il faut aller chercher le pétrole là où il se trouve, c'est-à-dire sous terre.

Passant un jour devant un drugstore, Bissel remarque une bouteille de pétrole en vitrine. Son étiquette mentionne que ce pétrole est issu d'un puits artésien. Cela lui donne à réfléchir : ce pétrole est donc issu d'un forage. Déjà l'industrie du sel de la région utilise cette technique : forer un puits de petit diamètre jusqu'à atteindre sous terre le gisement de sel et injecter de l'eau qui dissout le sel. Il suffit alors de pomper cette saumure et laisser l'eau s'évaporer pour recueillir le produit désiré. D'ailleurs, dans nombre de puits à sel forés dans la région, on recueille parfois des nappes de pétrole avec la saumure, qui polluent le sel et le rendent inutilisable. Pourquoi alors ne pas forer un puits là où le gisement pétrolier est près de la surface et faire jaillir tout seul le précieux liquide noir ?

Bissel soumet cette idée à son conseil d'administration qui, à l'unanimité, lui répond : « Pomper du pétrole à la place de la saumure, c'est une pure folie. » Il ne se laisse pas impressionner, il sait que la technique du forage est au point (Elle aurait été imaginée par les Chinois avides de sel). Il cherche un technicien pour lancer l'opération.

Le candidat sélectionné est Edwin L. Drake, aventurier à l'esprit pionnier. Il ne connaît rien aux techniques de forage mais il est séduit par l'affaire et a confiance dans ses facultés d'adaptation. Il se rend à Titusville près de Oil Creek, se fait appeler le Colonel Drake pour se donner l'auréole d'ancien combattant et impressionner ses relations, alors qu'il n'a jamais été militaire. Il embauche une équipe de foreurs de l'industrie du sel et prévoit pour chef d'équipe un forgeron, spécialiste des outils de forage en acier. Il fonde avec

Bissel une société la « Seneca Oil C° » filiale de la « Pennsylvania Rock Oil C° » et se nomme président. Il faut faire venir le matériel de forage ainsi qu'une machine à vapeur pour actionner l'outil. Après avoir réuni tout le matériel nécessaire, il faut choisir l'endroit le plus favorable en se fiant au flair des spécialistes, le plus près possible des affleurements du gisement. Sur ce lieu, les foreurs érigent une tour en bois de 10 mètres de hauteur et, après de longs mois de préparation, le travail peut commencer. Arrivé à Titusville en mai 1858, ce n'est qu'au printemps suivant que Drake commence le forage.

Les actionnaires s'impatientent, une année est passée sans résultats, et les fonds alloués à l'entreprise commencent à manquer. Le forage démarre, l'opération est très lente, on procède par percussion en laissant tomber l'outil sur la roche pour la briser. Il faut changer d'outils assez souvent, on ne peut forer plus d'un mètre par jour. Le Colonel Drake a bien en main son équipe et rassure les actionnaires en visite.

Le samedi 23 août 1859, le puits atteint 23 mètres de profondeur, l'outil est arrivé dans une crevasse et on arrête le travail. Le lendemain, dimanche, quand le contremaître vient faire une visite de contrôle, il se penche sur le puits et le trouve plein d'un liquide noir et visqueux : le pétrole. Il alerte tout le monde et ce sont des cris d'enthousiasme et de soulagement qui éclatent.

Le jour suivant, on se met au travail et avec une pompe actionnée à la main, on remplit en quelques heures vingt-cinq barils. Ce sont d'ailleurs des barils fabriqués pour contenir du whisky. C'est un énorme succès pour Drake et pour ses commanditaires. Par son obstination, pas son esprit d'entreprise et son goût du risque, le Colonel Drake a prouvé que la seule méthode rationnelle d'exploitation de cette richesse naturelle était de forer des puits et d'extraire ainsi du sol de grandes quantités du précieux liquide. Il n'est plus question d'envoyer des mineurs le chercher au fond des puits. L'industrie de pétrole débute à cette date (1).

Bissel se rend compte que son entêtement a porté ses fruits. Drake a créé la disponibilité des ressources par le forage. Il sait qu'il pourra disposer de grandes quantités de pétrole brut pour alimenter son usine. La demande de kérosène est très importante, les raffineries existent déjà, les lampes à pétrole se vendent de tous les calibres et à tous les prix. Chacun pour une dépense raisonnable pourra avoir accès à la lumière.

Bissel se rend à Titusville, achète tous les terrains disponibles dans la région et commence la production de pétrole brut sur une grande échelle. Il deviendra riche et célèbre, ainsi que Drake qui recevra sa part de bénéfices. Mais celui-ci, imprévoyant et mauvais homme d'affaires, perdra toute sa fortune. (2)

2 – La ruée vers le pétrole

a) Le grand « boom »

La nouvelle du succès du Colonel Drake se répand très rapidement dans toute la région. Ses deux voisins sur le site du forage observent son travail d'un air indifférent. Mais aussitôt qu'ils se rendent compte que le puits produit, ils achètent de suite du matériel de forage, embauchent des équipes et se mettent à forer. Ils sont récompensés et leurs puits se mettent à débiter l'or noir tant désiré. Leur succès donne alors la certitude à tout le voisinage, que le gisement sous les pieds du Colonel Drake n'est pas une poche isolée mais s'étend sur une large partie de la région.

Bissel, dès le premier forage réussi, achète de suite des actions de la Seneca Oil C° sachant qu'elles vont forcément augmenter de valeur dans les jours à venir. Il fait ainsi une excellente affaire.

Autour de lui, des villes champignons commencent à s'édifier : Oil City, Pithole, chacune construite à la hâte des deux côtés d'une rue principale (Main Street) sans aucun aménagement de la voirie : bourbiers en hiver et nids de poussière en été. Elles sont surpeuplées et il s'y établit de suite saloons, bars et maisons closes. La plupart de ces villes disparaissent à la fin du boom pétrolier abandonnant des baraques en ruines, ouvertes à tous les vents.

Autour de la région de Oil Creek, une forêt de tours de forages est rapidement construite, sur des terrains dont le prix se multiplie par cent ou mille. Dès 1860, on compte dans la région près de 75 puits ; au total 6000 puits sont forés en 10 ans dont le tiers ne donnera rien. Les conditions de travail restent déplorables, aucune sécurité n'existe sur le terrain, pas d'ambulance ni de pompiers malgré les émanations de gaz sortant avec le pétrole. Certains puits entrent en éruption, lançant des jets de pétrole qui retombent en formant des mares ou des ruisseaux de boue noire. Des catastrophes arrivent inévitablement comme celle d'Henry B. Rouse, président d'une compagnie, contemplant son puits en éruption avec les membres de son conseil d'administration, tout en fumant son cigare. C'est alors que le puits explose et les dix-neuf personnes présentes sont brûlées vives.

b) La surproduction

L'industrie du raffinage, toujours artisanale, ne peut suivre cette folle cadence de production, pas plus que les petites fabriques de lampes à pétrole. Il en résulte une énorme surproduction. On stocke le pétrole dans de grandes piscines à l'air libre. Les prix du baril s'effondrent, passent de $20 en 1859 à $0.10 en 1861. Cette baisse des prix a un effet pervers : les petits producteurs n'ayant aucune réserve financière se mettent à produire frénétiquement et à vendre à perte pour pouvoir payer leurs ouvriers, contribuant ainsi à accroître la surproduction.

L'autre cause de cette navrante situation est l'inadéquation de la loi minière américaine à cette nouvelle industrie. Cette loi stipule que le propriétaire d'un terrain possède également tout le sous-sol avec tous les produits qu'il peut en tirer, à toutes les profondeurs qu'il est possible d'atteindre. Elle avait été établie pour encourager la recherche minière par des entreprises privées. Tout en étant bien adaptée à l'exploitation de minerais solides comme le charbon ou le fer, elle aboutit à des résultats catastrophiques pour les produits liquides comme le pétrole. Si un gisement de pétrole s'étend sur deux propriétés en passant sous leur frontière, chacun des deux propriétaires sera tenté de pomper le plus rapidement possible tout le pétrole qu'il peut en tirer, se disant que s'il ne le fait pas, son pétrole migrera chez le voisin qui pourra le prendre. Une pareille loi, faute d'entente entre les gens, ne peut qu'accroître davantage la surproduction et mettre en danger les gisements, altérés par cette exploitation effrénée. Il faudra beaucoup de temps avant que les autorités des États ainsi que le gouvernement fédéral s'en émeuvent et obligent les exploitants à s'entendre sur les modalités d'exploitation et de partage de la production.

c) Le transport

Rapidement, le problème du transport de ce produit liquide vers les lieux de raffinage ou d'utilisation se pose dans des termes très aigus. Les puits productifs se trouvent en majorité loin des villes ou villages ayant des raffineries. Le pétrole est stocké dans des barils, puis transporté par charrettes vers le cours d'eau le plus proche pour être chargé sur des péniches. Le transport par charrette reste très pénible sur les routes défoncées et boueuses. Les charretiers en profitaient pour augmenter leurs prix. De plus, lorsque les cours s'effondrent, le prix du baril lui-même est plus élevé que son contenu.

La situation des producteurs de pétrole devient impossible. Progressivement, des lignes de chemin de fer se mettent en place pas trop loin des centres de production et les barils peuvent alors être acheminés plus facilement vers les raffineries. Mais les compagnies ferroviaires, toutes des sociétés privées, ont tendance à privilégier les gros producteurs leur donnant des grosses quantités à transporter et leur font des rabais importants. Cette inégalité de traitement met les petits producteurs au bord de la ruine et ils expriment leur mécontentement par des grèves ou manifestations de grandes envergures.

Il devenait évident que cette industrie naissante et pleine de promesses avait un urgent besoin de réglementation. Elle devait passer des mains d'aventuriers avides d'enrichissement rapide, vers celles d'industriels et de techniciens énergiques et déterminés.

3 - John D. Rockefeller intervient

a) Une ville prospère : Cleveland.

Vers 1865, Cleveland jolie petite ville de la rive sud du lac Érié dans l'État d'Ohio, se trouve en position géographique privilégiée. Elle est située à mi-chemin entre les centres industriels de l'Est et les grandes plaines à céréales du Middle West. Le chemin de fer y fait son apparition et son port lui donne accès aux Grands Lacs et de là à l'Atlantique. Elle s'est beaucoup développée pendant la Guerre de Sécession, devenant alors un grand centre de fournitures aux armées nordistes. Le commerce des denrées agricoles venant de l'Ouest croise celui des produits industriels venant de l'Est. De plus, depuis 1860, le pétrole découvert au nord-ouest de la Pennsylvanie, à peine à 150 kilomètres au sud-est, commence à affluer à l'état brut pour être traité. Plus d'une vingtaine de petites raffineries se sont installées aux alentours de la ville, dans des conditions d'hygiène et de sécurité discutables et distillent le pétrole pour produire le kérosène, produit devenu indispensable à toutes les ménagères de la région.

b) Un citoyen dynamique

John Davison Rockefeller habite Cleveland. Il est issu d'une famille d'immigrants d'origine rhénane, installés dans l'État de New York, qui s'est déplacée progressivement vers l'Ouest pour se fixer dans cette ville. John a fondé avec un de ses amis Maurice Clark une entreprise de commerce en gros et de transports, c'est la société « Clark and Rockefeller ». Dirigée par deux jeunes gens ambitieux, elle prospère rapidement, et ses patrons sont très estimés des milieux d'affaires et des banques.

Dès la découverte du pétrole en Pennsylvanie, le jeune Rockefeller s'intéresse à cette industrie. Ce qui le détermine à s'y impliquer, c'est qu'il reçoit avec son associé la visite d'un brillant technicien du pétrole : Samuel Andrews, qui leur propose de créer une grande raffinerie moderne. Comme leur société de négoce a fait de beaux bénéfices, ils se lancent dans l'affaire, construisent cette usine et lui donnent le nom commercial : « Excelsior Oil Works ».

c) La pari audacieux

La firme démarre bien, les cours du pétrole se sont enfin stabilisés et le produit brut reçu à Cleveland contient de 60 à 65 % de kérosène, le reste servant à faire des lubrifiants et de la paraffine. Samuel Andrews s'avère être un excellent technicien et ses rapports avec John Rockefeller sont très cordiaux. Samuel s'occupe de toute la partie technique et John de l'administration et des finances.

L'affaire prospère puis dépasse en bénéfices ceux de la maison mère. Une conclusion s'impose : construire une deuxième raffinerie plus grande et plus moderne. L'associé de John, Maurice Clark, s'y oppose, ne veut pas trop s'engager dans cette industrie pétrolière si capricieuse. Le désaccord est total entre les deux associés. On décide la dissolution de la maison mère et John, fort de l'appui des banques qui l'ont en grande estime, rachète tous les investissements réalisés dans le domaine du pétrole.

C'est un pari fort audacieux, John s'est très fortement endetté mais secondé par Samuel Andrews, il est confiant. La deuxième raffinerie est construite et commence à produire. John se trouve à 26 ans chef d'entreprise, à la tête de la plus grosse affaire de raffinage de tout le district de Cleveland. Déjà il songe à son expansion et étoffe son état-major, il s'adjoint Henri M. Flagler, une relation d'affaires qui sera son fidèle associé et plus tard son successeur. Il embauche ensuite son frère William Rockefeller qui sera chargé du bureau de New York, en contact avec les grandes banques et les exportateurs de produits pétroliers vers l'Europe.

À la petite entreprise de Cleveland, succède alors en 1870, une grosse affaire, cotée à la Bourse de New York, qui prend le nom de « Standard Oil Compagny of Ohio ». Le quart des actions appartiennent à John. Il a choisi le nom 'Standard' pour bien signifier à tous les clients que tous les produits offerts à la vente seront toujours identiques, de même qualité, à des prix raisonnables, répondant toujours à l'attente du consommateur. C'est le début de la standardisation de toute la production industrielle, qui est à l'origine de l'énorme développement économique des Etats-Unis.

4 – La naissance d'un empire

Dès le début de la création d'Excelsior Oil Works, Rockefeller doit s'occuper du problème épineux du transport. Par la suite, Flagler deviendra le spécialiste de ces problèmes en constantes négociations avec les dirigeants des compagnies ferroviaires. La Standard Oil devenue la grande compagnie de Cleveland obtiendra de fortes réductions de tarif ainsi que des remises, parfois secrètes, mais qui réveillent la grogne chez tous les petits raffineurs. L'industrie pétrolière trouve dans ce problème son talon d'Achille : c'est une industrie dont la matière première, le pétrole brut, est bon marché mais cher à transporter.

a) Les projets de fédération

Le marché pétrolier reste chaotique, surplus de production et de raffinage succédant à des pénuries. Les prix subissent des fluctuations de grandes amplitudes, totalement déconnectées de la réalité économique. Pour Rockefeller qui a bien étudié ce problème, la seule solution serait une réunion de tous les raffineurs en une organisation unique qui pourrait imposer ses prix de matières premières et ses prix de transport, mais il se rend compte de la difficulté à obtenir l'accord de tous les intéressés dans ce milieu ultra-individualiste des chefs d'entreprise américains.

Il est distancé dans la poursuite de cet objectif par les dirigeants des compagnies ferroviaires. Elles arrivent à se mettre d'accord car elles ne sont que trois, face à plus de 20 raffineurs : New York Central, Erie Railroad, Pennsylvania Railroad. Elles décident en grand secret en 1872 de créer un combinat géant avec la plupart des raffineurs. Tous les membres de cette association auront des prix très avantageux, contre la promesse de s'engager à faire transporter leurs produits par ces compagnies. Par contre pour tous les étrangers à ce groupe, les prix seront dissuasifs. Mais le secret, on pouvait s'en douter, est très mal gardé et ce sont les producteurs, sur leurs puits de pétrole qui crient au scandale. La raison de leur mécontentement est très claire : ce consortium peut leur imposer des prix de vente très bas et les acculer à la misère. Des réunions des très nombreux petits producteurs indépendants se multiplient, suivies de manifestations et de grèves de fourniture de pétrole. Rockefeller, le plus grand des raffineurs est la cible principale, accusé d'être un prédateur rapace sans scrupules, et il est très affecté par ces calomnies. Les autorités locales s'en mêlent et devant l'ampleur du scandale, le consortium recule et accepte de se dissoudre. C'est la victoire des producteurs.

b) Rockefeller contre-attaque

Pendant ce temps, Rockefeller tout en laissant passer l'orage, commence la mise en œuvre de son idée première de réunion des raffineurs, mais cette fois-ci sous sa propre direction. Fort de l'appui des banques qu'il a longuement consultées avant de se lancer, il entreprend le rachat de tous les raffineurs de Cleveland.

Il contacte individuellement chacun des patrons des 26 unités de la région et les trouve tous très soucieux et désemparés devant cette tourmente. Il propose à chacun de reprendre son affaire dans des conditions très avantageuses, avec paiement en espèces ou en actions Standard Oil. Il leur conseille d'ailleurs ce dernier choix qui, dit-il, ne manquera pas de les enrichir. Entre décembre 1871 et mars 1872, la Standard Oil absorbe ainsi 21 des 26 raffineries de Cleveland, et se trouve ainsi à la tête d'un complexe industriel employant 1600 personnes et produisent 10000 barils de kérosène par jour, soit le quart de la production totale des États unis à cette époque (3).

La ville de Cleveland se réveille au printemps 1872, réalisant qu'elle est devenue le premier centre pétrolier des Etats-Unis. Il reste alors un long travail à accomplir, unifier cet ensemble disparate, ferrailler les unités en mauvais état, regrouper les équipes et moderniser les installations. L'état-major autour de Rockefeller est solide, compétent et bien déterminé. Il entreprend cette tâche qui demandera plusieurs années et négocie des programmes d'achat de pétrole brut chez les producteurs de Pennsylvanie en leur offrant des prix attractifs et des contrats de livraison.

c) À la conquête du marché national

Dans les années 1870, l'industrie du pétrole à partir de la Pennsylvanie Nord Ouest a essaimé dans d'autres régions : Pittsburgh, Philadelphie, New York, Baltimore. Ces centres, sans aucun contrôle, risquent de perturber le fonctionnement du consortium mis en place à Cleveland. Rockefeller s'attaque alors, en grand secret, à ces nouveaux concurrents. Il a l'intelligence de s'adresser en priorité aux plus grands entrepreneurs de ces régions, se disant que si ceux-ci finissent par céder, les petits ne pourront que les imiter. Il contacte les deux plus grands raffineurs de Pittsburgh et de Philadelphie qui acceptent de rejoindre la Standard Oil, tout en gardant comme filiales leur nom original. Elles auront ensuite comme mission de racheter les petites sociétés de raffinage de leur région par la même méthode que Rockefeller. Beaucoup d'entre eux finissent par accepter et rejoignent ainsi la Standard Oil sans s'en apercevoir.

Au début de l'année 1890, cette campagne de rachats se termine, la Standard Oil a absorbé plus de 75 petites entreprises et elle produit près de 95 % du pétrole raffiné aux Etats-Unis. Elle est devenue ainsi un gigantesque complexe industriel.

d) Le Trust

Il devenait indispensable de créer un ensemble juridique et financier capable de contrôler cet ensemble disparate et le mettre en règle avec les autorités étatiques et fédérales. Il ne pouvait plus être question de confier comme d'habitude le paquet d'actions d'une raffinerie qu'on venait d'acheter à un collaborateur de confiance et l'envoyer diriger l'entreprise.

La solution fut la création d'un trust du pétrole, sur le modèle de ceux existant déjà pour l'acier ou la viande. C'étaient des organisations pyramidales, avec à la tête un comité de « Trustees » dirigeant l'ensemble, regroupant toutes les actions et prenant en charge la répartition des bénéfices.

Le Standard Oil Trust créé en 1882 s'installe à New York, tous ses dirigeants, la famille Rockefeller en tête, quittent cette ville provinciale de Cleveland pour venir dans la capitale financière et commerciale des Etats-Unis. C'est la fin d'une période pour toute cette équipe des fondateurs de la Standard Oil. La grande société industrielle née dans l'Ohio se transforme en grand empire économique. Elle a des ramifications dans tous les États-Unis, exporte une grande partie de sa production vers l'Europe.

Le Trust subit alors une double transformation : technique et administrative. Du point de vue technique, il n'est plus possible d'acheter de pétrole brut à de petits producteurs instables, il faut prendre en main la prospection de l'extraction du pétrole par ses propres filiales. Dès cette époque, par le rachat d'autres compagnies, par la création d'équipes de forages, le Trust devient producteur. Il installe ensuite des laboratoires dans ses raffineries pour contrôler la qualité du kérosène ou mettre au point de nouveaux produits.

Le Trust dut prendre à sa charge l'épineux problème du transport, cesser l'utilisation des wagons-citernes transportés par chemin de fer et les remplacer par des oléoducs, construits par une filiale du trust et qui bientôt formeront un réseau très dense dans tous les Etats-Unis.

Le Trust doit finalement prendre en charge la commercialisation et la distribution des produits finis, principalement le kérosène qui auparavant étaient confiés à de petites sociétés. Un grand réseau de distribution est ainsi mis en place.

Le Trust complète ainsi que son intégration verticale, s'occupant de ses produits depuis la tête du puits jusqu'à la porte de la maison de la ménagère.

La deuxième grande transformation sera d'ordre administratif. Le Standard Oil Trust se heurte aux autorités fédérales ne pouvant accepter sa position de monopole pour un produit de première nécessité. Également très attaqué par la presse, l'opinion publique l'accuse de fixer des prix à sa convenance et d'être à l'origine de la vie chère. Une loi dite loi Sherman, votée par le Congrès en 1890, interdit toute forme de monopole ou d'entente entre les entreprises.

Un retentissant procès est intenté en 1891 à la Standard Oil. Il oblige Rockefeller à prendre la décision de dissoudre le Trust. Mais elle aboutit en fait au regroupement des 84 filiales du groupe en 20 sociétés placées sous la supervision de la Standard oil of New Jersey. Celle-ci est immatriculée au New Jersey dont la législation est très favorable aux grandes sociétés.

Le Trust devenait alors une société de holding intitulée « Standard Oil C° » (New Jersey). C'est finalement en 1911 que l'énorme complexe industriel de Rockefeller est dissous par une décision de la Cour Suprême des Etats-Unis. Les sociétés du groupe devenues totalement indépendantes, poursuivront toutes leur expansion à l'échelle internationale, à l'aube de ce XXe siècle qui sera l'âge du pétrole.

CHAPITRE III

LE MONDE MODERNE DÉCOUVRE LE PÉTROLE

Durant cette fin du XIXe siècle, la demande de pétrole croît considérablement dans le monde occidental. La vieille Europe demande du kérosène pour ses longues nuits d'hiver. Malheureusement son sous-sol, riche en charbon s'avère très pauvre en hydrocarbures liquides ou gazeux. Les moyens techniques de l'époque ne permettent pas de détecter la présence des gisements, plutôt modestes qui seront exploités un siècle plus tard. Déjà on entrevoit l'importance de l'électricité devant remplacer le kérosène pour l'éclairage, ainsi que celle du moteur à explosion fonctionnant à l'essence de pétrole et qui va succéder à la machine à vapeur.

L'Occident commence à réaliser l'importance que cette matière première, remplaçant le charbon, prendra dans les décades à venir et des problèmes géopolitiques qui en seront la conséquence. Comme le soulignent clairement A. Giraud et X. Boy de la Tour :

« *Un problème géopolitique n'est pas inhérent à une matière première, mais fonction des usages qui en sont faits à une période donnée. Il y a relativité dans le temps. (1)* »

1- Les États-Unis première puissance pétrolière mondiale :

Dès 1861, le pétrole des États-Unis traverse l'Atlantique, d'ailleurs l'industrie pétrolière américaine n'aurait pas pu se développer si rapidement sans ce marché européen pouvant absorber tous les surplus. La guerre de Sécession qui éclate en 1861 favorise ce commerce car l'exportation du kérosène arrive à point pour combler le vide causé par l'arrêt des ventes de coton. Le blocus maritime imposé par les Nordistes empêche toutes les récoltes cotonnières des États du sud de partir pour les filatures européennes.

Vers 1880, près de cinquante pour cent du kérosène fabriqué aux États-Unis est vendu outre-Atlantique, et près de 90 % de ce produit provient de la Standard Oil qui affirme sa suprématie dans le commerce mondial. Mais cette firme ne peut garder éternellement le quasi-monopole du traitement et de la vente du pétrole. D'autres sociétés naissent en Pennsylvanie et essayent avec beaucoup de courage de briser cette situation établie par les Rockefeller.

a) La bataille des oléoducs

C'est ainsi qu'en 1877, une entreprise : la Tidewater Oil Company produisant du pétrole brut dans l'ouest de la Pennsylvanie, pour ne pas tomber sous la dépendance des compagnies ferroviaires assurant le transport de ses produits, décide de construire un long oléoduc de plus de 175 kilomètres allant des têtes de puits à la région des raffineries. C'est un projet audacieux, car jamais auparavant des oléoducs de cette longueur n'avaient été posés. Ce qui complique encore la tâche, c'est que ce long tuyau doit passer par-dessus une chaîne de montagnes : les Alleghenies culminant à plus de 650 mètres. Il faut donc construire sur le trajet plusieurs stations de pompage pour permettre au liquide de monter jusqu'à cette hauteur puis de redescendre vers sa destination finale. C'est donc un projet techniquement et financièrement difficile à réaliser, lancé par le fondateur de la société : Benson assisté de son ingénieur allemand Herman Haupt. Après deux années d'efforts, les promoteurs ont finalement la joie de voir leur pétrole déboucher à l'extrémité du tuyau et en 1879 près de 50000 barils de pétrole sont ainsi transportés par l'oléoduc et peuvent être livrés aux raffineries.

Cette opération effectuée dans le plus grand secret surprend la Standard Oil. J.D. Rockefeller s'aperçoit alors qu'il n'est plus le seul à faire la loi dans cette industrie, qu'il est techniquement distancé par des concurrents entreprenants. Il essaye de racheter la Tidewater, proposant à Benson un prix élevé et un haut salaire au sein de la Standard Oil. Celui-ci refuse avec dédain. Malgré tous ses efforts, Rockefeller n'arrive pas à écraser ce concurrent dont le pétrole continue à couler dans l'oléoduc. Finalement, las de cette guerre économique, les deux adversaires se décident à négocier, John Rockefeller accepte le partage du marché et beau joueur, en concède 11.5% à son concurrent.

À partir de cette époque, la Standard Oil va faire des efforts immenses pour rattraper son retard dans cette nouvelle technique de transport pétrolier. Rockefeller agit avec détermination, fonde une filiale de sa compagnie la « United Pipelines » chargée d'établir un réseau complet d'oléoducs de toutes dimensions, allant de l'ouest de la Pennsylvanie, zone productrice jusqu'aux ports de l'Atlantique où se trouvent les grandes raffineries. L'industrie pétrolière n'aurait pas pu prendre une telle importance sans cette évolution fondamentale, du rail à l'oléoduc. Ce mode de transport sera repris dans toutes les régions pétrolières du monde (2).

b) Les nouveaux gisements

Vers 1885, les gisements de Pennsylvanie commencent à donner des signes d'épuisement. La production décroit lentement dans chaque puits. Cela est dû d'abord à la folle exploitation ayant eu lieu à l'origine, causant de graves dommages aux réservoirs souterrains, ensuite à l'épuisement inévitable de leur contenu de produits fossiles.

L'inquiétude est grande dans tous les milieux pétroliers de la région. Le pétrole est-il un produit local, existant dans la partie ouest de la Pennsylvanie et nulle part ailleurs aux États-Unis ? L'épuisement de cette ressource signifie-t-il la fin de cette industrie florissante ? Rockefeller se demande s'il ne va pas être obligé de fermer ses raffineries. Il a entendu parler de pétrole produit dans le Caucase et redoute d'être tributaire de la Russie, politiquement très instable, pour alimenter ses usines. En 1884, un espoir renaît, un gisement important vient d'être découvert près de la petite ville de Lima, à la frontière entre l'Ohio et l'Indiana. C'est un grand soulagement pour tout le monde du pétrole américain. Les hydrocarbures ne sont pas uniquement présents en Pennsylvanie à la suite d'une anomalie géologique locale. On les trouve ailleurs dans les immensités sédimentaires des États-Unis. Si on veut s'en procurer, il faut le chercher avec résolution et obstination.

Mais le pétrole de Lima s'avère décevant, il a une forte teneur en soufre et le kérosène qu'il contient donne à la combustion une odeur nauséabonde, il est impropre à la consommation.

Rockefeller, à la recherche de nouvelles sources d'approvisionnement, est prêt à prendre des risques et décide d'acheter l'énorme stock de 4 millions de barils qui ne trouve pas d'acquéreur, bien qu'il soit bradé à .015 dollars le baril. Il veut s'approprier également les concessions et tout le matériel de forage. Malgré la forte opposition de tout son conseil d'administration, il persiste, finit par convaincre tout le monde et embauche un chimiste de grand talent, Herman Frash, pour débarrasser ce pétrole de son soufre. Celui-ci travaille avec acharnement pendant deux ans et finalement en 1888 met au point un procédé qu'il protège par un brevet. C'est une victoire pour la Standard Oil et le stock de pétrole invendu peut être commercialisé à plus de 10 fois son prix d'origine.

Rockefeller, par son succès, a prouvé aux Américains que pour demeurer une grande puissance pétrolière, cette industrie devait avoir recours à la science. C'est grâce aux sciences géologiques et pétrochimiques que les États-Unis ont pu multiplier le nombre de gisements exploitables sur leur territoire et utiliser tous les pétroles bruts qui en étaient issus, quelles que soient les difficultés de raffinage (3).

c) L'expansion en Europe

Les sociétés pétrolières américaines de la fin du XIXe siècle, pour exporter leurs hydrocarbures vers l'Ancien Monde, se contentent de les vendre à des importateurs anglais, français ou allemands. Ceux-ci établissant des bureaux à New York, négocient sur place leurs achats auprès des producteurs puis embarquent leur marchandise sur des pétroliers, dans des bidons ou des réservoirs. Aucune démarche de marketing n'est effectuée par les producteurs qui ne savent vendre leurs produits qu'aux utilisateurs américains.

Cette situation ne peut durer. La Standard Oil se rend compte que pour devancer ses concurrents locaux, pour lutter contre le pétrole russe qui commence à envahir l'Europe, elle doit être sur place, avoir une vision réaliste du marché européen, transporter ses produits et les vendre au client local. En 1888, Rockefeller inaugure en Angleterre l'« Anglo American Oil C° », filiale commerciale au début, devant prendre en mains la commercialisation de ses produits. C'est son premier pied-à-terre en dehors des États-Unis. Il sera suivi de bien d'autres : en Allemagne une société semblable est fondée : la « German American Petroleum C° ». En France, la Standard Oil s'allie à la société Duché et fils, gros importateur de pétrole.

La Standard Oil tourne également son regard vers l'Extrême-Orient. Rockefeller envoie en Chine un de ses fidèles collaborateurs W.H. Libby avec pour mission d'y prendre racine. Celui-ci très actif, trouve le moyen de se rendre indispensable. Il fait fabriquer des centaines de milliers de lampes à pétrole à bas prix qu'il met en vente dans les villes chinoises à $0.15 pièce, parfois il les offre aux ménagères. Il crée ainsi un besoin de kérosène parmi la population et la Standard Oil pénètre ainsi fortement en Extrême-Orient.

La Standard Oil acquiert ainsi le statut de société multinationale, et sera suivie de bien d'autres. Elle aura été le fer de lance de l'expansion de l'industrie pétrolière américaine. J. D. Rockefeller représente bien l'incarnation du rêve américain : parti de très bas, il devient un homme d'affaires efficace, un millionnaire édifiant sa fortune grâce à une industrie pleine d'avenir, créant une entreprise avec des ramifications internationales et mettant à la portée de tous un produit de première nécessité. À la fin du XIXe siècle, les États-Unis sont devenus, en bonne partie grâce à la Standard Oil, le premier pays producteur et exportateur de pétrole du monde entier. Ils garderont cette position pendant de nombreuses années au début du XXe siècle.

2 - La grande richesse du Caucase

Dans la seconde moitié du XIXe siècle, la Russie devient un marché prometteur pour le kérosène américain. Le besoin est énorme, la capitale Saint-Pétersbourg ne jouit que de 6 heures d'un jour blafard en plein hiver. Le pétrole existe au Caucase, on le sait depuis l'Antiquité. Dans la péninsule d'Apcheron, sur la mer Caspienne, de nombreux indices révèlent sa présence : volcans de boue accompagnés d'éruptions de gaz qui s'enflamme. Mais aucune exploration rationnelle de ce produit n'a été entreprise.

En 1806, Bakou, la grande ville de la région, auparavant province de la Perse, a été annexée par le Tsar Alexandre Ier. C'est une ville orientale peuplée principalement de Tatars et d'autres ethnies des alentours. C'est vers 1877, à la fin de la guerre entre la Russie et la Turquie que l'Empire Ottoman est refoulé du Nord et de l'Est des rivages de la Mer Noire, dégageant ainsi tout le Caucase qui tombe sous la domination russe. C'est alors, vers 1880 que dans toute cette région pacifiée, aux frontières bien établies qu'un développement économique industriel moderne devient possible.

Depuis le début du XIXe siècle, un artisanat primitif avait permis d'extraire un peu de pétrole de cette province, à partir de puits creusés à la main, on pouvait remonter à la surface de petites quantités de pétrole brut. Ce sont des entrepreneurs privés qui les exploitent. Ils en ont la charge, établie par contrat d'une durée de 4 ans, révocable sans préavis. Le plus souvent ils sont accordés à des relations ou des parents du gouverneur de la région ou à des notables de la ville. Ces gens, cherchant un enrichissement rapide pendant la durée de leur présence n'ont aucun souci de gestion efficace de leurs puits, ils ne songent qu'à en extraire le maximum de pétrole pour le revendre au meilleur prix possible. Ils ignorent les précautions à prendre pour assurer la conservation des réserves. Ils partagent leur production entre la Perse et la Russie.

C'est vers 1870 que le gouverneur de la région met de l'ordre dans cette industrie. Il remplace ce système de contrats par des concessions accordées au plus offrant ainsi que des taxations prélevées par l'État, au prorata de la production. Il ouvre alors la région à la concurrence, attirée par ce système moderne de gestion des richesses du sous-sol. La production s'accroit, en 1830, on dénombre 136 puits produisant alors 38000 barils par an. Le pétrole brut est traité par une vingtaine de petites raffineries s'installant dans la région.

C'est durant cette décennie que l'exploitation des ressources souterraines passe du stade artisanal, au stade industriel. Vers 1872, des foreuses sont importées des États-Unis et on commence deux puits d'exploration. L'un d'entre eux, atteignant la profondeur de 41 mètres, entre en éruption. C'est la première fois que dans la région on assiste à un tel phénomène provoqué par la main de l'homme. La profondeur du puits est dérisoire. Tout laisse à prévoir que ce pétrole sera obtenu en grandes quantités et à très bas prix. Pour le Caucase, c'est le début de l'ère pétrolière.

3 - Le Venezuela entre en scène (4)

De nombreux indices d'hydrocarbures existent dans ce pays. Le bitume s'infiltrant aux abords du lac Maracaibo était bien connu des Indiens. Bien avant l'arrivée de Christophe Colomb et de la colonisation espagnole, ils l'utilisaient pour l'éclairage et comme médicament. À l'est du pays, dans le delta de l'Orénoque, on connaissait l'existence de lacs d'asphalte de plusieurs kilomètres carrés de surface et de plusieurs mètres de profondeur.

La colonisation espagnole n'apporte aucun changement à cette situation, elle était surtout orientée vers l'exploitation agricole du pays, l'asservissement des populations indigènes, puis vers la mise en production des mines d'or.

Pendant toute cette période, la loi minière espagnole est appliquée. Elle décrète que tout le sous-sol du pays est propriété de la Couronne. Elle ne fait que reprendre la coutume de la Rome antique. L'exploitation d'une mine est concédée par le vice Roi, contre paiement d'une taxe le « quinto », c'est-à-dire le cinquième des revenus. Le paradoxe c'est que cette loi ne s'applique pas aux hydrocarbures, produits récoltés sur le sol, donc appartenant au propriétaire du terrain.

C'est en 1783 que le roi Charles III, par ordonnance minière, étend la propriété de la Couronne à « tous les solides et liquides de la terre ». Après les guerres d'indépendance, la propriété royale tombe dans le domaine public et Simon Bolivar décrète en 1829 que l'Ordonnance minière de 1783 reste valable, s'applique aux matériaux combustibles par le découvreur après paiement d'une taxe. C'est cette législation qui a cours jusqu'à l'heure actuelle, bien qu'une contestation subsiste sur la destination des énormes taxes prélevées sur le pétrole : doivent-elles aller au gouvernement fédéral ou à l'État où se trouve l'exploitation ?

La naissance de l'industrie pétrolière aux États-Unis amène le Venezuela à se questionner sur l'exploitation des richesses minières du pays. Dès 1864 des concessions sont accordées mais vite abandonnées car non productives. Il faut remarquer qu'à l'époque il existait très peu de techniciens ayant l'expérience des forages pétroliers dans le pays. La première concession exploitée commercialement apparaît dans l'État de Tachiro, au sud-ouest du pays, près de la Colombie et de la ville de San Cristobal. Cinq associés fondant une société d'exploitation et l'un d'eux Pedro Rafael Rincones se rend en 1879 en Pennsylvanie pour étudier les techniques de recherches et production pétrolière.

Il retourne avec une foreuse. On continue cependant sur le territoire concédé à creuser des puits de mine à la pioche selon l'ancienne méthode. Ils sont peu profonds et on remonte le pétrole récolté dans des seaux. Mais la technique moderne prend le dessus et grâce au forage le pétrole brut arrive facilement à la surface du sol.

En 1889, la société installe un alambic et vend le kérosène distillé dans les villes aux alentours. Cette société trop isolée pour servir d'exemple subsiste jusqu'en 1907 et vend son pétrole dans cette région lointaine ou les produits pétroliers des autres sociétés du pays parviennent difficilement.

Jusqu'à la fin du XIXe siècle, le Venezuela, malgré ses énormes potentialités, n'a pas d'industrie pétrolière. L'asphalte semble plus important, il est exploité sur le lac de Guanaco, mais la loi est alors bien claire : il appartient à l'État. Le Venezuela est alors un grand pays exportateur de café et de cacao.

4 - L'Extrême-Orient apparaît

Les Hollandais ont édifié progressivement un vaste empire colonial au sud-est de l'Asie, qui prit le nom d'Indes néerlandaises. Ils remarquent rapidement vers la fin du XIXe siècle qu'il y a des affleurements d'hydrocarbures dans les grandes îles de Sumatra et Bornéo.

Un planteur de tabac de Sumatra, Zijlker, prélève un échantillon de bitume, le fait analyser dans un laboratoire de Batavia, la capitale, et constate qu'il contient près de 60 % de kérosène ; c'est donc un produit de très bonne qualité. Vers 1880, il fonde une société « Compagnie pour l'exploitation des puits de pétrole des Indes néerlandaises », il obtient du sultan local une concession à l'endroit le plus prometteur et commence à forer. Ses efforts sont couronnés de succès, il recueille du pétrole.

Mais tout seul, il ne lui est pas possible de développer son entreprise. Il demande et obtient le concours de la Banque centrale néerlandaise puis le parrainage du roi Guillaume III des Pays-Bas. Il fonde alors en 1890 la « Royal Dutch C° » et épuisé par tant d'efforts, décède la même année.

Il est remplacé à la direction de cette entreprise par Jan Kessler, un homme très entreprenant et prêt à affronter tous les obstacles. Ceux-ci dont nombreux : on a découvert également des gisements d'hydrocarbures sur la côte est de Borneo qu'il faut exploiter. Mais le travail se fait en zone tropicale très humide, souvent en forêt vierge difficile à pénétrer. On ne peut accéder à l'intérieur des terres qu'en remontant les fleuves. La main-d'œuvre locale n'est pas apte au travail intense et pénible des foreurs. Il faut alors faire venir du personnel d'Orient ou de Chine et bien les encadrer. De plus, les navires apportant le matériel et les vivres depuis la capitale sont souvent attaqués par des pirates. Malgré toutes ces difficultés, Kessler ne s'avoue jamais vaincu. Il persévère et la Royal Dutch s'impose, construit des raffineries et produit du kérosène et des lubrifiants qui sont distribués dans tout l'Orient jusqu'en Chine.

Cette situation ne peut qu'inquiéter la Standard Oil qui s'est donné comme objectif de bien s'implanter en Extrême-Orient, faisant de la Chine son objectif initial. Son représentant dans la région W.H. Libby qui considérait l'Orient comme son fief, sent venir la menace. Il rend visite à la Royal Dutch et il est fort impressionné par la parfaite tenue des installations, la compétence de tous les techniciens, malgré les difficultés d'exploitation. Suivant les instructions de son patron, J. D. Rockefeller, il propose à Kessler de racheter la Royal Dutch en quadruplant son capital, d'en faire ainsi une filiale de la Standard Oil. Il s'engage à lui assurer également une position importante au sein de la Standard Oil.

Kessler, on pouvait s'en douter, refuse poliment cette offre. Son entreprise, sous patronage royal n'est pas à vendre, même à ce prix. Rockefeller, suivant sa méthode, ne pouvant obtenir la soumission du concurrent, essaye d'obtenir sa reddition par la force. Il élabore un vaste projet d'achat de concessions dans les zones prometteuses de l'Indonésie et veut commencer la production de pétrole brut. Il se heurte alors à un autre obstacle inattendu : le refus catégorique des fonctionnaires coloniaux néerlandais d'accorder la moindre concession. Le repli nationaliste des Hollandais est sans appel.

Rockefeller, toujours réaliste se rend compte qu'il ne lui reste plus qu'à négocier à l'amiable un partage des marchés de l'Extrême-Orient. Cet accord est d'autant plus nécessaire que les Anglais sont eux aussi actifs dans cette partie du globe. Ils ont trouvé des indices de la présence d'hydrocarbures en Birmanie. Ils ont commencé l'exploitation de cette région en créant une société : la « Burmanh Oil Company » qui cherche à se faire sa place dans ce vaste et populeux Extrême-Orient.

La Standard Oil ne sera donc, en cette fin de XIXe siècle, qu'une des sociétés présentes dans cette partie du monde. Elle concentrera ses efforts sur le marché chinois en l'alimentant à partir des pétroles californiens. Pendant ce temps la Royal Dutch poursuit son expansion en Indonésie. Kessler décède en 1900 et sera remplacé par un jeune homme de 34 ans, nommé directeur provisoire : Henri Deterding, qui deviendra la deuxième personnalité mondiale de l'industrie pétrolière.

5 - Les prémices de l'ère du pétrole :

Le XIXe siècle a été le témoin de l'émergence du pétrole. Considéré au début comme une curiosité exotique, vendu en petites bouteilles dans les pharmacies comme remède miracle, il acquiert progressivement ses lettres de noblesse et devient ainsi un produit de grande importance. Il n'est pas encore matière première stratégique mondiale, générant des conflits entre les puissances, comme l'ont été avant lui les épices, la laine ou le blé.

Pourtant les signes avant-coureurs de sa future prééminence sont déjà là, en cette fin de siècle et nous pouvons les énumérer :

a/ Les États-Unis d'Amérique cessent d'être l'unique producteur mondial d'hydrocarbures. Son extraction du sol en quantités industrielles n'est plus limitée à la Pennsylvanie. On en trouve de grands gisements d'abord dans d'autres États de ce pays puis dans d'autres régions du monde ou autrefois on le ramassait en petites quantités à la surface du sol. Il faut noter cependant qu'il n'existe que dans quelques régions privilégiées du globe. Il n'est pas répandu de façon presque uniforme dans tous les continents comme le sel ou le fer.

b/ Des gisements d'hydrocarbures exploitables ne peuvent être découverts puis exploités que par des efforts importants de recherche en faisant appel à la science, donc à la géologie. C'est une entreprise à risques, nécessitant de grands capitaux. Les décisions d'implantation de tours de forage ne peuvent être prises de façon justifiée qu'après une exploration minutieuse de la structure du sous-sol. De plus, le pétrole n'est pas identique à lui-même dans toutes les régions où il est produit. Il se trouve être avec des teneurs très variables en composants lourds ou légers. Son raffinage ne peut être effectué sans avoir eu recours au préalable à la science des chimistes. Le développement fulgurant de l'industrie pétrolière n'a été possible que parce qu'il a été accompagné par une croissance parallèle de nos connaissances scientifiques durant cette époque.

c/ Partout dans le monde où l'on trouve du pétrole, des petites sociétés sont fondées pour extraire ce produit du sol, le raffiner et le commercialiser. Un certain nombre d'entre elles prospèrent et se développent. Cela aura lieu aussi bien aux États-Unis qu'ailleurs dans le monde. La Standard Oil, soucieuse de garder sa situation de quasi-monopole, tente de les racheter, comme elle l'a si bien fait en Pennsylvanie. Lorsque le rachat s'avère impossible, souvent elle essaye de les acculer à la faillite et si cette manœuvre échoue, elle trouve un compromis, un accord de partage des marchés, plutôt que de s'épuiser dans une guerre commerciale. Elle accepte donc finalement de n'être plus seule d'abord aux États-Unis et ensuite dans le monde entier.

d/ Les trusts géants ne peuvent pas durer indéfiniment. Tôt ou tard des fissures apparaissent. C'est le cas du Standard Oil Trust qui, après un semblant de dissolution, s'est regroupé sous la supervision de la Standard Oil C° (New Jersey). Tous les autres trusts aux États-Unis et ailleurs subissent d'énormes pressions. La Standard Oil, le plus grand de tous, est la cible de nombreuses critiques de la part de l'opinion publique qui lui reproche son manque de transparence et l'accuse d'être la cause de la vie chère. Elle est attaquée par les autorités locales, puis par le gouvernement fédéral. Le président Théodore Roosevelt sera le principal adversaire de John Rockefeller. En cette fin de XIXe siècle, il semble inéluctable que les très grandes concentrations industrielles soient remplacées par des unités de plus petite taille et de gestion plus souple.
e/ Les pères fondateurs de ces industries partent à la retraite ou disparaissent, ainsi que les membres des états-majors dont ils s'étaient entourés. C'est ce qui arrive à Jan Kessler de la Royal Dutch et à Rockefeller de la Standard Oil. Ils sont tous remplacés par de jeunes cadres qui ont fait leurs preuves et qui abandonneront le paternalisme de leurs aînés pour le remplacer par une gestion des relations humaines basée sur la négociation et le compromis. C'est l'entreprise moderne qui fait son apparition.

DEUXIÈME PARTIE
NAISSANCE D'UNE INDUSTRIE
(1890-1930)

CHAPITRE IV

LE PETROLE DANS LE NOUVEAU MONDE

À l'aube du XXe siècle, l'industrie pétrolière, déjà bien implantée aux États-Unis, subit une profonde transformation pour plusieurs raisons. Premièrement, de nouvelles technologies se mettent en place, modifiant totalement les besoins des consommateurs et nécessitant un bouleversement des méthodes de production des hydrocarbures (éclairage électrique, automobile, avion). L'industrie du raffinage doit s'adapter si elle ne veut pas disparaître. Deuxièmement, avec les progrès obtenus dans les sciences de la terre (géologie, géophysique), de nouveaux gisements sont découverts aux États-Unis, en Amérique latine et en Orient et Extrême-Orient. De nombreuses compagnies, de toutes nationalités s'établissent pour les exploiter. Les métiers du pétrole deviennent tous concurrentiels, une lutte féroce s'installe concernant les octrois de concessions, les partages de marchés, et les prix. Les monopoles tout-puissants sont remplacés par de grandes sociétés avec des bases financières solides. Troisièmement les dirigeants des grandes puissances commencent à réaliser que le pétrole est devenu un produit stratégique mondial, et la prise de contrôle de ses sources devient un problème politique.

Les États-Unis demeurent durant cette période la puissance pétrolière prépondérante et la Standard Oil, la plus grosse de ses entreprises.

1 - La Standard Oil étend son empire

Avec la croissance des besoins, la Standard Oil poursuit sa croissance ainsi que son adaptation aux technologies modernes au début du XXe siècle. Ses ventes augmentent en valeur absolue, mais diminuent en pourcentage par rapport au marché total américain. Contrôlant en 1880, 90% du raffinage, elle ne le fait plus qu'à 65% en 1911. Sur les marchés extérieurs, elle affronte la concurrence de nouveaux centres de production qui s'équipent eux aussi de matériel moderne : Venezuela, Mexique, Perse. La Standard Oil continue sa politique d'expansion mondiale et cherche à étendre son contrôle sur des gisements en Amérique latine et en Orient.

a) Évolution de la demande d'éclairage

En 1880, Thomas Edison invente l'ampoule à incandescence. Débute alors une révolution dans l'éclairage ménager et urbain. Avec la fin du XIXe siècle, on assiste à la disparition des lampes basées sur la combustion de composés organiques solides, liquides ou gazeux qui présentent de multiples inconvénients : produire de la suie, de la chaleur. Elles sont à l'origine beaucoup d'incendies. Dès 1882, en guise de démonstration, Edison éclaire avec ses ampoules tout le bas de Manhattan à New York. L'éclairage électrique se développe alors à toute allure. Le gaz de ville est réservé alors au chauffage et à la cuisine. La bougie devient un article de luxe pour fêtes et anniversaires. Le kérosène n'a plus sa raison d'être, on lui cherche des débouchés, on invente des réchauds au pétrole, mais la production excède de loin la demande. L'éclairage électrique se répand en Europe et les exportations de kérosène outre-Atlantique ont tendance à disparaître.

b) Le moteur à explosion

En 1887, l'ingénieur Gottfried Daimler en Allemagne met au point un moteur à grande vitesse, actionné par l'essence de pétrole. Il fait 800 à 1000 cycles à la minute, alors que la machine à vapeur n'en fait pas plus que 200. Son compatriote Karl Benz construit à son tour un autre moteur à combustion interne comme le précédent, mais plus léger et l'installe sur un véhicule. C'est donc une voiture auto-mobile, utilisant un distillat léger du pétrole : l'essence ou benzine du nom de son inventeur. Les constructeurs d'automobile se multiplient en Europe : Panhard et Levasseur, puis Renault en France ; Lancaster, Royce et Austin en Angleterre. Le moteur à explosion utilisé pour le transport présente beaucoup d'avantages : d'un faible poids, il transforme facilement l'énergie chimique des hydrocarbures en énergie mécanique. La lourde machine à vapeur reste omniprésente sur les locomotives.

L'automobile traverse l'Atlantique. Aux États-Unis, Henry Ford, ingénieur, quitte Thomas Edison pour se consacrer à cette nouvelle industrie. Dès 1905, la voiture Ford, fabriquée en série, établit sa suprématie. C'est un véhicule équipé d'un moteur à quatre cylindres et quatre roues munies du pneu en caoutchouc inventé par l'Anglais Dunlop. Le grand mérite de Ford, c'est d'avoir fait de l'automobile, objet de luxe, un véhicule bon marché accessible aux classes moyennes.

c) Le craking

L'expansion rapide de l'automobile est freinée par un obstacle majeur. L'essence produit beaucoup plus léger que le kérosène, est obtenue en petites quantités dans les raffineries. Peu utilisée car dangereuse, elle se vend surtout comme solvant ou produit de nettoyage. Le pétrole brut de Pennsylvanie ne donne que 15 à 18 % d'essence. Avec le développement rapide de l'automobile, la demande croît considérablement. Les raffineries ont du mal à l'honorer. La faible production risque d'en faire monter le prix et mettre ainsi un frein à l'expansion automobile.

Depuis le début du siècle, dans les raffineries de la Standard Oil de l'Indiana, un ingénieur chimiste : William Burton s'intéresse à ce problème. Il a déjà travaillé avec succès sur la désulfurisation du pétrole de Lima. Il cherche le moyen d'augmenter le pourcentage d'essence que l'on peut tirer du baril de pétrole brut. Le seul moyen d'y parvenir est de briser les molécules lourdes pour en faire de plus légères, c'est la technique du fractionnement, plus communément appelée craking. Cela ne peut se faire qu'à haute température, près de 300 ° et sous forte pression. C'est donc un procédé dangereux avec risques d'explosion ou d'incendie. Burton persiste dans cette voie, en prenant le maximum de précautions. Finalement en 1911, il parvient à extraire près de 45 % d'essence d'un baril au lieu des 18 % auparavant. Il prend un brevet et ouvre la voie à la production en masse du carburant nécessaire au transport. La Standard Oil convertit la plupart de ses raffineries à ce procédé qui sera remplacé plus tard par le craking catalytique, bien plus efficace.

De grandes quantités d'essence seront mises en vente après cette importante avancée technologique. La demande sera accrue car le transport aérien, à l'aide de moteurs à explosion actionnant des hélices commence à apparaître en ce début de siècle. La Standart Oil fait face à ces défis, mais si ses ventes augmentent en quantité, elle doit affronter une rude concurrence. Ce qui fait sa supériorité c'est sa capacité d'adaptation : sentir l'évolution du marché et prendre des mesures pour prévenir les baisses de demande d'un produit et le remplacer par un autre.

2 - Les États-Unis demeurent premier producteur mondial

Vers la fin du XIXe siècle, les États-Unis se maintiennent dans la position de premier producteur et exportateur mondial, malgré la concurrence russe. Cela est dû à la découverte de nouveaux gisements importants sur son territoire, ainsi qu'à la création de nouvelles sociétés d'exploration et de production. La Pennsylvanie, avec l'épuisement de ses gisements, cesse d'être un grand État producteur. Deux autres apparaissent : la Californie et le Texas.

a) La Californie (1)

La Californie, État isolé des centres industriels de l'Est par les montagnes rocheuses et les déserts du Far West, se place au premier rang des producteurs au début du XXe siècle. Une production modeste débute vers 1890 au nord de Los Angeles dans le district de Ventura. C'est l'avant-garde des grandes découvertes des années 1900, celles de Long Beach, de Bakersfield et de Santa Catalina. Le principal producteur est l'Union Oil (UNOCAL) qui demeure indépendant. En 1907, la Standard Oil se lance à son tour dans le forage et la production, par sa filiale la Standard Oil of California (SOCAL). On commence alors par embaucher des géologues du pétrole pour bien étudier où commencer les forages d'exploration. Les premiers puits off-shore apparaissent aussitôt après au large de Los Angeles.

La Standard Oil est très intéressée par les progrès de sa filiale californienne, car la fourniture d'hydrocarbures à la Chine à partir de la côte Atlantique est très longue, coûteuse et que le canal de Panama n'est pas encore en service. L'Extrême-Orient ne peut être approvisionné en pétrole à un coût de transport raisonnable qu'à partir de la Californie. C'est à cela que la Standard Oil of Californie s'appliquera, partageant les produits de ses raffineries entre la demande locale et celle des pays de la côte Est du Pacifique.

b) Le Texas (2)

Le Texas fera son entrée dans l'industrie pétrolière dans la dernière décade du XIXe siècle. Le vaste État, comme la Californie et plus tard l'Alaska est un des plus grands des États-Unis. Ancienne province mexicaine, grand producteur de coton et de bétail, il entre dans une ère d'éclatante prospérité économique grâce au pétrole. Des compagnies internationales ayant des intérêts dans beaucoup de régions du monde vont s'y installer et se développer. Il est important de s'intéresser à la naissance de quelques-unes des plus importantes.

(1) La Texaco

En 1896, à Corsicana, au centre-est du pays, près de Dallas, une entreprise fore un puits artésien. On commence alors à utiliser les foreuses rotatives, remplaçant les outils à percussion. À la grande déception des promoteurs, c'est du pétrole qu'on trouve à la place de l'eau. Le forage ainsi que d'autres rapidement établis tout autour sont exploités par une équipe venant de

Pennsylvanie et dirigée par J. S. Cullinan. La production atteint rapidement 500 barils de pétrole brut par jour, signe de bonne rentabilité.

Cullinan, ancien technicien de la Standard Oil, l'a quittée pour se mettre à son compte et créer une société de vente d'équipements pétroliers. Il s'installe alors au Texas, étend ses activités à l'achat et la distribution de pétrole brut puis se lance dans le forage. Après la découverte de Corsicana, il part à la recherche de capitaux pour consolider son affaire. Il en trouve à New York et Chicago puis fonde en 1902 la Texas Company qui, devenant rapidement la Texaco, se fera connaître partout aux États-Unis par une grande enseigne avec un T de couleur verte.

La Texaco découvre bientôt d'autres gisements au Texas : Sour Lake en 1902, Goose Creek en 1908, puis poursuit ses découvertes en Louisiane et Oklahoma. Elle construit une grande raffinerie et s'installe alors à Houston qui devient la capitale du pétrole aux États-Unis, remplaçant Cleveland.

(2) La Gulf

En 1892, Patillo Higgins explore la plaine côtière près de Beaumont, sur les rivages du Golfe du Mexique. Il fore un puits à Spindletop, qui ne donne que de maigres résultats. Il persévère et s'allie à un ingénieur originaire de Louisiane Anthony F. Lucas, qui embauche un technicien de forage, Guffey. Vers la fin de l'année 1900, il s'attaque à un nouveau puits au-dessus d'un dôme de sel dans cette même région, et le 1er janvier 1901, à 260 mètres de profondeur, le pétrole apparaît. Soudainement, le 10 janvier, le puits entre en éruption violente, projetant à grande hauteur un énorme flot de pétrole. Le forage est maîtrisé à grande peine et l'on s'aperçoit alors que le puits débite 75000 barils par jour, c'est-à-dire plus de 1000 fois la production normale d'un bon puits du Texas. Il sera baptisé Lucas N°1. Les pétroliers du pays nomment ce genre de forage un « gusher », c'est-à-dire un puits où le pétrole jaillit à la surface du sol, poussé par la pression interne sans qu'il soit nécessaire d'installer une pompe pour le recueillir.

Le nouveau gisement inaugure une nouvelle ère dans la technologie des forages. On n'avait jamais vu des puits ayant un si gigantesque débit. Les médias de l'époque diffusent la nouvelle et annoncent la découverte d'un trésor. Un journal, le Houston Post évoque l'existence d'un grand fleuve de pétrole souterrain, partant du Nord-Ouest à Corsicana, passant par Spindletop et qui se jette dans le Golfe du Mexique (3).

C'est à nouveau la ruée vers le pétrole, le même scénario qu'en Pennsylvanie en 1860. Des villes champignons poussant rapidement dans les environs. Le paysage se hérisse de tours de forage qui se touchent presque, dans des conditions de promiscuité, de sécurité et d'hygiène déplorables. Un journal compare ces villes, surgies de nulle part, à Sodome et Gomorrhe (4).

À Spindletop, le débit de Lucas N°1 diminue, la pression baisse et Anthony Lucas cherche des capitaux pour relancer la production et bien s'équiper. Il fait appel aux deux frères, Andrew et Richard Mellon, banquiers à Pittsburgh en Pennsylvanie qui, en 1905, envoient leur neveu William C. Mellon en mission au Texas. Celui-ci après avoir bien étudié l'affaire décide de s'occuper lui-même de la gestion de cet ensemble aux immenses potentialités et de créer une société pétrolière totalement intégrée : du puits au consommateur. Cette décision audacieuse est prise dans le but d'échapper à la dictature de la Standard Oil. Celle-ci toute-puissante, grande acheteuse de pétrole brut, en fixe le cours arbitrairement. La seule façon de ne pas être soumis à sa loi, est d'être totalement indépendant : produire et raffiner ensuite. La raffinerie des Mellon se trouve à Port Arthur, elle est de grande taille, mais pour bien l'alimenter, il faut lui fournir également le pétrole de l'Oklahoma où d'importants gisements ont été découverts. La décision est alors prise de construire un grand oléoduc de 750 kilomètres allant de Tulsa, la ville principale de l'État jusqu'à Port Arthur. William Mellon met quatre équipes au travail et en un temps record arrive à relier les deux villes. En octobre 1907, le pétrole d'Oklahoma coule à flots dans la raffinerie. Il est temps alors de bien structurer la société qui prend le nom de « Gulf Oil Corporation » avec Andrew Mellon président, William Mellon vice-président opérationnel. Guffey, le technicien pionnier est écarté sans pitié et Anthony Lucas est indemnisé convenablement. La Gulf Oil deviendra alors une des grandes compagnies pétrolières internationales et c'est William Mellon, son promoteur, qui en prendra la présidence.

C'est depuis cette époque que le région côtière de l'Ouest et du Nord du Golfe du Mexique prendra le nom de Gulf Coast, connue dans le monde entier comme l'une des zones les plus riches en hydrocarbures. Elle comprend à l'origine toute la côte du Texas et celle de la Louisiane avec tout le delta du Mississipi jusqu'à la Floride.

Pendant tout le XXe siècle l'exploration se fera d'abord à terre puis en off-shore. Jusqu'à nos jours c'est une région productrice très importante.

(3) La Humble (5)

Vers 1911, les frères Franck et Ross Sterling, créent une petite société « Humble Oil C° » opérant sur le champ de pétrole de la ville du même nom située au nord de Houston. Cette agglomération est ainsi nommée en l'honneur de son juge de paix : Pleasant Humble, un modeste fonctionnaire, ne se doutant pas de la notoriété qui l'attendait grâce au pétrole. Les débuts sont difficiles, les frères Sterling s'associent à 7 autres personnes, dont celui qui prendra par la suite la présidence de leur société : W. S. Farish, déjà producteur de pétrole et petit-neveu de Jefferson Davis, le président des Confédérés durant la guerre de Sécession.

La Humble prospère, elle s'adjoint une petite raffinerie alimentée par ses propres oléoducs. Mais comme toutes les petites entreprises, pour augmenter de taille elle doit investir et chercher des capitaux. Son président, Farish, fait appel à la Standard Oil.

Celle-ci, dès le début du XXe siècle, cherche à s'implanter au Texas, État très prometteur. Elle avait déjà financé J.S. Cullinan, son ancien technicien, dans son entreprise de forage à Corsicana. Par la suite, elle essaye de vendre ses produits par l'intermédiaire d'une société commerciale qu'elle achète. La réaction chauvine des Texans ne se fait pas attendre : ils obtiennent du gouverneur James Hogg un décret d'expulsion immédiate de la Standard Oil sous prétexte que celle-ci tente de créer un monopole. Rockefeller, très vexé par cette mesure affirme qu'il sort par la porte mais sait qu'il rentrera par la fenêtre.

Farish contacte Rockefeller en 1917, alors que les États-Unis entrent en guerre du côté des Alliés et que toute l'industrie pétrolière unanime se met au service du gouvernement fédéral pour contribuer à l'effort de guerre. Il négocie alors un contrat d'alliance avec la Standard Oil C° (New Jersey). En 1919, la fusion se fait, la Humble devient sa filiale, mais reste très autonome et conserve son nom. Elle a ainsi la certitude que tout son surplus de pétrole brut sera absorbé par la maison-mère. Sa raffinerie, près de Houston pourra bien se développer. Farish reste président jusqu'au jour où, ironie de l'histoire, ce Texan sera nommé président de la Standard Oil. Il s'installe au siège social de la société à New York, c'est la revanche de Rockefeller sur le Texas.

(4) La Sun Oil C°

La Sun oil Company est fondée par les frères Robert et Edgar Pew qui quittent la Pennsylvanie où l'industrie pétrolière décline et arrivent au Texas. Ils achètent des concessions à Beaumont, région très prometteuse, commencent à forer puis construisent des installations de stockage. Ils installent une raffinerie à Philadelphie, près des centres urbains de consommation et l'alimentent par bateaux citernes. Leur société prend le nom de Sun Oil Company. Après le déclin de Spindletop et de toute la région de Beaumont, ils poursuivent leur prospection dans tout le Texas, reliant toutes leurs zones productrices par oléoducs. Plus tard, cherchant à se développer sur d'autres continents, ils s'unissent à l'Atlantic Refining C° du groupe Standard Oil.

(5) Les producteurs indépendants

Il est nécessaire de mentionner l'apparition au Texas d'une nouvelles catégorie de producteurs de pétrole : les indépendants. Dans ce vaste pays, vivent toujours de grands propriétaires fonciers, fermiers ou éleveurs, possédant des domaines de plusieurs centaines d'hectares, gros producteurs de coton, de tabac ou de bétail. Avec la découverte du pétrole dans cet État, chacun d'entre eux se demande si un trésor fabuleux ne gît pas inexploité sous ses pieds.

Beaucoup se mettent à forer, sous-traitant cette opération à une compagnie spécialisée et parfois demandant l'expertise de géologues. Quelquefois leur initiative est récompensée et le pétrole jaillit. Ils peuvent alors le vendre à l'état brut, en même temps que leur coton ou leur bétail, car ils demeurent avant tout des agriculteurs. On les appelle les producteurs indépendants, on en dénombre près de 200 au début du XXe siècle. Les plus solides ou les plus chanceux de ces entrepreneurs audacieux amassent de grosses fortunes et fondent des sociétés pétrolières, en général de petites dimensions mais peu d'entre eux s'aventurent dans le raffinage de leur production. Certains se lancent dans le forage à l'aveuglette, sans faire appel aux géologues ou sans exploration géophysique de leur domaine. Un exemple de ces « coups de poker » fait au hasard à Big Lake en 1923 est conté par Alain Perrodon :

« Dans ce pays vierge de forages, le 'grand manager' Pickrell décide par mesure d'économie d'implanter son premier puits au terminus du train qui apporte le matériel. Il baptise le puits 'Santa Rita' la patronne de l'impossible. Le puits une fois terminé débitera 100 barils de pétrole brut par jour » (6).

Une autre de ces sociétés, la Zapata Oil Company est fondée à Midland, au centre du Texas par la famille Bush, qui en plus des hydrocarbures a donné deux présidents aux Etats-Unis.

3 - Dissolution de la Standard Oil

Dès la fondation du Standard Oil Trust, l'opinion publique relayée par la presse se déchaîne contre cette entreprise. Les critiques sont virulentes, les réactions passionnelles, souvent très peu fondées. Les autres trusts ne sont pas épargnés mais celui-ci, le plus important, est la cible favorite. On lui reproche avant tout des prix arbitraires pour les produits mis en vente, n'ayant aucun rapport avec les coûts de production, contribuant ainsi à l'augmentation du coût de la vie. On l'accuse également d'écraser la concurrence de sa toute-puissance, d'acculer les petits producteurs à la faillite et d'empêcher les commerçants de se fournir ailleurs.

Finalement on dénonce cette stratégie du secret hautain adopté par les dirigeants qui ne se font jamais connaître, refusant les interviews, ne donnant aucune information sur leur stratégie et dédaignant de répondre à toutes ces attaques.

L'état-major de la Standard Oil finit par réaliser que leur groupe est au centre de toutes ces critiques. John Rockefeller, ainsi que toute sa famille sont désolés d'être des mal-aimés. Tous les directeurs, fiers de leurs réalisations, sont persuadés d'accomplir une mission de bien public, de donner du travail à des milliers de chômeurs. En prenant du recul par rapport à ces malentendus, on se rend compte que la Standard Oil ainsi que tous les autres trusts sont le produit de l'industrialisation rapide des États-Unis, débutant après la guerre de Sécession. La concentration des petites sociétés en de grands combinats industriels était inéluctable. C'était la seule façon de poursuivre le progrès technique et d'inventer massivement dans des centres de production modernes. Que cette évolution ait provoqué des abus, des injustices et des révoltes, cela était à prévoir.

L'opinion publique se tourne alors contre le gouvernement fédéral, l'accusant de tolérer cet état de choses et de céder à la pression des coalitions d'intérêts privés. En réalité, celui-ci commence à craindre ces trusts géants, aux énormes moyens financiers, qui peuvent lui contester son autorité dans le domaine économique. De plus, ils possèdent déjà un pouvoir politique non négligeable. Ils accordent de généreuses subventions, pendant les campagnes électorales aux candidats favorables à leurs intérêts. Leur capacité de nuisance en cas de conflit ouvert avec les autorités des États ou de l'administration centrale est donc à prendre en considération.

a) La dissolution ratée de 1892

La réaction des pouvoirs publics, tant attendue, aura lieu en 1889. Le sénateur John Sherman, frère du général qui s'est couvert de gloire pendant la guerre de Sécession, propose une loi anti-trust au Congrès. Elle est votée puis soumise au président Harrison qui la signe en juillet 1890. Elle déclare illégale toute forme de trust ou d'entente entre entreprises, empêchant le libre jeu de la concurrence. Bien qu'étant très vague dans ses modalités d'application, elle correspond aux attentes de l'opinion publique.

En 1891, l'État de l'Ohio intente un procès à la « Standard Oil of Ohio », l'entreprise locale. Il l'accuse d'avoir des liens avec le Standard Oil Trust de New York. En effet, la plupart des dirigeants de la société de l'Ohio sont membres du trust central. Cela va à l'encontre des lois de l'État et de la loi Sherman. Après un long procès, le verdict est rendu en mars 1892. La Standard Oil of Ohio doit rompre tous ses liens avec la maison mère et rester une petite société locale. L'énoncé du verdict est très clair :

« *Une entreprise dans laquelle quelques hommes sont des employeurs et un très grand nombre de personnes sont les employés ou serviteurs n'est pas le genre de société qui est le plus désirable dans un régime républicain (7)* ».

John Rockefeller redoute que ce verdict serve d'exemple à tous les autres États de l'Union où la Standard Oil est implantée. Pour éviter une cascade de procès, il prend, comme il en est capable, une décision courageuse : la dissolution complète de son trust. Le travail de démembrement s'étendra sur quatre mois. Les 84 sociétés du trust seront regroupées en 20 grosses entreprises qui concentrent toutes les actions de leurs filiales.

Mais la plus importante de ces 20 sociétés, celle du New Jersey, aura une place prééminente. La législation de cet État est très favorable aux grosses entreprises qui peuvent s'y installer tout en ayant des intérêts dans de multiples autres régions. Rockefeller fait ainsi de la société de son groupe immatriculée au New Jersey une société de « holding » qui contrôle toutes les autres et qui prend l'appellation « Standard Oil C° (New Jersey) ». Elle existe jusqu'à nos jours, on l'appelle en abrégé « Jersey Standard ».

Au bout de quelques mois, l'opinion publique se rend compte que rien n'a changé, à part le nom. John D. Rockefeller est toujours à la tête du conglomérat industriel pétrolier le plus puissant du monde. D'autres batailles juridiques sont à prévoir.

b) L'offensive de l'opinion publique

Au début du XXe siècle commence aux États-Unis la période dite « progressiste » sous-entendant un esprit de réformes, de justice sociale, d'amélioration des conditions de travail dans les usines ainsi que le souci de la protection des consommateurs. Dans cette atmosphère, la campagne contre les trusts ouvertement déclarés ou clandestins, reprend de plus belle. La Standard Oil C° (New Jersey) dont le siège social n'a pas bougé de New York, malgré le changement de domiciliation, est de nouveau la cible d'attaques. Une des plus virulentes et en même temps des plus intelligentes est celle d'Ida Tarbell, directrice de rédaction de la revue Mc Clure Magazine. Elle parvient à obtenir un accès aux archives de la Standard Oil, grâce à l'appui d'un des directeurs Henry H. Rogers.

Au bout de deux ans d'enquêtes, elle commence la publication des résultats sous forme de feuilleton dans sa revue puis les résume en un ouvrage, *The history of the Standard Oil C°*. Son travail est jugé remarquable, très bien accueilli par la presse, par l'opinion publique, elle est félicitée par le président Théodore Roosevelt. Elle a l'habileté de ne pas se lancer dans une attaque de front contre le trust, affirmant lutter pour le libre commerce.

Pendant trois ans, les attaques se poursuivent contre la Standard Oil, qui s'abstient de répondre et ne veut pas se lancer dans d'interminables procès qui feront de la publicité à la journaliste, tout en attirant l'attention du public sur quelques affaires pas très « propres ». John Rockefeller résume ainsi cette position :

« Messieurs, nous ne devons pas nous noyer dans les controverses. Si elle a raison, nous ne gagnerons rien en répondant, si elle a tort, le temps nous vengera. » (8)

c) Le président intervient

Le pouvoir fédéral commence à s'inquiéter. Le président Théodore Roosevelt, l'oncle de Franklin D. Roosevelt, le futur président durant la Deuxième Guerre mondiale, incarne le mouvement progressiste. Il reçoit en 1906 le prix Nobel de la paix pour avoir été l'arbitre durant la guerre russo-japonaise de 1905. Il proclame n'être pas opposé aux regroupements industriels qui sont inévitables, mais être contre les trusts dont la conduite est contraire à l'intérêt national.

En 1904, il crée un département « Commerce et travail » comprenant un « Bureau des entreprises » lui permettant de surveiller leurs mouvements. Il entreprend alors une campagne contre les monopoles. Il sait que l'opinion publique lui est favorable. En mai 1906, le bureau publie un rapport sur le pétrole, il est très accablant pour la Standard Oil qui raffine plus de 4/5e du pétrole américain. Théodore Roosevelt décide de passer à l'action et lance un très grand procès qui débute en novembre 1906 à Saint-Louis.

Plus de 400 témoins sont cités et le dossier comprend 14000 pages. Finalement c'est en novembre 1909 que le verdict tombe : la dissolution du « holding ». La Standard Oil fait appel auprès de la Cour Suprême et en mai 1911, celle-ci confirme le verdict précédent et accorde 6 mois à la Standard Oil pour se dissoudre.

d) Le démantèlement

Le verdict est salué chaleureusement par la presse et par Théodore Roosevelt remplacé à la présidence par Taft. La direction de la Standard Oil (J .D. Rockefeller est à la retraite) décide de coopérer pleinement avec les autorités fédérales. Le holding est divisé en 33 compagnies totalement indépendantes, aucune personne ne pouvant siéger dans deux conseils d'administration. Chacune de ces compagnies gère ses filiales. Beaucoup garderont au début le nom de Standard Oil auquel on ajoute le nom de l'État où elle a son siège social. Nous pouvons en citer les principales :

-Standard Oil of New Jersey, qui reste la plus importante société pétrolière des États-Unis et même du monde entier. Elle garde le contrôle de toutes les filiales à l'étranger qui ne tombent pas sous le coup de la loi Sherman, et elle gère 12 importantes raffineries. Elle prendra le nom ESSO ou EXXON suivant les pays.

-Standard Oil of New York, totalement séparée de la précédente bien que siégeant à la même adresse. Son sigle est SOCONY. Elle fusionnera avec la Vacuum Oil C° pour donner la Socony-Vacuum qui finira par devenir la MOBIL.

-Standard Oil of California, la SOCAL qui deviendra la CHEVRON

-Standard Oil of Ohio soit SOHIO

-Standard oil of Indiana, rachetée par la BP anglaise, deviendra l'AMOCO

-Continental Oil devenant CONOCO

-Atlantic Refining C° reprise par la SUN OIL C°

Les fusions et structurations ont continué en fin de XXe siècle, entre EXXON et MOBIL, entre CHEVRON et TEXCAO.

e) Conséquences de cette dissolution

Il faut remarquer et c'est tout à l'honneur des dirigeants du holding, que la séparation des entreprises est totale, elles gardent au début, et c'est naturel, des relations cordiales entre elles. Il n'est pas possible de les obliger à se faire la guerre. Mais par la suite, elles commencent à entrer dans le jeu de la concurrence. Avec le recul, on peut dire que le résultat est bénéfique sous trois aspects :

1-libération administrative : Les nouvelles sociétés ont besoin de dirigeants autres que les vieux « éléphants » de New York. Il y a donc dans toutes, de nombreuses promotions, des cadres jeunes et dynamiques, voulant montrer leurs capacités à des postes importants. Le « sang neuf » est très utile pour toutes ces sociétés qui peuvent emprunter, investir et étendre leurs activités.

2-libération technique : Les cadres techniques donnent libre cours à leur imagination pour trouver de nouveaux procédés de fabrication ou d'inventer des produits nouveaux. Les nouveaux dirigeants beaucoup plus réceptifs que les anciens débloquent les crédits pour la recherche, permettant aux jeunes ingénieurs de mettre leurs talents à l'épreuve. L'exemple le plus frappant de cette réussite reste celui de la découverte du craking par Burton dans la raffinerie de l'Ohio, ne pouvant se développer qu'après la dissolution.

f) Qu'est devenu Rockefeller ?

John D. Rockefeller, au moment de la dissolution est à la retraite depuis de nombreuses années, tout en gardant la présidence honoraire. Il reçoit dans sa propriété de Pocantico, près de New York, des dirigeants des diverses sociétés venant lui rendre visite parfois par respect pour le père fondateur, parfois pour avoir son avis sur certains problèmes complexes.

Avant la dissolution, Rockefeller possède un quart des actions du holding. Il se trouve donc après la séparation en 33 unités distinctes, en possession du quart des actions de chacune d'elles. La plupart de ces sociétés font leur entrée à la bourse de Wall Street. Gérées par de jeunes cadres entreprenants, elles sont favorablement accueillies par les milieux boursiers et leurs actions font de remarquables plus-values. Des experts financiers estiment que J.D. Rockefeller double ainsi sa fortune en moins d'un an !

4 - L'Amérique latine entre en scène

Au début du XXe siècle l'exploration pétrolière commence dans de nombreux pays d'Amérique latine. Ils ont tous conquis leur indépendance et la plupart sont dirigés par des dictateurs plus ou moins éclairés, en majorité d'anciens généraux. Ils cherchent à mettre en valeur leur pays et ne trouvant pas sur place les compétences nécessaires, ils font appel à des compagnies étrangères. Mais les méthodes de prospection sont encore rudimentaires, se basant principalement sur des indices observés en surface, ce qui fait que beaucoup de campagnes d'exploration se terminent par des échecs. Pourtant les pays étudiés possèdent bien des ressources non négligeables dans leur sous-sol, mais elles ne seront découvertes et mises en valeur que bien plus tard.

C'est ainsi que des recherches furent entreprises en Argentine, Pérou, Mexique, Bolivie, Brésil, Venezuela, Équateur. Deux pays se distinguent durant cette période : le Mexique et le Venezuela.

a) Le pétrole au Mexique

L'industrie pétrolière nait au Mexique sous la dictature de Porfirio Diaz. Celui-ci, un général, héros de la guerre de libération menée par le Président Benito Juarez contre l'empereur Maximilien, prend le pouvoir après un coup d'État en 1875. C'est un dictateur éclairé et paternaliste, qui veut moderniser le pays et pour cela fait appel aux investisseurs étrangers, la plupart anglais ou américains. Il est appuyé par un courant d'idées de la bourgeoisie locale, influencée par le positivisme d'Auguste Comte, qu'on nomme les « scientificos », adeptes de toutes les techniques modernes et cherchant à en faire profiter leur patrie.

Dès 1901, un géologue du pays : Ordenez, commence l'exploration des rivages du Golfe du Mexique mais ses forages ne donnent aucun résultat. Il est suivi par les Anglais qui explorent en 1907 la même région et dont le puits à Diego del Mar donne près de 1000 barils par jour. L'année suivante à Dos

Bocas, un puits entre en éruption et l'incendie n'est maîtrisé qu'au bout de deux mois, au prix d'un énorme gaspillage de pétrole brut. Cette catastrophe a un retentissement mondial.

Le Président Porfirio Diaz, sensibilisé par ce problème, veut attirer les compagnies étrangères qui commencent à s'intéresser au Mexique et invite trois des plus importantes : Standard Oil (New Jersey), Royal Dutch –Shell et Gulf. Il leur offre des concessions importantes, dans des conditions avantageuses. Débute alors l'âge d'or pour le pétrole mexicain. La guerre qui éclate en 1914 en Europe favorise le développement de la production, exportée à l'état brut vers les États-Unis puis expédiée en Europe. En 1916, c'est la découverte du gisement de Cerro Azul, avec un forage qui entre en éruption avec un jet de 180 mètres de hauteur. Dès 1918, le Mexique est le second producteur mondial après les États-Unis, avec plus de 60 millions de barils extraits en un an.

Mais le déclin est rapide, les techniques de gestion des réservoirs et de récupération secondaire n'existaient pas. L'exploitation effrénée de ces formations très perméables les détruit définitivement. La production tombe en 1932 à 32 millions de barils et les nouvelles découvertes devant compenser ces pertes se font rares. Les remous politiques compliquent la situation. La révolution éclate en 1913 et dure jusqu'en 1917. Durant cette période trouble, la loi minière du Mexique sera modifiée, cessant d'être calquée sur celle des États-Unis et donne la propriété du sous-sol à l'État mexicain. C'est également le début d'une période de grèves et de graves troubles sociaux qui mèneront à la nationalisation complète de l'industrie pétrolière en 1938.

b) L'essor du Venezuela (9)

Tous les dirigeants qui se succèdent dans ce pays savent que son sous-sol est très riche en pétrole mais ne savent pas comment l'exploiter. En 1899, le général Cipriano Castro prend le pouvoir : c'est un dictateur corrompu qui veut s'enrichir. Il établit une loi minière en 1904 donnant l'exclusivité à l'État dans l'exploitation des ressources du sous-sol. Il administre alors son territoire en octroyant des concessions et en prélevant des taxes et des redevances. Il favorise ses amis et les membres de sa famille qui à leur tour revendent avec un copieux bénéfice ces concessions aux grandes compagnies pétrolières. Les contrats sont signés à des conditions très avantageuses pour ces entreprises dans le but de les installer solidement et continuer à remplir les caisses de l'État.

En 1908, Castro part se soigner en Europe, c'est une fort mauvaise idée ! Le général Juan Vicente Gomez en profite pour prendre le pouvoir qu'il gardera jusqu'en 1935. Ce nouveau dictateur, bon administrateur, dirige son pays d'une poigne de fer, maîtrise les insurrections, emprisonne les contestataires et engage un programme de « réhabilitation nationale ». Pour cela, il a besoin de gros revenus et ouvre les portes de son pays à des industriels étrangers.

Il accorde en 1909 une énorme concession de 27 millions d'hectares à une compagnie anglaise dirigée par John Allan Tregelles, qui établit une société « Venezuela Oilfield Exploration C° », puis l'encourage à installer une raffinerie. En 1912, une autre concession accordée à une de ses relations Rafael Max Valladeres, est rapidement revendue à la Caribean Petroleum C° sur le lac Maracaibo. Les concessions sont très attrayantes car le dictateur en place a peu d'informations sur les potentialités pétrolières de son pays, et veut commencer rapidement l'exploitation de ses ressources. Les géologues de la Caribean commencent leur travail d'exploration, mais la société à court d'argent est rachetée par la Shell.

C'est finalement en 1914 que la Shell, au sud du lac, à Mene Grande, fore le premier puits commercialement productif. Avec beaucoup de dynamisme, elle multiplie les forages, construit des réservoirs et établit une petite raffinerie sur le lac à San Lorenzo. Durant cette année, la Shell produit 121000 barils de pétrole brut. D'autres compagnies s'installent dans les environs : la Colon Development C° et la Venezuelian Oil C° rapidement absorbées toutes deux par la Shell. À cette époque, ce sont les Anglais qui ont l'initiative et expulsent les Américains. Ceux-ci à cette époque sont plus intéressés par le Mexique, leur voisin, que par ce lointain Venezuela.

Sans aucune aide gouvernementale, la Shell doit tout importer : machines, nourriture, centrales électriques, construire des routes, des camps et des services de santé. Elle embauche des travailleurs locaux à des salaires bien supérieurs à ceux qu'ils obtenaient dans l'agriculture. Pendant la Première Guerre mondiale, n'ayant que peu de relations avec la maison-mère, la Shell doit se débrouiller avec les moyens sur place pour l'entretien des machines et continuer à produire.

Après la guerre, l'expansion pétrolière reprend rapidement. Les compagnies américaines trouvent leur place : Standard Oil (New Jersey), et GULF, mais la Shell garde ses concessions. Le général Gomez, très rigide, sait lâcher du lest quand il le faut et que la situation devient presque invivable pour les compagnies. Il tolère que la Shell, compagnie anglo-hollandaise s'installe pour traiter une partie de sa production à Curaçao, île hollandaise au large du Venezuela ou une grande raffinerie est construite.

Les pétroliers commencent à se rendre compte de l'énorme importance des réserves pétrolières dans la région du lac Maracaibo. Les découvertes de gisements se succèdent et font du Venezuela un des grands producteurs mondiaux. En 1929, la Shell opère sur la rive orientale du lac, elle découvre les champs de La Rosa, Lagunillas en 1926. La Standard Oil (New Jersey) achète la Créole Oil C° et en fait le premier producteur du pays. Elle opère dans le lac et sur les rivages à Tia Juana et Bachaquero. Elle découvre sur le fond du lac un gisement de sables imprégnés de pétrole de 60 mètres d'épaisseur, et fore pour l'exploiter plus de 900 puits disposés en damier à la surface de l'eau.

Les conditions de travail sont très difficiles surtout au sud-ouest du lac Maracaibo. D'une part le climat est très déprimant, chaleur étouffante, humidité constante, végétation tropicale et de l'autre, cette région est le territoire de chasse des Indiens Motilones. Ceux-ci deviennent très agressifs et attaquent les géologues qui explorent leur fief. Il faut installer sur les cabines des camions, sur les remorques et dans les canots automobiles des planches de contreplaqué ou de fins grillages pour se protéger des flèches tirées du haut des arbres. Quand on décide de faire un forage d'exploitation, on le met au centre d'une clairière dégagée de toute végétation sur un rayon de 200 mètres, car la portée des flèches des Indiens ne dépasse pas les 100 mètres.

Malgré ces précautions, des accidents arrivent : un contremaître jouant au bridge reçoit une flèche dans le dos, un autre technicien est tué. Les ouvriers effrayés partent, abandonnent les camps. Les compagnies pétrolières exigent l'aide des autorités, elles demandent au Général Gomez d'incendier les villages indiens mais celui-ci refuse d'être le massacreur des peuplades autochtones. Il comprend que l'arrivée des Blancs dans cette région menace de les priver de leur nourriture et que leur résistance est légitime. Il envoie donc un petit détachement pour essayer de s'interposer entre les deux adversaires.

Le Venezuela a d'autres ressources pétrolières. La Créole et la Gulf obtiennent des concessions à l'Est du Venezuela. Elles explorent le bassin oriental au Nord du fleuve l'Orenoque, un monoclinal descendant en pente douce jusqu'à la mer des Caraïbes. La Créole y découvre en 1937 le gisement d'Officina contenant 770 millions de barils de réserves.

Vers la fin des années 1930, le Venezuela est le troisième producteur mondial, avec un total annuel de 180 millions de barils, après les États-Unis (1330 millions) et l'URSS (210 millions). En 1935, à la mort du général Gomez et à la fin de ces 27 années de dictature, il faut s'attendre à une ère de forts remous sociaux.

CHAPITRE V

L'ORIENT ET L'EXTRÊME-ORIENT

Dès le début du XXe siècle, les nouveaux marchés sont en place : automobiles, aviation, pétrochimie. La demande est favorisée par les bas prix des produits offerts à la consommation. Déjà on envisage la fin de la suprématie du charbon, remplacé par le pétrole qui présente de nombreux avantages : il est liquide donc beaucoup plus facile à manipuler qu'un combustible solide, sa qualité est constante et son prix se compare à celui du charbon.

Dès la fin de la Première Guerre mondiale, les États-Unis fournissent des deux tiers de la consommation totale de pétrole, leur production est largement excédentaire et se maintient grâce à ses exportations vers l'Europe et l'Extrême-Orient. Par contre, l'Europe qui en manque, recherche avidement d'autres pays producteurs que les États-Unis. La France s'intéresse aux gisements russes de Bakou, l'Allemagne et l'Angleterre aux potentialités nouvelles détectées au Moyen-Orient. Une nouvelle ère s'ouvre pour le pétrole.

1 - La dynastie des Nobel

La Russie était depuis 1870 un marché prometteur pour le kérosène, très demandé pour l'éclairage, pendant les longs hivers du pays. Le kérosène américain arrive alors en grandes quantités, utilisé par la bourgeoisie naissante et l'aristocratie. Pourtant les dirigeants savent que leur vaste pays possède beaucoup de richesses minérales qui ne demandent qu'à être exploitées par d'audacieux entrepreneurs. La famille Nobel répondra à cette attente.

a) Le fondateur (1)

Immanuel Nobel, riche bourgeois suédois, né en 1801 s'est spécialisé dans l'industrie d'armements. Il s'orientera vers la fabrication de mines sous-marines. Il en invente une qui explose sous le choc et essaye de lui trouver des débouchés. Il s'adresse à la Russie qui a un énorme besoin d'armements en tous genres. S'installant à Saint-Pétersbourg, il vend sa mine à l'état-major de la Marine impériale et crée une usine d'armements intitulée « Fonderie et Ateliers Mécaniques Nobel et fils ». Cette usine bien gérée prospère, et contribue à la fourniture d'armes à la Russie pendant la guerre de Crimée débutant en 1854. On lui doit en partie la résistance victorieuse de la base navale de Kronstadt sur la mer Baltique, attaquée en 1855 par une escadre anglaise et défendue par des mines sous-marines. Décoré en 1857 par le Tsar de la Médaille d'Or Impériale, il se retire en Suède, laissant la place à ses quatre fils.

b) Les quatre frères Nobel

1. Alfred

Alfred, le troisième fils, mondialement connu, est né en 1833. Devenu ingénieur, il participe activement aux entreprises de son père. Il suit les études qui sont faites en Italie sur un nouvel explosif : la nitroglycérine, puis essaye de l'améliorer. C'est un produit instable qui a tendance à exploser soudainement, au moindre choc, ce qui le rend difficilement utilisable. Trouvant le moyen de maîtriser ce dangereux produit, il prend un brevet pour son invention qu'il nomme « dynamite ».

Il doit sa fortune à cet explosif, rapidement il installe douze usines de dynamite dans toute l'Europe, puis se retire à Paris dans un luxueux hôtel particulier et devient un grand financier.

2. Emil (2)

Le plus jeune des quatre frères a eu un destin tragique. Il travaille dans un des laboratoires de son aîné. En 1864, Emil ainsi que quatre techniciens, manipulant un produit dangereux, sont tués dans une explosion suivie d'un grand incendie. Tous les bâtiments des environs sont détruits. Cela terrifie toute la population et les autorités locales interdisent toute manipulation d'explosifs dans la région.

C'est une terrible épreuve pour Alfred, bien déterminé à continuer son œuvre, mais se posant des questions sur sa finalité. Ce drame familial ne fut pas étranger à sa décision en fin de vie en 1906, de consacrer toute sa fortune à la création de la Fondation Nobel distribuant chaque année ses célèbres prix.

3. Ludwig

Ludwig, le second sera le plus entreprenant et le plus audacieux des quatre frères. Il reprend l'usine d'armements de son père vers 1860. C'est pour la Russie l'époque de la révolution industrielle qui commence avec un certain retard par rapport à l'Europe occidentale. En 1861, le Tsar abolit le servage, ce qui libère des milliers de paysans qui vont chercher du travail dans les villes, et se font embaucher à bas salaire dans les usines. Cette époque est également celle de la course aux armements entre les puissances européennes, attirées par un nationalisme radical.

Ludwig reçoit d'énormes commandes pour des canons, des obus, puis pour les nouveaux fusils se chargeant par la culasse. Ludwig ne se contente pas de servir l'armée, il prend aussi des commandes civiles et se spécialise dans la fabrication de roues et essieux pour les locomotives et les trains. Il adopte une gestion très paternaliste de ses installations, soucieux du confort de ses ouvriers, de leur logement. Il refuse d'embaucher des enfants et réduit progressivement la journée de travail de 14 heures à 10 heures. En 1875, il est décoré par le Tsar de l'Ordre de l'Aigle Impérial.

Sur le plan familial, il est un heureux père de 11 enfants.

4. Robert

C'est l'aîné de quatre frères. Comme les autres, il participe au début à l'affaire familiale. Prenant ensuite son indépendance, il se lance dans de multiples entreprises qui s'avèrent décevantes.

De caractère inconstant, il se montre jaloux de la réussite d'Alfred et de Ludwig. Trouvant finalement refuge chez Ludwig qui lui offre un poste dans son entreprise, il demeure frustré et amer.

En 1873, Ludwig l'envoie en mission à Bakou dans le Caucase pour étudier l'utilisation du bois de chêne, très courant dans ce pays, pour la fabrication des crosses de fusils. Il se rend dans cette région, qui sera le lieu du grand tournant de sa vie.

c) L'or noir du Caucase

Robert prend le bateau sur la Volga, l'immense artère commerciale de la Russie et arrive à Astrakhan dans le delta du fleuve, de là il poursuit son périple sur la mer Caspienne et débarque sur la péninsule d'Apcheron où se trouve Bakou. Il est fort déçu à son arrivée, il trouve une ville très pauvre et mal entretenue. C'est une cité orientale qui avec son arrière-pays l'Azerbaïdjan formait une province de la Perse jusqu'en 1806, date de son annexion à la Russie par le Tsar Alexandre Ier. Isolée de l'Europe par le Caucase, elle n'a jamais subi l'influence de l'urbanisme moderne et demeure très arriérée, peuplée en majorité d'Asiatiques.

Pendant son long voyage en bateau, Robert se lie d'amitié avec le capitaine de Boer. Celui-ci dont la famille possède une petite raffinerie à Bakou, l'initie à l'industrie du pétrole. Débarquant à Bakou en 1873, Robert est horrifié par la misère urbaine et en même temps fasciné par les immenses richesses du sous-sol de ce pays. Il réalise que son avenir, ainsi que celui de sa famille est dans ce pays. Il s'associe avec de Boer, prend une participation dans sa raffinerie et pour cela utilise le crédit dont il dispose pour l'achat du bois de chêne destiné à la fabrication des crosses de fusil des soldats du Tsar.

De retour à Saint-Pétersbourg, ayant tout dépensé, son enthousiasme est refroidi par les reproches et le scepticisme de ses frères. Pour eux, c'est encore une autre aventure où il se lance tête baissée et qui va échouer lamentablement comme les précédentes.

Robert retourne à Bakou, s'y installe et entreprend de moderniser la raffinerie de de Boer. De formation ingénieur-chimiste, il sait améliorer la qualité du kérosène qui débarrassé de son soufre se vend alors très bien. Le succès est tel que Robert se lance dans la construction d'une deuxième raffinerie. En 1876, devenu le plus grand fabricant de kérosène de bonne qualité, il obtient la récompense suprême : 300 barils de son kérosène parviennent à Saint-Pétersbourg. Aussi bon que celui de la Standard Oil, il est beaucoup moins cher. C'est la fin de la suprématie du trust américain en Russie.

Cette même année Ludwig se rend à Bakou !

d) L'apothéose (3)

Ludwig est impressionné par les réalisations de son frère, le parent pauvre de la famille ! Comprenant de suite l'énorme potentialité industrielle de cette région, il se rend à Tiflis la capitale régionale, est reçu par le Grand Duc Michel, vice-roi du Caucase et frère du Tsar, et obtient son appui total pour la modernisation de l'industrie du pétrole.

De retour à Saint-Pétersbourg, en industriel calme et pondéré qui prépare son plan d'action, il donne la priorité au transport : oléoducs, pompes, wagons-citernes, réservoirs de stockage. Commençant par éliminer le transport du pétrole brut du puits à la raffinerie par des citernes sur deux roues tirées par des mulets, il construit à la place des oléoducs modernes. Il faut surmonter les réticences, les révoltes des Tatars, rebelles à ces installations et embaucher des Cosaques pour patrouiller le long des canalisations. Son réseau est complété par d'autres oléoducs transportant les produits finis jusqu'au port d'embarquement sur la mer Caspienne. En 1900, plus de 120 kilomètres d'oléoducs seront en activité dans la région.

Un autre problème surgit, celui du transport du kérosène par barils. C'est un moyen totalement périmé, le contenant valant 50 % du prix du contenu. C'est alors qu'aidé de ses ingénieurs, il imagine et met au point le bateau-citerne. C'est la coque métallique du navire qui fait office de réservoir pour le kérosène ou pour le pétrole brut. Pour ses contemporains, ce bateau-citerne, ancêtre du pétrolier, est la deuxième grande invention de la famille Nobel après la dynamite. Le premier pétrolier de cette conception est construit par un chantier naval suédois. Lancé en 1880, il est baptisé Zoroastre du nom du dieu de la région adoré au milieu des flammes éternelles. Tout le monde se précipite pour le voir. Vers 1895, plus de 100 pétroliers navigueront sur la mer Caspienne et en 1886 un pétrolier russe arrive triomphalement à Londres pour décharger du pétrole. Par la suite ce sont les Allemands qui fabriquent des pétroliers transatlantiques faisant le plein dans les ports de la côte Est des États-Unis.

Ludwig est partout présent, lance des pétroliers sur la mer Caspienne, des barges-citernes sur la Volga, crée un immense complexe de stockage et de distribution d'hydrocarbures à Tsaritsyn devenue par la suite Stalingrad puis actuellement Volgograd. Il lance la fabrication de wagons-citernes sur rails, car il faut approvisionner les métropoles Moscou et Saint-Pétersbourg, pendant l'hiver alors que la Volga est gelée. Ses ingénieurs partent aux États-Unis pour étudier les nouvelles techniques de distillation fractionnée en continu. En 1897, la Russie est classée premier producteur mondial de pétrole. La firme « Nobel Brothers » produit 20 % de cet ensemble. Elle a réalisé son intégration verticale dans l'exploration, forage, production, raffinage et distribution. En 1888, Ludwig décède prématurément, usé par tant d'années de combats. C'est en 1896 que Robert et Alfred disparaissent. Un nouvel acteur entre en scène, c'est Emmanuel Nobel, fils de Ludwig et petit-fils d'Immanuel. Il préside aux destinées de la société « Nobel Brothers ».

2 - Les Rothschild interviennent

Le pétrole des frères Nobel ne franchit pas les frontières de la Russie. Il s'écoule par la seule voie qu'ils ont utilisée : Bakou, Caspienne, Volga puis le chemin de fer jusqu'aux centres de consommation principalement Moscou et Saint-Pétersbourg. Il faut remarquer que la géographie de la région ne leur est pas favorable, avec leur centre de production isolé par de hautes montagnes. Tous les industriels de la région se rendent compte que la Russie, avec ses paysans sortant du servage et son industrie naissante, ne peut absorber tout le pétrole produit au Caucase. Il faut lui trouver un accès aux grands centres industriels de l'Europe.

a) Vers la Méditerranée

Deux producteurs russes de la région : Bunge et Paleshkovsky fondent un syndicat destiné à construire une voie ferrée de Bakou à Tiflis puis au terminal Batoum, un petit port sur la Mer Noire. La construction sur 840 kilomètres s'avère longue et coûteuse. Se trouvant rapidement à court d'argent, ils font appel aux Rothschild français.

En France, le baron James de Rothschild est un spécialiste des chemins de fer. Il a financé la construction des lignes Paris-Saint-Germain et Paris-Versailles. Son fils Alphonse lance la compagnie des Chemins de fer du Nord puis celle de la Méditerranée. De plus, ils ont fait construire une raffinerie à Fiume, près de Trieste sur l'Adriatique. Si le pétrole de Bakou peut arriver sur le rivage oriental de la Mer Noire, il est facile de le transporter par pétrolier jusqu'à Fiume, de le raffiner puis le distribuer dans toute l'Europe. L'idée est donc séduisante, de plus elle doit permettre de s'affranchir du quasi-monopole que la Standard Oil fait régner sur toute l'Europe.

Les Rothschild accueillent donc favorablement la demande de secours des Russes.

b) Les Rothschild au Caucase.

Des ingénieurs français reprennent donc la construction de la ligne de chemin de fer. Une société est créée la « Caspian and Black Sea Petroleum Company » dont le sigle est BNITO. Avec beaucoup de dynamisme, la ligne est achevée dans les meilleurs délais. Les Rothschild s'intéressent de plus en plus au Caucase et à l'énorme richesse de son sous-sol.

Suivant leurs directives, le petit port de pécheurs de Batoum est modernisé. On y construit des jetées d'accès pour les pétroliers et des fabriques de barils. De grands réservoirs de stockage de pétrole brut et de kérosène sont mis en place. Par la suite de larges ateliers de fabrication de bidons de fer blanc pour l'expédition des produits finis sont créés dans la ville, et emploient plus de 1400 ouvriers. Toute la région devient très prospère.

La BNITO s'intéresse alors à la production de pétrole de tout le Caucase, elle se rapproche des producteurs de brut ainsi que des raffineurs, leur proposant l'achat leur production à des prix très attractifs. Cette façon de procéder rappelle étrangement celle de J.D. Rockefeller vers 1870, en Pennsylvanie, envers les petits producteurs qui n'avaient pas les moyens financiers suffisants pour pouvoir lui résister.

c) Les projets de mariage

Les Nobel ont modernisé Bakou, les Rothschild ont fait de même à Batoum. Les deux groupes doivent donc s'affronter ou s'entendre. Alfred Nobel à Paris connaissant la puissance des Rothschild ne désire pas commencer une guerre d'usure épuisante et stérile. Il pousse donc à l'union ou la fusion des intérêts des deux groupes dans le Caucase. Quand vers 1884 commencent une série de rencontres entre les délégués des deux familles, très rapidement les deux parties en présence se rendent compte qu'une union totale est impossible. Les

Rothschild refusent une participation chez les Nobel qui ne soit pas majoritaire et ceux-ci après tant d'années d'efforts refusent d'être dominés par un autre groupe financier.

Finalement après de nombreuses discussions, projets et contre-projets, sous la menace que fait régner le troisième larron : Rockefeller, ils décident de s'entendre et de coopérer pleinement par contrats et engagements réciproques. C'est la voie de la sagesse qui finit par l'emporter entre ces deux familles très entreprenantes mais jalouses de leurs prérogatives et résolues dans leurs ambitions.

d) L'oéloduc

La voie ferrée traversant le Caucase se sature rapidement n'ayant pas la capacité suffisante pour évacuer tout le surplus de pétrole non consommé par les Russes pour deux raisons : d'abord la consommation de pétrole par habitant est faible en Russie. Les paysans russes, très pauvres se contentent de bougies ou de lampes à huile et seule la bourgeoisie des villes utilise les lampes à pétrole. Le besoin local ne croît que très lentement. Ensuite l'arrivée des capitaux étrangers a donné une forte impulsion à l'exploration et à la production de pétrole brut. La prospection géopolitique moderne commence à être appliquée, le forage rotatif est utilisé partout. Les puits géants, aux débits inimaginables pour les ingénieurs pétroliers américains qui visitent la région, sont découverts et mis en service les uns après les autres. Par exemple, dans le champ de Bibi Eibat, exploité vers la fin des années 1880, le débit d'un puits s'élève à près de 70000 barils par jour, à comparer avec les 10 ou 15 barils/jour obtenus dans les puits de Pennsylvanie. On n'avait jamais vu ou entendu parler d'un puits semblable dans le monde entier.

Il faut donc à tout prix construire un oléoduc à grand débit, doublant la voie ferrée et aboutissant au terminal de Batoum. Obstacle majeur, cette canalisation doit passer par-dessus le mont Suram qui culmine à 1000 mètres. De plus la lourde administration russe a des réticences : l'oléoduc la priverait des redevances et taxes qu'elle perçoit sur les chemins de fer et la navigation fluviale.

De guerre lasse, Ludwig Nobel organise un syndicat avec cinq exportateurs de pétrole de la région. Ils décident de construire un oléoduc de petites dimensions pour le transport du kérosène, d'une longueur de 63 kilomètres, passant sur un col de la chaîne de montagnes. D'ailleurs Ludwig n'était pas très motivé pour exporter le pétrole brut, il préférait le vendre une fois raffiné dans ses installations. Les équipes se mettent au travail, on attaque la montagne avec 400 tonnes de dynamite fournies par Alfred Nobel. L'oléoduc est mis en service après beaucoup d'efforts en 1889. Le gouvernement russe devant ce succès inattendu donne alors l'autorisation de compléter l'ouvrage du départ de Bakou jusqu'à la Mer Noire. Les autorités russes restèrent très réticentes pour le lancement d'un oléoduc de gros diamètre véhiculant le pétrole brut. Elles donnaient comme condition préalable que tout le matériel nécessaire : gros tuyaux d'acier, pompes, soient de fabrication exclusivement russe. Mais l'industrie métallurgique du pays n'avait pas à l'époque la compétence technique pour la réaliser. Il a donc fallu attendre 17 ans et ce n'est qu'en 1916 que l'oléoduc de 20centimètres de diamètre et 840 kilomètres de long fut inauguré, comportant 19 stations de pompage sur son parcours.

e) La concurrence acharnée

La Standard Oil contacte les Nobel puis les Rothschild, leur propose d'abord une fusion de leurs intérêts pétroliers à des conditions très avantageuses, mais sous direction américaine. Ensuite, face à leur refus, elle essaye de trouver des terrains d'entente. Si les accords conjoncturels sont possibles, la Standard Oil n'aboutit jamais à une mainmise complète sur les autres, très fiers de leurs réalisations et jaloux de leur indépendance. C'est ainsi qu'en 1892, John Rockefeller invite le baron Alphonse de Rothschild à venir visiter les États-Unis. Celui-ci accepte, se rend à New York et se présente le jour convenu au siège social de la Standard Oil à Broadway. Il est aussitôt introduit chez John Rockefeller qui l'attend en compagnie de ses proches collaborateurs. Ceux-ci se trouvent alors en présence d'un bel homme aux tempes grisonnantes, vêtu avec beaucoup d'élégance, parlant parfaitement l'anglais avec un accent d'Oxford et tenant avec calme des propos d'une exquise courtoisie. Un visiteur descendu en droite ligne de la planète Mars n'aurait pas davantage impressionné ces petits-fils des pionniers du Far West !

Cette charmante réunion ne donna aucun résultat ! (4)

Les Nobel et les Rothschild s'unissent alors pour approvisionner l'Europe et se heurtent à la Standard Oil déjà sur place avec sa flotte de pétroliers se déchargeant à Rotterdam et avec son réseau de distributeurs. Mais le kérosène russe est moins cher. Progressivement, il envahit la France, l'Allemagne, l'Italie et l'Angleterre. La Standard Oil réagit par sa filiale l'« Anglo American Oil C° » et baisse ses prix. Finalement la pétrole russe n'arrive pas à éliminer l'américain, puis c'est la Standard Oil qui gagne pour deux raisons :

-Le kérosène Standard Oil est de meilleure qualité. Comme l'indique son nom, il est de qualité uniforme, dépourvu de soufre. Celui des Russes est de qualité très variable : très bon chez les Nobel, moins chez d'autres raffineurs plus négligents. Il a donc moins bonne réputation que le pétrole américain.

-La région du Caucase est de plus en plus le siège de graves mouvements sociaux et politiques qui entravent la production. Le Tsar Nicolas II est faible et incompétent.

La guerre russo-japonaise de 1904-1905 est un désastre pour les Russes et provoque de forts remous. En 1905 débute la première grande révolution à Saint-Pétersbourg. Dès grèves à répétition sont déclenchées dans les installations pétrolières du Caucase. Le principal meneur est un séminariste géorgien : Joseph Staline, secondé par Lavrenti Beria. Des incendies sont allumés sur les forages, des oléoducs sont sabotés. Les fournitures de kérosène deviennent irrégulières en Europe, les concurrents prennent le dessus.

En 1919, les Rothschild décident de se retirer de cette région particulièrement instable. Ils vendent toutes leurs installations à la Royal Dutch Shell déjà présente au Caucase. Celle-ci pense alors avoir fait une bonne affaire mais c'est hélas cinq ans avant la révolution bolchévique de 1917 !

3 - Des coquillages à la Shell (5)

Vers 1890, les Rothschild, actionnaires majoritaires à la BNITO, veulent attaquer la Standard Oil là où elle est le plus faible, c'est-à-dire sur les marchés de l'Extrême-Orient, très demandeur en kérosène. Ils n'ont pas dans cette région la structure commerciale adéquate et contactent un expert en transport maritime, bien connu à la City de Londres : Marcus Samuel.

a) La famille Samuel

Le père de Marcus Samuel, ayant le même prénom, avait monté une petite affaire prospère de commerce de coquillages, faisant fabriquer à bas prix en Extrême-Orient des boîtes décorées de coquilles d'huîtres et vendues dans toute l'Europe. Il avait établi de solides relations commerciales dans beaucoup de régions depuis Singapour jusqu'au Japon. Ses deux fils : Marcus Samuel et son frère au nom inhabituel : Samuel Samuel, développant l'affaire qui devient une grosse entreprise de transport et de commerce, spécialisée dans des opérations avec tous les pays à l'Est du Canal de Suez.

b) La stratégie adoptée

Marcus Samuel est très flatté de pouvoir faire affaire avec les Rothschild français. Il étudie soigneusement leur proposition, visite le Caucase, les installations de la BNITO, les navires citernes, les champs pétroliers puis se rend en Extrême-Orient pour reprendre contact avec les maisons de commerce associées à son affaire. Se rendant compte qu'il aura à lutter contre la Standard

Oil et que la concurrence sera rude, il met au point sa stratégie qui se résume en quatre points : compétitivité, simultanéité, rapidité et secret.

Le premier point concerne les prix, Marcus ne pourra battre la concurrence qu'en proposant des prix devant être de façon significative, plus bas que ceux de la Standard Oil. Cela est possible : le kérosène russe est bon marché, l'Extrême-Orient n'est pas très éloigné du Caucase. Le deuxième point est capital, il faut que le kérosène soit mis en vente simultanément dans tous les comptoirs. Sinon la Standard Oil les attaquera un à un par une baisse démesurée des prix pour les acculer à la faillite. Enfin, il faut agir rapidement et en gardant le plus possible le secret de façon à créer un effet de surprise puis consolider les acquis.

Marcus Samuel expose son plan aux Rothschild, obtient leur accord ainsi qu'un contrat exclusif pendant neuf ans pour la vente d'hydrocarbures à l'Est de Suez.

c) Le problème du Canal de Suez

Tout le plan de Marcus repose sur l'utilisation du canal de Suez, seule façon d'obtenir des temps et des prix de transport acceptables. Le canal a été inauguré en grande pompe en 1869, il est alors géré par un conseil d'administration franco-anglais, ceux-ci ayant acquis en 1875 la majorité des actions lors de leur mise en vente par l'Égypte. Marcus fait étudier par les chantiers de construction navale anglais, un pétrolier à faible tirant d'eau pouvant naviguer sur le canal. Une fois le navire construit et demandant le passage, il se heurte alors à un refus catégorique de la part des autorités du canal. C'est la première fois que l'on veut faire transiter sur cette voie d'eau une telle quantité d'un produit très inflammable. En cas d'incendie, le canal pourrait être bloqué pour de longs mois et il n'est pas possible de prendre un tel risque.

Marcus Samuel discute, il fait valoir que son navire a été construit suivant les normes exigées par les responsables du trafic sur le canal. Son pétrolier a été réalisé avec toutes les installations nécessaires pour prévenir les incendies, avec la salle des machines située bien loin des citernes de kérosène. Finalement, la résistance bien compréhensible des autorités est surmontée grâce à l'intervention des Rothschild de Londres. Ce sont eux qui ont accordé en 1875 un prêt au gouvernement britannique lui permettant d'acheter les actions de la Compagnie du Canal et d'obtenir ainsi un moyen de contrôle de cette voie navigable vitale pour l'Empire de sa Majesté. Marcus Samuel obtient finalement le droit de passage en juin 1892. Quelques mois plus tard, le premier navire-citerne part de Batoum, chargé de kérosène, franchit le canal et se décharge à Singapour.

Dès l'année suivante, trois navires suivent la même route portant les noms de : Murex, Conch, Clam. Au total, Marcus aura fait construire 10 navires, leur donnant à tous des noms de coquillages, en hommage à son père et à son activité dans ce domaine.

Rockefeller est très contrarié par cette nouvelle, le pétrole de Batoum met un mois pour arriver à destination, celui de la Standard Oil en met trois. De plus, ses pétroliers trop vieux et inadaptés, ne peuvent passer par le Canal de Suez comme ceux de Marcus. En 1902, près de 90 % du pétrole transitant par la Méditerranée et la mer Rouge en route pour l'Extrême-Orient appartient à Marcus. La Standard Oil essaye alors d'acheter son concurrent, lui propose une somme considérable et un poste de dirigeant à New York. Mais Marcus Samuel refuse courtoisement, il a d'autres objectifs et surtout, il veut rester « British ».

d) La conquête du marché

Un nouvel obstacle apparaît : le kérosène débarqué en vrac à Singapour et dans d'autres ports de la région se vend très mal, malgré son bas prix. Après une enquête rapide, la raison apparaît nettement, les acheteurs veulent leur produit dans des bidons de fer blanc. Le transport en est facilité et les bidons vides peuvent être bricolés de diverses manières selon les besoins du ménage, c'est ainsi que procède la Standard Oil. Marcus sans hésiter, utilise les grands moyens : il charge un navire entier de plaques de fer blanc, l'expédie en Extrême-Orient, et installe dans les centres principaux des ateliers de fabrication de bidons de tailles diverses. Bientôt dans tous les points de distribution apparaissent ces bidons de couleur rouge vif, ce qui les distingue des autres de la couleur bleue du concurrent.

e) Naissance de la Shell

Marcus a énormément investi dans les bateaux pétroliers ainsi que dans le réseau commercial très étendu. Mais il a besoin d'un approvisionnement régulier en pétrole brut et son contrat de 9 ans avec les Rothschild arrive à son terme. De plus la Russie devient de moins en moins fiable, le théâtre de nombreux remous sociaux. Comme beaucoup d'autres entreprises, il songe à une intégration verticale, c'est-à-dire à produire lui-même.

Il obtient une concession à Kotai, sur la cote est de l'île de Bornéo où de nombreux indices semblent indiquer la présence de gisements importants. Il crée une filiale, la confie à un de ses cousins qui se rend sur place. Les conditions de travail sont difficiles : chaleur et humidité tropicale, forages en pleine jungle, la main-d'œuvre locale « les coupeurs de tête » inapte au travail organisé, il faut faire venir des ouvriers de Chine. Finalement en 1897, le pétrole jaillit, c'est un produit très lourd, ne pouvant donner du kérosène, mais bon pour faire du mazout qui est de plus en plus employé dans les locomotives à la place du charbon. De plus Marcus frappe à la porte de la Royal Navy, lui propose son mazout pour remplacer le charbon dans ses lourds cuirassés et leur donner ainsi plus de mobilité.

Marcus Samuel atteint ainsi le sommet de sa puissance, a conquis après une lutte acharnée sa place dans la haute société britannique et a été anobli par la Couronne. Développant sa production de pétrole brut en Extrême-Orient, il fait de cette façon sentir son indépendance aux Rothschild au moment où il sollicite le renouvellement de son contrat. Les ayant très bien servis, ceux-ci acceptent de prolonger leur alliance pour une nouvelle période de 9 ans.

La société qu'il préside prend alors le nom de « Shell Transport and Trading C° ». Le mot anglais 'shell' signifie coquillage. C'est de nouveau un hommage à la mémoire de Marcus Samuel père. La petite pancarte avec la coquille orange apparaîtra alors un peu partout dans le monde dans les centres de distribution et stations-service Shell.

4 - Le Hollandais ambitieux

a) Henri Deterding

La Royal Dutch investit en bateaux citernes, en réservoirs et comme son champ principal à Sumatra décline, elle fore près de 110 puits aux alentours sans résultat. Mais un forage à 130 kilomètres plus au Nord dans l'île donne de bons débits et sauve la société.

En décembre 1900, Kessler disparaît et lui succède un jeune homme de 34 ans, plein d'énergie : Henri Deterding. Nommé directeur intérimaire, il le restera plus de 30 ans.

Deterding est né à Amsterdam en 1866 dans une famille pauvre. Après d'excellentes études secondaires, il entre dans une banque puis décide d'aller chercher fortune en Indonésie et devient là-bas directeur d'une succursale de la « Netherland Trading Society ». Ayant acquis le sens des affaires, il fait la connaissance de Kessler qui l'aide financièrement. Lorsque celui-ci monte son organisation commerciale en Extrême-Orient, il embauche Deterding qui se met au travail avec toute son énergie. Il est impressionnant, d'un grand charisme et ne songe qu'à une seule chose : gagner de l'argent.

b) La lutte des Titans (6)

La Shell à Bornéo, la Royal Dutch à Sumatra contrôlant la grande partie des exportations de pétrole de cette région. Elles sont toutes deux dirigées par des hommes de grand talent. Elles devraient s'associer au lieu de se livrer une épuisante guerre des prix. Mais l'accord est impossible, chacun voulant dominer l'autre. Un médiateur s'interpose, Fred Lane représentant des Rothschild à Londres. Il négocie d'abord une trêve dans la bataille des prix, mais les points de vue des deux parties sont fort éloignés : Marcus Samuel veut un simple accord et Deterding une fusion totale.

En 1901, la Shell est en mauvaise posture : les puits de Bornéo déclinent et les prix du pétrole brut sont très bas. Marcus se rend à New York pour négocier un accord avec la Standard Oil qui s'avère impossible, celle-ci exige le rachat complet de l'entreprise. Apprenant cet échec, Fred Lane reprend l'offensive, persuade Marcus que le simple accord de distribution n'a aucun sens, il faut aller vers une fusion, et parvient à le convaincre.

En décembre 1901, la Standard Oil concrétise son offre de rachat : 40 millions de dollars à Marcus plus un poste de directeur à haut salaire. Celui-ci apprend alors par Fred Lane que Deterding fait une concession, cède sur la question essentielle de la direction générale du futur consortium. Marcus repousse alors l'offre de la Standard Oil, il ne désire pas être le 2° ou 3° dans l'ordre de succession dans cette société et ne veut pas brader la Shell aux Américains.

Pendant ce temps, Deterding qui a consolidé sa position à la Royal Dutch, a rallié à son affaire tous les petits producteurs d'Indonésie, prend une attitude peu conforme à l'éthique industrielle : sachant que Marcus a refusé l'offre américaine, il lui lance un ultimatum : Marcus Samuel sera le président et Henri Deterding le directeur général exécutif, en d'autres termes le vrai patron.

Mais la situation évolue, Marcus Samuel conquiert de haute lutte sa reconnaissance sociale, il devient Lord Maire de Londres, défile en carrosse dans les rues de la capitale, acclamé par la foule. Il organise un grand banquet à Londres au Guide Hall où Deterding est invité. Grisé par ces honneurs, il oublie la Shell. Pendant ce temps Deterding comprend que sa société, pour acquérir un renom international doit s'installer à Londres, le centre de gravité des affaires mondiales. La nouvelle société doit être anglaise dirigée par un Anglais. Il achète donc un château en banlieue et prend la nationalité britannique. La première séance du conseil d'administration de l'ensemble Shell et Royal Dutch a lieu en juillet 1903. C'est Marcus Samuel qui préside, mais pour tout le monde c'est Deterding le seul chef.

La position de la Shell se dégrade de plus en plus, le champ de Bornéo s'épuise, celui de Spendeltop au Texas où la Shell avait un contrat d'achat donne des signes de fatigue et la Royal Navy courtisée par Marcus rechigne encore à passer au fuel. Deterding en profite pour imposer ses conditions définitives : fusion totale avec 60 % à la Royal Dutch et 40 % à la Shell.

En 1907 naît la société de holding « Royal Dutch-Shell ». Deterding s'installe définitivement à Londres, en vrai châtelain anglais. Les finances, le commerce de la société sont concentrés en Angleterre, la partie technique aux Pays-Bas.

Marcus Samuel réprime sa rancœur, s'enrichit, tout en devenant philanthrope et reçoit du roi la suprême distinction, il devient Lord Bearsted.

5 - Les pionniers de l'Orient

a) L'Empire Ottoman

Vers la fin du XIXe siècle, le Moyen-Orient dans sa presque totalité est contrôlé par la Turquie. N'échappent à cette domination que la Perse, les déserts de l'Arabie et Bahrein sous protectorat anglais. Toute cette région, sous-développée et sous-administrée végète, pratiquement à l'abandon.

L'Empire ottoman est considéré comme l'homme malade du siècle finissant, en pleine décadence. En 1878, après les traites de San Stephano et de Berlin, il a perdu Batoum annexé par la Russie, la Bosnie Herzégovine prise par l'Autriche Hongrie, Chypre par la Grande-Bretagne. La Bulgarie devient autonome alors que la Serbie et la Roumanie prennent leur indépendance, déjà conquise par la Grèce en 1829. La Turquie garde le contrôle des détroits (Bosphore et Dardanelles) ainsi que la gestion très peu efficace de tout le reste du Moyen-Orient.

Les puissances industrielles d'Europe commencent à s'intéresser à cette région. La Grande-Bretagne essaye de prendre des positions économiques en Perse, l'Allemagne négocie avec la Turquie la construction d'un chemin de fer de Constantinople à Bagdad. Les relations entre Europe et Turquie sont régies par un système qu'il importe de bien préciser.

1 : les concessions (7)

C'est un contrat signé entre un pays sous-développé cherchant à se moderniser et une compagnie privée ayant pour objectif la recherche et l'exploitation d'une ressource minière sur une portion de territoire bien définie. Il s'appliquera dans la grande majorité des cas à la recherche pétrolière. Ce genre d'engagement a pris rapidement un sens péjoratif, celui d'instrument du colonialisme, de capitulation d'un État faible devant une grande puissance industrielle. Pourtant, au début, il y avait un certain prestige pour un gouvernement à octroyer une concession pour pouvoir exploiter les richesses potentielles de son pays. Au début du XXe siècle, un certain nombre avait été accordé par le Mexique et le Venezuela aux Américains et aux Anglais.

La concession assure à l'opérateur les droits de recherche, extraction, transport et vente du pétrole sortant du sous-sol et de construire des oléoducs ou autres installations. L'État concessionnaire reste responsable de la protection du site et des personnels. En contrepartie, il reçoit de l'opérateur des redevances, des impôts et un pourcentage sur les bénéfices.

Le contrat, qui peut devenir très intéressant pour les deux parties, en cas de découvertes de très riches gisements de pétrole est rapidement contesté par les États pour de nombreuses raisons, dont nous citerons les principales :

-Les superficies concédées deviennent presque des entités extraterritoriales, gérées par les compagnies privées.

-L'État n'a que peu de recours contre les sociétés qui peuvent ainsi piller ses ressources naturelles.

-Les superficies concédées sont souvent très vastes et les contrats très avantageux pour les compagnies.

-L'État n'a aucun contrôle sur les activités des sociétés, recevant chaque année un rapport d'opérations vague et anodin.

-La société en charge de la concession, malgré ses promesses, utilise mal la main-d'œuvre locale, ne faisant aucun effort pour former des ingénieurs et cadres dans le pays.

-Le partage de la rente pétrolière a lieu de façon très inégale, au détriment des États.

Il s'en suit pendant tout le XXe siècle, avec la montée du nationalisme dans tout le Moyen-Orient, un climat de suspicion permanent entre les deux parties. Les compagnies pétrolières, conscientes de leur position de plus en plus précaire, se trouvent contraintes d'organiser des retraites ordonnées mais les plus lentes possibles.

2 : Calouste Gulbenkian

Dans cet Empire Ottoman en pleine décomposition surgit un personnage haut en couleur qui va occuper une place fort importante dans le monde du pétrole : Calouste Gulbenkian.

Il est né en 1869 à Constantinople, d'une famille arménienne aisée. Son père qui est en affaires avec des industriels de la région de Bakou, commercialise la paraffine issue du pétrole. Calouste adolescent voyage en Europe, passe par l'Angleterre où il prend un diplôme d'ingénieur, visite la France puis retourne à Constantinople, bien déterminé à se faire une place dans l'industrie pétrolière. Il se rend à Bakou où il est présenté aux frères Nobel, puis il rencontre Alexandre Mantacheff, un des grands industriels du pétrole de la région, qui lui permet de visiter toutes ses installations. De retour à Constantinople, il publie un compte rendu de son voyage, très apprécié dans les milieux industriels. Il acquiert alors la réputation d'être le meilleur expert en affaires pétrolières du Moyen-Orient.

En 1909, un groupement d'officiers de l'armée turque s'intitulant « Les jeunes Turcs », révoltés par l'état de décadence de leur patrie, font un coup d'État, chasse le vieux sultan Abdul Hamid, très pro-allemand, et le remplacent par Mohamed V, plus moderne. Mais la situation financière du pays se détériore, il est impossible de rembourser les travaux effectués par les entreprises allemandes dans le pays. L'Angleterre, elle aussi créancière, délègue Sir Ernest Cassel pour défendre ses intérêts. Il prend Gulbenkian comme adjoint et expert.

Celui-ci, bien au courant de la situation, pour résoudre la crise, crée la Banque Nationale Turque avec des capitaux anglais puis regroupe tous les intérêts européens dans une même société « Eastern Concession C°», avec pour actionnaire la Deutsche Bank (allemande), la Banque Nationale de Turquie (Anglaise). En 1912, il parvient à obtenir la participation de la Royal-Dutch Shell et l'ensemble prend le nom de « Turkish Petroleum C° » (TPC). Toujours entreprenant, en mars 1914, il fait y entrer l'Anglo-Persian Oil C° qui a commencé à explorer en Perse.

La TPC se partage alors entre l'Anglo Persian à 50 %, Deutsche Bank 25 %, Royal Dutch Shell 25 % et Gulbenkian ne manque pas de se réserver 5 % des bénéfices futurs. Consécration ultime : le Grand Vizir de la Sublime Porte octroie le 28 juin 1914, une immense concession à la TPC couvrant l'ensemble de la Mésopotamie, entre le Tigre et l'Euphrate. Mais ce même 28 juin 1914, l'Archiduc François-Ferdinand d'Autriche-Hongrie est assassiné à Sarajevo. L'inexorable parcours vers la guerre est déclenché !

b) La Perse (8)

Pendant tout le XIXe siècle, la Perse, un pays inexploré, est pourtant l'objet d'une rivalité entre les Russes et les Anglais. La Russie cherche un débouché maritime en Asie dans les mers chaudes en passant par la Perse, l'Angleterre s'y oppose, voulant la conserver en région tampon entre la Russie et l'Inde. Par la suite, après la croissance de l'activité pétrolière à Bakou, la Russie prépare un projet d'oléoduc allant du Caucase au Golfe persique. Pendant ce temps-là, la Grande-Bretagne cherche à obtenir une concession pétrolière, ce qui est la meilleure façon de s'implanter dans ce pays.

En 1889, le baron Julius de Reuter (le fondateur de la Reuter New Agency) appuyé par l'ambassade britannique, obtient une concession, il fore 3 puits sans résultats. Plus tard, une autre expédition du baron, avec un géologue français Jacques de Morgan, explore la région et note qu'elle est très prometteuse. De retour à Paris, de Morgan qui cherche des capitaux, est dirigé vers William Knox d'Arcy.

Celui-ci, Canadien d'origine française, avait fait fortune en exploitant une mine d'or en Australie. Installé en Angleterre, il reçoit vers 1900 les témoignages des membres de l'expédition du baron Reuter. Il est impressionné par ce qu'il entend. Il envoie une mission en Perse en 1909 qui négocie avec le Shah et obtient finalement une énorme concession de près de un million de kilomètres carrés.

D'Arcy choisit alors, pour diriger les opérations, G.B. Reynolds, ancien foreur à Sumatra. Le matériel arrive d'Angleterre via Basra et Bagdad. Le forage commence près de la frontière irakienne à Chia Surkh, dans un environnement très difficile, et une température dépassant les 40°.

En 1904, au cours du forage du deuxième puits, le pétrole apparaît. Le débit, initialement de 120 barils par jour diminue rapidement. L'argent commence à manquer, la fortune de d'Arcy a des limites. L'entreprise est sauvée par l'Amirauté britannique qui, de loin, est vigilante et envoie à la rescousse la Burmah Oil Company, ayant bien prospéré en Birmanie. Celle-ci prend en charge la gestion de l'affaire.

Les forages d'exploration reprennent dans le sud-ouest. Reynolds s'installe à Ahwaz et commence à forer à Masjid-i-Suleiman (la mosquée de Salomon) nom devenu célèbre par la suite. En avril 1968, alors que le forage a atteint les 370 mètres, Reynolds reçoit un télégramme envoyé de Londres, transitant par Bagdad puis expédié à dos de chameau jusqu'à Ahwaz. C'est l'ordre de tout arrêter et de rentrer en Angleterre : les caisses sont vides. Reynolds continue à forer, il répond à Londres en demandant confirmation car il sait qu'il ne la recevra pas avant un mois.

Après 15 jours de forage acharné, le 8 mai 1908, tout le camp surpris se réveille à 4 heures du matin : le puits est entré en éruption. On avait atteint un des plus grands réservoirs de pétrole brut du monde. À la nouvelle de cette découverte, c'est l'argent qui se met à couler à flots continus depuis la City de Londres. En avril 1909, c'est l'Anglo Persian Oil Company qui est fondée, elle intègre la Burmah Oil C° et d'Arcy est largement indemnisé pour son audace et son esprit d'entreprise. Il décèdera en 1917, à la tête d'une grosse fortune.

Sur place en Iran, il faut trouver des débouchés pour cette énorme arrivée de pétrole. L'Anglo Persian embauche des spécialistes pour poser un oléoduc de la zone productrice jusqu'à l'île d'Abadan. Les 6000 tuyaux d'acier nécessaires sont transportés à dos de mulet : 2 mulets soulevant un seul long tuyau.

Abadan est une île désolée dans le Shatt el Arab, le fleuve résultant de l'union du Tigre et de l'Euphrate, il faut tout construire, installer une centrale électrique, des ateliers, des réservoirs et des logements. En 18 mois, les résultats sont remarquables. L'oléoduc, terminé en 1911, a un débit de 200000 barils par mois. Mais déjà il n'est plus suffisant pour acheminer à Abadan toute la production de la région.

c) L'Irak (9)

À la fin du XIXe siècle, l'Irak n'existe pas. La Mésopotamie entre les deux fleuves le Tigre et l'Euphrate est une province de l'Empire Ottoman, aux ressources essentiellement agricoles, maintenue depuis plusieurs siècles dans un état très arriéré. Pourtant dès l'Antiquité, on savait que son sous-sol recelait du bitume qui apparaissait parfois à la surface. Hérodote, l'historien grec, mentionne son utilisation comme ciment pendant la construction des murailles de Babylone, mais aucune exploitation rationnelle ne fut tentée.

1 : Le partage

Dès le début de la Première Guerre mondiale, la Turquie s'étant rangée du côté de l'Allemagne, les Anglais débarquent à l'embouchure du Chatt el Arab, remontant vers le Nord de la Mésopotamie et fomentent une révolte contre la Turquie qui éclate en 1916.

La même année, en pleine guerre, la France et l'Angleterre commencent le dépeçage de l'Empire Ottoman. Sir Mark Sykes délégué britannique et Georges Picot, celui de la France, mettent au point une convention de partage : les Anglais prennent la Mésopotamie et la Palestine, les Français la Syrie et le Liban.

En 1920, la conférence internationale de San Remo, s'ouvre dans le but de préparer le traité de paix avec la Turquie et refaire la carte du Moyen-Orient. Les accords Sykes-Picot sont confirmés. La Grande-Bretagne qui occupe déjà la région, place l'émir Fayçal, originaire d'Arabie Saoudite, sur le trône de ce pays qui devient alors le Royaume d'Irak, sous un protectorat britannique qui sera officialisé en 1924 par un mandat de la Société des Nations. L'Irak obtiendra son indépendance totale en 1932.

2 : La France intervient

Le gouvernement français s'estime lésé dans cette affaire. C'est la Grande-Bretagne qui prend la plus grosse part du gâteau : l'Irak avec les richesses de son sous-sol. La France a accepté le mandat de la Société des Nations sur la Syrie et le Liban, pays beaucoup moins riches en ressources minières, elle menace de rompre les traités. C'est alors qu'intervient Gulbenkian le grand conciliateur, il suggère à Clémenceau d'exiger, comme indemnité compensatrice des dommages de guerre subis sur le sol français, les 25 % de participation de la Deutsche Bank allemande dans la TPC, gelés pendant la durée du conflit dans les banques anglaises.

L'accord est finalement obtenu et c'est ainsi que la France entre de plain-pied dans la grande aventure du pétrole au Moyen-Orient. Cela lui permettra d'avoir une position privilégiée en Irak qui se prolongera pendant tout le XXe siècle, résistant à tous les conflits et à toutes les révolutions de palais de ce tumultueux pays. Comme corollaire à cette entrée, la France donne son accord pour la construction d'oléoducs reliant les zones pétrolières du Nord de l'Irak, aux ports de la Syrie en Méditerranée, ainsi qu'à la construction de raffineries.

Pour gérer cet ensemble industriel qui prend de grandes proportions, le Président Poincaré, en 1924, donne son accord pour la fondation de la Compagnie Française des Pétroles, la CFP, l'ancêtre de Total.

3 : Les États-Unis en colère

Le troisième partenaire, les États-Unis, s'estime frustré. Il a participé à tous les débats, à tous les partages mais n'a rien obtenu et ce qui provoque sa colère c'est de sentir qu'il se crée un front commun franco-anglais pour l'exclure du Moyen-Orient. La France et la Grande-Bretagne parlant de « porte close » au Moyen-Orient où les jeux sont déjà faits, les Américains de « porte ouverte » à tous les entrepreneurs audacieux. La tension est très forte, due au choc des trois impérialismes : français, anglais et américain. Les États-Unis ont raison de s'inquiéter, ils savent très bien que dans quelques décades, le pétrole extrait de leur sous-sol ne sera pas suffisant pour satisfaire les besoins grandissants de l'industrie et des particuliers. Ils commencent à chercher outre-mer d'autres sources d'hydrocarbures.

Finalement les Franco-Anglais comprennent qu'il n'est pas possible de laisser s'envenimer le conflit. Grâce à Gulbenkian une porte de sortie est trouvée, ménageant toutes les susceptibilités. Il imagine un savant montage financier obtenant l'accord de toutes les parties. La Turkish Petroleum C° (TPC) qui n'a plus sa raison d'être, est remplacée par l'Irak Petroleum C° (IPC) avec le partage des actions suivant :

Anglo Persian Oil C° : 23.75 %
Royal Dutch Shell : 23.75 %
CFP : 23.75 %
Near East Oil C° : 23.75 %
Gulbenkian : 5%

La Near East Oil C° est un consortium composé principalement de la Jersey Standard et de la SOCONY deux sociétés du groupe Rockefeller. Les États-Unis font leur entrée au Moyen-Orient, bien déterminés à prendre une position dominante. Calouste Gulbenkian a très bien su défendre ses intérêts, il aura dorénavant le surnom « Monsieur 5% ».

4 : L'accord de la Ligne rouge

Cet accord sera confirmé lors de la conférence d'Ostende de 1928. Tous les gros actionnaires de l'IPC sont présents. Ils acceptent à l'unanimité la résolution suivante : « Aucun groupe financier ne pourra exploiter de gisements découverts dans l'ancien Empire Ottoman sans le consentement et la participation de tous les actionnaires de l'IPC. » C'est une façon de fermer la porte du Moyen-Orient à tout nouvel intrus. Gulbenkian déploie alors une carte du Moyen-Orient et avec un crayon rouge, trace les limites de la région ainsi définie : Turquie, Syrie, Liban, Palestine, Irak, Arabie saoudite (sauf le Koweït). C'est l'accord de la Ligne Rouge (10).

d) L'Arabie saoudite

1 : un peu d'histoire

Depuis le XVIIIe siècle, la péninsule arabique est gouvernée par la dynastie des Ibn Saoud. Sous la domination de l'Empire Ottoman, elle périclite et perd une grande partie de son pouvoir. Au début du XXe siècle, l'héritier du sultanat Abdel Aziz Ibn Saoud entreprend la reconquête de son territoire, secondé par une secte de Bédouins au courage fanatique, il s'empare en 1902 du centre de l'Arabie, de Riyad, la future capitale. Il poursuit sa conquête à l'Est puis au Nord-Ouest au Hedjaz où se trouvent le port de Djeddah sur la mer Rouge et les villes saintes Médine et La Mecque. En 1926, il se fait proclamer roi du Hedjaz et entreprend de refonder son royaume qu'il nomme Arabie Saoudite.

2 : Le roi d'Arabie

Abd el Aziz Ibn Saoud est un colosse de 1m90, guerrier très courageux, adepte de la mouvance religieuse des Wahabites, à l'austérité puritaine. Il fait détruire toutes les images et les statues, interdit le tabac, l'alcool, l'adultère et impose à tous, les cinq prières quotidiennes. C'est un grand amateur de la chasse au faucon ou des courses à la gazelle. Suivant le rite en vigueur, il a quatre épouses mais huit concubines et esclaves. Il change souvent de femmes par renvoi ou répudiation. Il aurait eu ainsi près de 40 fils, on ne compte pas le nombre de filles.

3 : La mise en valeur du territoire

Vers 1930, le roi Ibn Saoud a besoin d'argent pour investir dans ses villes, pour les besoins de son immense famille. Il questionne son conseiller et ami Jack Philby, ancien fonctionnaire de l'administration coloniale anglaise, devenu négociant à Djeddah qui s'est converti à l'Islam et a su conquérir son estime. La situation financière du pays est critique, avec la crise économique sévissant dans le monde entier, les pèlerinages à La Mecque, principale source de revenus du royaume, se font rares. Philby qui a exploré le royaume, est au courant des découvertes pétrolières dans le Golfe Persique, déclare à son souverain qu'il a sous ses pieds trésor fabuleux, il suffit de l'explorer pour que le pétrole jaillisse. Ibn Saoud n'est convaincu qu'à moitié, c'est de l'eau qu'il cherche et non du pétrole.

Philby contacte la SOCAL (Standard Oil of California) qui a fait de remarquables découvertes à Bahrein, elle serait intéressée à étendre ses activités en Arabie. EN 1932, elle demande une concession au roi. Au même moment l'IPC voyant arriver avec méfiance un nouveau rival demande la même concession. Philby fait donc jouer la concurrence, cherche à faire monter les enchères, mais la motivation des deux sociétés n'est pas la même. La SOCAL veut prospérer et produire du pétrole de suite, l'IPC ne veut que bloquer l'arrivée d'un nouveau concurrent en Arabie.

4: Le pétrole coule

Finalement sur les conseils de Philby, la SOCAL propose au roi 35000 pièces d'or de 1 livre puis 20000 après un court délai, alors que l'IPC ne peut disposer que de roupies indiennes en coupures. La SOCAL l'emporte, elle expédie au roi dans 7 caisses les 35000 pièces à l'effigie du roi d'Angleterre (Il n'aurait jamais accepté de recevoir des pièces d'or avec le portrait d'une femme : la reine Victoria !). La SOCAL commence l'exploration et les forages, elle crée une filiale : la CASOC (California Arab Standard Oil C°) puis s'allie avec la TEXACO qui a un service de distribution très étendu pour la commercialisation du pétrole.

En mars 1938 à Damman le 1er puits foré donne d'excellents résultats. L'Arabie Saoudite entre dans l'âge du pétrole.

e) Le Koweït

Au XVIIIe siècle, le Koweït est un petit pays coincé entre l'Irak et l'Arabie. En 1758, les tribus qui y vivent se choisissent un souverain : Cheikh Al Sabah qui fonde la dynastie actuelle. Au XIXe siècle, la Grande-Bretagne établit un protectorat pour éviter que le pays ne tombe sous influence russe. Ses principales ressources sont le commerce maritime entre l'Afrique et l'Inde, ainsi que de la pêche aux perles. Mais vers la fin du XIXe siècle cette activité est gravement menacée par les Japonais qui créent l'industrie des perles de culture. La crise est très forte, le Cheikh Ahmed Al Sabah n'a plus d'argent et tous les gens aisés du pays sont obligés de vendre leurs esclaves. Le Cheikh Ahmed est furieux contre les Anglais dont la protection n'empêche pas la banqueroute. Il cherche comme ses voisins à vendre des concessions. La Gulf qui a été évincée à Bahrein est candidate, mais l'Angleterre s'y oppose. Dans l'accord du Protectorat, il y a une clause interdisant les concessions à des compagnies non anglaises. L'Angleterre ne veut pas voir arriver la US Navy au fond du Golfe persique, jetant l'ancre à côté des croiseurs de sa Majesté.

Mais à Londres, l'Ambassadeur des États-Unis se nomme Andrew Mellon, il est l'oncle de William Mellon, le fondateur de la Gulf. Il saura faire valoir le point de vue de son neveu et l'Angleterre retire la clause de nationalité du traité de protection. Mais de suite, l'Anglo Persian Oil C° se déclare candidate à la concession. Le Cheikh Ahmed se frotte les mains et fait monter les enchères. Après une longue lutte fratricide entre les deux compagnies, la voie de la sagesse finit par prévaloir, les deux sociétés décident de s'entendre en partenaires égaux, pour faire front commun auprès du Cheikh et fondent alors une société avec égalité des parts : la « Koweït Oil C° » qui obtient la concession en décembre 1934.

Les forages d'exploration commencent, en 1938 à Burgan où un puits foré sur un énorme réservoir donne un débit de 30000 barils par jour. Mais la guerre éclate l'année suivante et tous les projets de développement sont figés en attendant de jours meilleurs.

f) Bahrein

La petite île de Bahrein, toute proche de l'Arabie Saoudite, protectorat anglais, attire bien des convoitises. Le Major Frank Holmes, originaire de Nouvelle-Zélande, ancien combattant, s'y installe dès 1918, à la recherche de pétrole. Le Cheikh local lui demande de trouver de l'eau. Il fore et l'eau jaillit. Le Cheikh reconnaissant lui accorde une concession sur toute l'île. Il part donc à la recherche de capitaux pour exploiter son nouveau domaine. À Londres puis à New York il se heurte à des refus catégoriques : toute cette région de l'Arabie n'intéresse personne. Finalement il trouve une oreille complaisante auprès de la Gulf.

Surgit alors une difficulté : la Gulf qui est entrée dans l'IPC, est partie prenante de l' « Accord de la Ligne Rouge ». Elle ne peut se lancer dans cette région, de plus Bahrein protectorat anglais ne peut accepter des compagnies étrangères. Mais dans les milieux pétroliers, lorsqu'ils ne se font pas la guerre, on peut toujours trouver des accommodements. La Gulf s'associe avec une filiale canadienne de la SOCAL, donc immatriculée dans l'orbite britannique. Ils fondent ensemble une société le « Bahrein Petroleum C° » qui se met au travail. Le pétrole jaillit en octobre 1931, le premier puits donne 1400 barils par jour.

g) Qatar

Reste à explorer cette grande presqu'île du Golfe Persique, rattachée à l'Arabie Saoudite et se trouvant sous la tutelle de son Cheikh. Le problème est plus simple car elle est incluse dans la « Ligne Rouge ». La SOCAL qui s'est implantée à Bahrein, et essaye de s'étendre au Qatar est rapidement écartée et c'est l'IPC qui se charge de créer une filiale : la « Qatar Petroleum C° ». Le pétrole jaillit rapidement dans le champ de Dukhan avec un débit de 5000 barils par jour. Le Qatar deviendra plus tard un grand producteur mondial de gaz naturel.

h) En résumé

Entre les deux guerres mondiales, les jeux sont faits dans une grande partie du Moyen-Orient. Les grands bénéficiaires sont les Anglais et les Américains.

-Les Anglais sont les maîtres en Perse, au Qatar et possèdent la moitié des actions de la Koweït Oil C°.

-Les Américains ont pris des positions à Bahrein, en Arabie Saoudite et l'autre moitié des intérêts pétroliers au Koweït.

-Finalement l'Irak se partage entre Anglais, Français, Hollandais et Américains.

Tout le Moyen-Orient n'est pas encore bien connu, il reste à explorer la Libye, Abou Dhabi, Dubaï, Oman, les autres petits émirats et l'Égypte. La recherche pétrolière s'arrête dès le début de la 2e guerre mondiale en attendant la fin des hostilités.

CHAPITRE VI
LA PREMIÈRE GUERRE MONDIALE

1 - La montée des périls

Au début du XXe siècle l'Europe se trouve submergée par les nationalismes envahissants : la Grande-Bretagne fière et arrogante à la tête de son Empire Colonial, la France avec les yeux fixés sur la ligne bleue des Vosges, l'Allemagne avec son héritage de grandeur très mal assimilé, l'Autriche-Hongrie luttant contre les forces centrifuges disloquant son empire et la Russie peinant à entrer dans la modernité.

La division de l'Europe en deux blocs : Triple Entente (France, Angleterre, Russie) et Triple alliance (Allemagne, Autriche-Hongrie, Turquie)- ne peut donc que mener au choc et à l'explosion.

Dès le milieu du XIXe siècle, les états-majors de ces puissances ont compris l'importance du chemin de fer dans la conduite des opérations : transport facile de troupes, d'équipements lourds, de l'intendance et retour rapide des blessés vers les centres hospitaliers. Cela explique que deux pays européens, l'Espagne et la Russie, traumatisés par l'invasion de leur territoire par les armées napoléoniennes aient construit leurs réseaux ferroviaires avec l'écartement entre les deux rails différent du standard européen. Les trains de leur futur envahisseur ne peuvent donc pas circuler sur leur réseau ferré.

Mais l'utilisation du chemin de fer présente des inconvénients. D'une part les lignes et les gares de triage restent vulnérables, de l'autre les trains s'arrêtent à la dernière gare avant le front. Le reste du trajet doit se faire à pied pour les soldats, avec des charrettes pour le matériel.

L'apparition du véhicule automobile utilisant l'essence est donc la solution, sa grande mobilité, son autonomie le rendent accessible partout. Il est parfaitement adapté au transport de troupes, de matériel, de blessés. L'essence est également nécessaire pour les avions plus tard elle le sera sur les véhicules blindés. Les sous-marins et les bateaux utiliseront le fuel et le mazout. Tous les gouvernements des pays concernés se rendent compte que le pétrole devient une arme de combat de première importance dont la présence ou l'absence peuvent décider de la réussite ou de l'échec d'une bataille. Ce qui complique davantage le problème, c'est que les ressources minières en hydrocarbures sont faibles dans toute l'Europe occidentale. La rivalité entre puissances va donc se doubler d'une autre, celle de l'approvisionnement en pétrole. Alors que l'Angleterre et la France peuvent recevoir l'essence des États-Unis, la situation est plus compliquée pour l'Allemagne et l'Autriche-Hongrie qui ne peuvent compter que sur les gisements de Galicie et de Roumanie.

2 - Le pari audacieux de Churchill

a) La course à l'armement naval

La rivalité entre la Grande-Bretagne et l'Allemagne, en ce début de siècle est due à plusieurs raisons. D'abord le roi Edouard VII d'Angleterre déteste franchement son neveu le Kaiser Guillaume II qu'il juge arrogant et irresponsable. De plus la politique traditionnelle anglaise basée sur l'équilibre des forces e Europe, se trouve prise en défaut avec une Allemagne surpuissante, ne cachant pas ses ambitions européennes et mondiales. La troisième raison, source majeure d'inquiétude est la politique de réarmement naval à outrance menée par l'Allemagne. Le gouvernement anglais se rend compte que l'ambition démesurée du Kaiser, qui désire pour son pays une suprématie dans les affaires mondiales, passe par la maîtrise des mers. Il conteste donc à la Grande-Bretagne sa supériorité navale et cela est intolérable pour chaque Anglais. La course à l'armement maritime est donc bien engagée entre les deux pays.

b) La mutation inévitable de la flotte

Dès 1899, Marcus Samuel contacte l'Amiral John Fisher pour lui proposer l'utilisation du mazout à la place du charbon dans tous les navires de guerre britanniques. L'avantage technique est important : avec des chaudières alimentées en mazout, les bâtiments de la flotte peuvent naviguer à une vitesse maximum de 30 % plus élevée que celle obtenue par le charbon, de plus elle peut être atteinte plus rapidement. Or la vitesse est un facteur décisif lors des affrontements en pleine mer. Avec le mazout le rayon d'action des cuirassés augmente de près de 40 %, de plus il est possible de les ravitailler plus facilement en pleine mer. À tous ces avantages, on peut en ajouter un autre : le mazout embarqué occupe un moindre volume que le charbon, libérant ainsi de l'espace pour les munitions ou le ravitaillement. Marcus souligne que son pétrole issu de Bornéo est une huile lourde produisant beaucoup de mazout, donc bien adaptée à cette utilisation.

Il n'est pas le seul dans l'affaire, William Knox d'Arcy, fondateur de l'Anglo-Persian contacte en 1904 l'Amiral Fisher qui est devenu Ier Lord de l'amirauté et a pour objectif de moderniser la Royal Navy, il est parfaitement favorable à l'utilisation du mazout. D'ailleurs quelques destroyers et tous les sous-marins utilisent déjà le fuel. Il reste maintenant à convaincre le gouvernement.

c) La bataille du mazout

L'opposition est très forte au Parlement et dans les ministères. L'Angleterre est un pays grand producteur de charbon d'excellente qualité mais qui n'a aucune ressource en pétrole. Pourquoi faire venir un combustible vital d'un lointain pays, avec tous les risques que cela comporte au lieu d'utiliser le charbon national toujours disponible ? C'est ce problème de la sécurité des approvisionnements qui est ainsi soulevé.

En 1901, Winston Churchill âgé de 26 ans obtient un siège au Parlement. À cette époque, il ne croit pas à l'inéluctabilité de la guerre en Europe. Il change d'avis en 1911 après le « coup d'Agadir » lorsque le Kaiser envoie une canonnière mouiller au large du port d'Agadir au Maroc, pour contester la suprématie française dans cette région. Churchill comprend alors que les risques de guerre européenne vont en augmentant. De plus, cette même année, il succède à John Fisher, parti à la retraite, comme premier Lord de l'Amirauté, avec pour mission de préparer la flotte à la guerre.

Churchill, qui a longuement étudié le problème du mazout avec Fisher et Marcus Samuel est convaincu que le Royal Navy doit soit se convertir au mazout, soit ne plus quitter ses ports en cas de conflit. Il prend alors une décision audacieuse, rappelle Fisher pour le seconder et décide le passage au mazout de toute la flotte alors qu'il n'a pas encore bien assuré ses arrières, c'est-à-dire ses sources d'hydrocarbures. Mais le temps presse et la conversion des navires sera longue.

Fisher s'occupe alors des approvisionnements, c'est-à-dire la constitution de stocks de sécurité et du choix du fournisseur. Les deux rivaux sont : Royal Dutch Shell et Anglo-Persian. C'est Sir Charles Greenway, président de l'Anglo-Persian qui propose à l'Amirauté un contrat de 20 ans pour la fourniture d'hydrocarbures. Il fait remarquer à ses interlocuteurs que l'Anglo-Persian est une compagnie 100 % britannique, va dans le sens des intérêts anglais, ce qui n'est pas certain de la part du concurrent dirigé par des Britanniques de « fraîche date » pouvant avoir des tendances « cosmopolites ». Favoriser l'Anglo-Persian c'était assurer la prédominance anglaise dans le Golfe Persique, donc sur la route des Indes. Le gouvernement nomme une commission de quatre personnes, envoyée en mission en Perse pour évaluer in situ les possibilités de la compagnie. Elle débarque à Abadan, où, prévenus de cette visite, les dirigeants locaux ont procédé à la minutieuse toilette de toutes les installations. Ils se rendent à Ahwaz puis retournent à Londres, impressionnés par ce qu'ils ont vu et rédigent un rapport très favorable à l'Anglo-Persian.

Le 17 juin 1914, Churchill aux Communes dévoile son projet final. Le gouvernement prend une participation majoritaire dans l'Anglo-Persian, achetant 51 % de ses actions et lui laisse toute liberté d'action. C'est finalement les impératifs technologiques qui emportent la décision. Quant à la Royal-Dutch Shell, Churchill aux Communes l'écarte d'une phrase ironique :

« *Nous ne sommes nullement disposés à courir le risque de tomber entre les mains de ces très braves gens* » (1)

Ce n'était pas la première fois que le gouvernement britannique prenait le contrôle d'une compagnie privée. Quelques années auparavant, il avait acquis la majorité des actions de la compagnie du Canal de Suez, s'assurant ainsi le contrôle de cette voie vitale pour l'Empire.

Henri Deterding et Marcus Samuel, malgré leur amertume, affirmèrent dès le début du conflit leur totale loyauté à leur patrie et participèrent à son effort de guerre. Une fois la guerre déclarée, des Allemands ne quittent pas l'Irak, occupés à la construction de la ligne de chemin de fer. La raffinerie d'Abadan est menacée d'être coupée de la pleine mer par un navire allemand qui serait coulé dans le Chott el Arab. Pour parer cette menace l'Amirauté britannique envoie deux destroyers pour protéger l'accès à la mer de la raffinerie. Une tentative de sabotage de l'oléoduc aura lieu entre Ahwaz et Abadan mais n'eut pas de suite, des patrouilles locales veillant à la sécurité du débit de pétrole. L'Anglo-Persian, pour approvisionner la mère patrie, mobilise sur place tous les techniciens et se dote d'une flotte de pétroliers. Deux furent coulés par des sous-marins ennemis mais à la fin de la guerre, elle possédait 31 navires faisant la navette entre l'Abadan et l'Angleterre.

3 - Les débuts de la guerre mécanisée (2)

En août 1914, les états-majors des deux camps pensent que la guerre sera très courte. Personne ne peut croire à un affrontement s'éternisant pendant quatre ans. On n'imagine pas non plus la mécanisation de la guerre, facteur décisif pour obtenir la victoire.

a) L'épopée des taxis de la Marne

L'offensive des Allemands du mois d'août 1914, les amène à 60 kilomètres de Paris et l'état-major français s'apprête à établir une ligne défensive au sud de Paris. C'est alors que le général Joseph Gallieni, profitant du fait que l'armée ennemie a découvert son flanc gauche propose une contre-attaque le 4 septembre. Elle commence à cette date, mais semble rapidement compromise par l'arrivée des renforts allemands. Il faut alors renforcer à tout prix le front :

Le général Gallieni réquisitionne les 3000 taxis parisiens disponibles et les rassemble sur l'esplanade des Invalides, le 6 août à 20 heures. Ils partent vers 22 heures pour le front par convois de 50. Un deuxième groupe part le 7 août de bon matin pour rejoindre les premiers. C'est ainsi que des milliers d'hommes arrivent rapidement au point critique. La contre-offensive reprend le 8 septembre et le 9 les Allemands, confrontés également à une contre-offensive anglaise, commencent leur retraite, puis se terrent pour 3 ans dans les tranchées.

Le 9 septembre, les chauffeurs de taxi, épuisés et affamés rentrent à Paris où on leur paye leur course. C'est la première fois qu'un moyen mécanique est employé sur une grande échelle, pour remporter la victoire sur le terrain. L'automobile, véhicule très souple prouve son avantage sur le train à un moment où tous les réseaux ferroviaires autour de Paris sont désorganisés.

b) Les véhicules blindés

Pendant les 4 années de guerre, les états-majors alliés conçoivent des véhicules automobiles pouvant seconder l'infanterie en cas d'offensive. C'est ainsi que l'on doit apparaître les automitrailleuses blindées, puis les chars d'assaut à chenilles pouvant donc se déplacer sur tous les terrains. Les usines Renault se lancent dans la conception et la fabrication de chars.

Le 8 août 1918 à Amiens, 450 de ces véhicules, appelés alors des « tanks » enfoncent les lignes allemandes, prélude à la victoire. Cet épisode marque la fin de la suprématie de la défense sur l'attaque, et le véhicule blindé à chenilles remplace avantageusement la charge de cavalerie.

Cette offensive finale ne peut être menée jusqu'au bout que grâce au transport rapide d'hommes, de matériel et de carburants par des camions. L'intendance doit pouvoir suivre l'avancée rapide des divisions blindées, préfigurant les batailles futures. Dans ce cas, c'est le camion qui a remplacé la locomotive.

c) Les débuts timides de l'aviation

L'aviation militaire est mal acceptée par les états-majors, au début des hostilités. Les pilotes considérés comme des acrobates ne semblent devoir jouer aucun rôle durant les combats. Progressivement les préjugés s'évanouissent. Les avions militaires équipés de moteurs à explosion voisins de ceux de l'automobile, sont alors utilisés pour des missions de reconnaissance. On accroît par la suite leur puissance et leur rayon d'action.

L'aviation de chasse est établie, elle se développe rapidement lorsque sera mise au point la synchronisation du tir de la mitrailleuse avec la rotation de l'hélice. Les premiers bombardiers stratégiques apparaissent dans le ciel. À la fin du conflit, l'aviation militaire a conquis sa place, avec ses performances, ses héros et comme auxiliaire indispensable aux armées. L'avion remplace avantageusement la montgolfière.

d) La nouvelle marine militaire

Les navires de guerre de la Royal Navy en majorité équipés de chaudières au mazout sont prêts dès le début des hostilités. Ils devront affronter la marine allemande à deux reprises. Le 8 décembre 1914 la bataille des îles Falkland tourne à leur avantage. Mais la confrontation décisive a lieu au Jutland en juin 1916 quand les croiseurs anglais manœuvrant avec souplesse peuvent surclasser les lourds bateaux ennemis. Les navires de guerre allemands, après cette deuxième défaite restent confinés dans leurs bases. Seuls les sous-marins peuvent passer à l'offensive. Le fuel a ainsi prouvé définitivement son avantage sur le charbon.

4 - La bataille des approvisionnements

L'Anglo-Persian Oil Company assure les arrivées de pétrole pour la marine. Une grande entreprise industrielle naît en Perse. La production passe de 1912 à 1918 de 1600 barils par jour à 18000. La compagnie s'intègre verticalement, elle extrait le pétrole, le transporte, le distille puis vend les produits finis expédiés par bateau jusqu'au Royaume-Uni. Elle a sa propre flotte, puis pour améliorer la distribution de son essence en métropole, achète une petite société de commerce d'hydrocarbures, la British Petroleum dont le nom fera fortune.

La concurrence avec la Royal-Dutch Shell reste bien vive malgré la guerre. Deterding le directeur exécutif est totalement fidèle à sa patrie d'adoption et Marcus Samuel a le malheur de perdre un fils tombé en France sur le front des

Flandres. Marcus Samuel se distinguera en fabriquant le TNT (tri nitro tolluène) explosif puissant dérivé du pétrole. La Hollande étant neutre, il transfère en grand secret l'usine de TNT implantée à Rotterdam, jusqu'en Angleterre et la production redémarre pour contribuer à l'effort de guerre.

La Royal-Dutch Shell continue à fournir en pétrole l'Angleterre et la France. Elle le produit dans les Indes néerlandaises : Bornéo et Sumatra ainsi qu'au Venezuela où elle prend des concessions à Mene Grande au sud-est du lac Maracaibo. Elle fait fonctionner dans la région une petite raffinerie à San Lorenzo. Malgré les obstacles liés au manque de matériel, de pièces de rechange, à l'isolement, la production d'hydrocarbures ne cesse pas.

La difficulté principale dans cette lutte pour le pétrole réside dans la guerre sous-marine. L'Amirauté allemande renonce à l'affrontement en surface, se lance dans la construction de sous-marins munis de moteurs diesel et les envoie dans l'Atlantique. Elle essaye de paralyser la France et l'Angleterre. En 1916, la pénurie d'essence s'installe, on la rationne et il est interdit d'utiliser sa voiture pour se promener. En 1917, l'Allemagne amplifie la guerre sous-marine sans aucune limite, attaquant également des navires neutres. Cela sera une des raisons qui amènera le président Wilson des États-Unis à lui déclarer la guerre.

5 - Les États-Unis fournissent le sang de la victoire

Dès l'entrée en guerre des États-Unis, en France, où la situation dévient dramatique, Clémenceau lance un appel au président Wilson lui demandant d'intervenir pour la fourniture immédiate d'hydrocarbures afin d'éviter la paralysie complète de l'armée française.

Cette demande est entendue, toute l'industrie pétrolière américaine se mobilise. La production totale du pays se chiffrant à 266 millions de barils en 1914, monte à 335 millions en 1917. L'accès au pétrole de Bakou étant fermé par la Turquie qui contrôle les Dardanelles, c'est le Nouveau Monde qui assurera la fourniture d'essence aux armées. Le président Wilson, pour coordonner cet effort de guerre, crée l'Administration des Carburants en 1917. Mais il devient notoire que la maîtrise d'œuvre de toute cette industrie est entre les mains de la Standard Oil C° (New Jersey). C'est la plus grosse compagnie mondiale avec des ramifications au Texas, Mexique et Venezuela, elle a les moyens de s'organiser.

Sa contribution est capitale car dès 1910, William Burton, ingénieur chimiste à la Standard Oil of Indiana a mis au point la technique du « cracking » c'est-à-dire le fractionnement des molécules lourdes de pétrole brut en molécules légères. Burton a commencé à commercialiser son procédé en 1913. La quantité d'essence pour voitures peut ainsi doubler aux États-Unis puis être expédiée aux alliés. (3)

L'Administration des Carburants des États-Unis, assistée par l'Amirauté, organise des convois de pétroliers et autres navires de commerce, accompagnés par des destroyers pour les protéger des attaques ennemies. C'est la seule réponse possible à la menace sous-marine et elle arrive à diminuer ainsi les pertes en mer. Cela n'empêche pas la pénurie de carburants et de charbon de s'installer aux États-Unis pendant l'hiver 1917/18, suivie du rationnement en attendant la fin des hostilités.

Pendant ce temps l'Allemagne et l'Autriche-Hongrie se débattent pour trouver du pétrole. Le blocus maritime empêche toute arrivée par la mer. Il ne reste que celui de la Roumanie qui est demeurée neutre jusqu'en 1916, date à laquelle elle déclare la guerre aux deux puissances de l'Europe centrale.

L'offensive austro-allemande de 1916 marque le pas jusqu'en novembre puis les Allemands font une percée. Les Anglais réagissent rapidement et détruisent toutes les installations pétrolières du pays : puits et raffineries incendiés, on fait sauter les réservoirs et les oléoducs. Le champ de pétrole de Ploesti est mis hors d'usage juste avant l'arrivée des troupes allemandes. Il faudra alors plus de 5 mois aux techniciens pour remettre en marche puits et raffineries. Cette reconstruction rapide empêchera l'effondrement immédiat des États centraux.

En octobre 1918, l'armée allemande ayant épuisé ses réserves, ne peut plus continuer la guerre aérienne, ni les offensives mécanisées à terre. Complètement à bout de souffle et sous les coups de boutoir des armées alliées bien équipées, elle capitule le 11 novembre 1918.

C'est à Lord Curzon, secrétaire d'État au Foreign office et à Clémenceau que l'on doit ces réflexions : (4)

« *La cause alliée a flotté jusqu'à la victoire sur une vague de pétrole* » (Lord Curzon)

« *Chaque goutte de pétrole arrivée chez nous, nous a épargné une goutte de sang humain* » (Clémenceau)

6 - La Révolution russe

Dès 1911, les Rothschild inquiétés par l'instabilité politique et sociale au Caucase, vendent leurs intérêts pétroliers à la Royal Dutch Shell. Celle-ci qui a déjà des relations commerciales importantes établies sur place par Marcus Samuel, accepte de prendre des risques, s'implante davantage et parie sur un avenir meilleur. Par contre les Rothschild se sentent soulagés d'avoir quitté cette région tourmentée, alors qu'il est encore temps. Ils ont vendu à la Shell : 10 pétroliers, 40 barges, toutes leurs réserves et une production annuelle de 2.3 millions de barils de pétrole brut.

Les Nobel sont toujours là, leur énorme complexe industriel emploie 50000 personnes, produit un tiers du pétrole brut russe, 40 % du raffiné et ils disposent d'un très grand réseau de transport et de distribution des produits finis.

À la déclaration de guerre, Emmanuel Nobel reçoit l'ordre du gouvernement d'expédier le plus possible d'hydrocarbures vers Saint-Pétersbourg où plus aucune marchandise n'arrive par la mer Baltique. Les Russes attaquent sur le front de la Prusse Orientale, mais sont écrasés par les Allemands beaucoup mieux équipés. L'Allemagne envahit la Pologne, les villes de Brest-Litovsk et Vilna. Par contre au Sud, sur le front austro-hongrois, les Russes ont quelques succès et occupent les Carpates. Le front se stabilise, mais de septembre 1914 à l'été 1915, les Russes ont perdu quatre millions d'hommes tués, blessés ou prisonniers. Pendant ce temps les usines Nobel travaillent vingt-quatre heures sur vingt-quatre, produisent grenades, obus, fusils ainsi que de l'explosif TNT.

En mars 1917, l'armée excédée par tant de défaites et de misères commence à se révolter. Elle est suivie par la population affamée. Des émeutes éclatent à Saint-Pétersbourg suivies de répressions sanglantes. Le Tsar Nicolas II abdique le 16 mars 1917 et sera plus tard massacré avec toute sa famille. Un gouvernement provisoire s'installe et Lénine arrive en Finlande, venant de Suisse, traversant l'Europe dans un wagon blindé fourni par les autorités allemandes.

En novembre 1917, Lénine prend le pouvoir, exerce une dictature impitoyable et décrète la nationalisation de toutes les usines. À Bakou, occupée alors par les mencheviks, de tendance modérée, les Nobel essayent de négocier, les usines fonctionnent sans trop de remous sociaux. Les autorités locales laissent faire jusqu'en août 1918 où les bolcheviks prennent la ville et décrètent la nationalisation totale de toute l'industrie pétrolière, c'est le règne de la terreur. Des fidèles inconditionnels du nouveau régime sont placés à la direction de toutes les usines sans se soucier de leur degré de compétence. À Saint-Pétersbourg, Emmanuel Nobel s'enfuit, déguisé en paysan, arrive à Kiev, passe par Varsovie et de là rejoint Stockholm. Il s'installe à Paris et essaye de regrouper les restes de son empire.

L'armistice est signé en 1918 entre la Russie et l'Allemagne. EN 1919, Emmanuel Nobel est contacté par la Standard Oil (New Jersey) qui lui propose de racheter toutes ses installations au Caucase. Elle parie sur une normalisation de la situation et trouve là l'occasion de mettre un pied dans cette région. Elle rachète alors près de la moitié des actifs des Nobel pour la somme dérisoire de 11 millions de dollars, et l'accord sera signé le 30 juillet 1920. C'est l'époque où les Russes pratiquent la NEP (Nouvelle politique Economique) d'ouverture vers l'Occident pour remettre en marche leur industrie.

Mais l'ensemble des installations du Caucase reste toujours aux mains des bolcheviks. La Standard Oil et la Shell se mettent d'accord pour faire front commun et demander aux Russes soit la reprise des usines, soit des compensations financières. Les négociations s'ouvrent à Gènes en 1922, les Russes délèguent Leonid Krassine brillant diplomate et excellent homme d'affaires, secondé par Maxime Litvinov le futur ministre des Affaires étrangères de Staline. Le Front uni Standard Oil/ Shell propose aux Russes la garantie de sortir leur industrie pétrolière du chaos où elle se trouve contre le monopole de vente de leur pétrole. Les discussions n'aboutissent à rien, Krassine, fin diplomate crée la confusion et fait jouer les compagnies l'une contre l'autre.

En 1923, quelques mois à peine après l'établissement de ce Front uni, la Shell achète aux Russes 450000 barils de kérosène à très bas prix et prend une option pour 700000 autres, à la grande fureur de tous les autres participants. Cette décision de Deterding signifie que le Front uni n'existe plus et que les Russes peuvent maintenant produire et exporter. Après la Shell, c'est la France qui achète ce pétrole russe bon marché, suivie des Anglais et des Italiens. En 1928, les Russes vendent 18 millions de barils à 22 pays.

L'industrie pétrolière russe a redémarré. De 1920 à 1923 aucun forage nouveau n'est lancé mais les puits existants continuent à produire. Les Russes fondent alors leur entreprise géante Sayouznaft et profitant de la NEP achètent aux États-Unis tout l'équipement qui leur manque pour reprendre la production. C'est la fin de la grande aventure industrielle des Nobel. Ils ont perdu leur empire industriel mais ont acquis en échange un prodigieux prestige international par leur fondation décernant des prix aux personnalités se distinguant dans différentes disciplines pour le bien de l'humanité.

7 - Les lendemains de la guerre

La situation politique à la fin de la guerre de 1914-1918 se caractérise par plusieurs changements fondamentaux dans la géopolitique mondiale.

-Changement radical de la carte politique de l'Europe occidentale avec l'éclatement de l'Empire austro-hongrois

-Disparition de l'Empire Ottoman et lutte pour le partage de ses restes

-Politique isolationniste des États unis, qui se replie sur le continent américain

-Isolement de la Russie sur la scène internationale

Le bouleversement important du paysage politique aura pour conséquences une redistribution complète des rôles dans le monde du pétrole. En ce qui concerne la Russie, le Caucase sera définitivement fermé aux convoitises européennes ou américaines, les Russes se contentant d'exploiter leurs ressources et de vendre du pétrole au monde occidental pour se procurer des devises. Aux États-Unis, le retour à l'isolationnisme conduira les gouvernements à ne plus intervenir dans les affaires européennes, mais plutôt à accroître son influence en Amérique latine, dans les États riches en ressources pétrolières et à essayer de se créer des bases au Moyen-Orient pour le partage des richesses.

a) Rivalités au Moyen-Orient

Alors qu'avant-guerre, le Golfe persique était chasse gardée pour l'Empire britannique, dès 1920, les États-Unis commencent à s'y intéresser, contestant la politique dite de la « Porte fermée » établie par la Grande-Bretagne. L'administration américaine finit par s'introduire dans la Turkish Petroleum C° (TPC) devenue alors l'Irak Petroleum C° (IPC) et prendra 23.75 % de ses actions, partagées entre la Standard Oil (New Jersey) et la SOCONY (Standard Oil C° of New York).

Ce sera son premier pas, suivi par la suite de l'octroi de concessions à la GULF par le Koweït et à la SOCAL par le Bahrein. Mais la plus importante participation américaine sera celle obtenue en Arabie Saoudite en 1932 par la SOCAL (Standard Oil C° of California) qui alliée à la TEXACO découvrira en 1938 l'énorme champ de Damman.

La France ne peut pas rester inactive devant ce partage des richesses. Ne se contentant pas de son pied-à-terre en Syrie et au Liban, obtenu par les accords Sykes-Picot, elle exige sa part des richesses pétrolières. Ayant obtenu, grâce à l'intervention de Gulbenkian, 25 % des parts détenues par la Deutsch Bank, dans la Turkish Petroleum C°, comme dommages de guerre, elle prend pied en Irak. Par la suite, lors du partage des actions de l'IPC demandées par les Américains, elle ramène sa part à 23.75 % des actions, à laquelle s'ajoutent 5 % qui lui seront vendues par Gulbenkian. La France se trouve alors en position plus favorable pour développer ses activités pétrolières.

b) Naissance de la CFP (Compagnie Française des Pétroles)

Au début du XXe siècle, c'est le règne en France d'une bourgeoisie conservatrice, et des pères de famille cherchent des placements sûrs : Suez, sidérurgie, chemins de fer. L'industrie pétrolière, à caractère spéculatif, pleine d'incertitudes et de fluctuations de prix n'est pas attractive. Pour les sociétés, se lancer dans le forage est une opération coûteuse à haut risque. Elles préfèrent acheter le pétrole plutôt que de le chercher. Ce n'est qu'après 1918 que les perspectives évoluent. Les besoins en hydrocarbures vont en croissant rapidement, les hausses de prix imprévisibles sont fort dangereuses pour la balance commerciale du pays. La France recherche alors une place dans le marché pétrolier jusqu'alors monopolisé par les Anglo-américains.

C'est ainsi qu'au lendemain de la guerre, après avoir récupéré sa part dans le pétrole irakien, le gouvernement crée le Comité Général des Pétroles dirigé par Henry Beranger. Le traité de San Remo confirme la participation française en Irak, et c'est la « Société Française pour l'exploitation du pétrole » (SFEP) qui est créée avec participation de la Royal Dutch-Shell et de la Banque de l'Union Parisienne. Il est stipulé dans le traité que la Royal Dutch-Shell va gérer la totalité des intérêts français dans la SFEP, ce qui la mettra en position avantageuse face à l'Anglo-Persian et aux Américains dans la gestion de l'industrie pétrolière en Irak.

Cet arrangement obtenu à San Remo, est insatisfaisant pour les Français ; Le Président Poincaré ne peut admettre la supervision des intérêts français en Irak par une compagnie étrangère. C'est à une société 100 % française et indépendante qu'il faut penser. En 1924, c'est la CFP (Compagnie Française des Pétroles) qui est créée avec pour président Ernest Mercier. L'Etat participera pour 35 % au capital de cette société.

C'est ainsi que la France prend son indépendance financière puis industrielle dans ce monde du pétrole. De nombreux techniciens français vont travailler en Irak dans tous les domaines. En 1927 après la découverte de l'énorme gisement de Kirkouk, un oléoduc est à l'étude, pour évacuer le pétrole. On entreprend sa construction avec deux embranchements vers la Méditerranée, l'un vers le port de Tripoli au Liban sous contrôle français et l'autre vers Haïfa en Palestine sous contrôle anglais. La CFP se développera pendant toute cette période, créant deux filiales : la « Compagnie Navale des Pétroles » (CNP) pour gérer sa flotte de pétrolier et la « Compagnie Française de Raffinage » (CFR) qui construira deux raffineries en Provence et en Normandie.

TROISIÈME PARTIE
L'ARME POLITIQUE INTERNATIONALE
1930-1970

CHAPITRE VII

LES SEPT SŒURS FONT LA LOI

1 - Le partage du marché

Durant la décennie suivant l'armistice de 1918, le marché pétrolier mondial se trouve avec une offre surabondante d'hydrocarbures : le Gulf Coast au Texas continue à déverser ses flots de carburants au même rythme que pendant la guerre, l'Anglo-Persian poursuit son développement, le Venezuela et le Mexique reprennent leur production. Pendant ce temps la demande n'est pas soutenue : l'automobile est encore un produit de luxe, l'aviation commerciale démarre, l'Europe panse ses blessures dues à la guerre. La concurrence est donc très vive entre les producteurs, les prix du baril fluctuant dangereusement comme à l'époque des pionniers de Pennsylvanie. Ce qui accentue encore le marasme c'est que l'URSS a repris la production, après la nationalisation des compagnies étrangères et brade parfois son pétrole, car elle a un besoin important de devises. L'absence d'une instance internationale de régulation du marché s'y fait donc sentir, à l'exemple de ce que fit J.D. Rockefeller au XIXe siècle aux Etats-Unis.

a) La réunion des grands patrons (1)

En août 1928, Henry Deterding le Président de la Royal Dutch Shell (appelée communément la Shell) loue le château Achnacarry Castle en Écosse, invite Walter Teagle président de la Standard Oil (New Jersey), John Cadman patron de l'Anglo-Persian et William Mellon Président de la Gulf.

Le but déclaré de cette rencontre est la chasse au coq de bruyère et accessoirement de s'entretenir sur les problèmes du pétrole. Cette affaire est tenue secrète, mais la rumeur d'une réunion de grands patrons se répand rapidement et personne n'est dupe du but annoncé de cette « amicale partie de chasse ».

Deux semaines de discussions ardues permettront de confronter les différents points de vue et tous sont d'accord pour établir une régulation du marché et ajuster la production à la consommation. Il en sortira ce que l'histoire retiendra sous le nom d'accord d'Achnacarry que l'on peut résumer en trois points :

- Partage précis du marché entre les compagnies, chacune garde et consolide ses positions acquises et maintient son chiffre d'affaires du moment
- Accroissement de la production dans un secteur, uniquement pour satisfaire les besoins croissants de la consommation (diminution dans le cas contraire)
- Fixation des prix dans chaque partie du monde, ainsi que des normes de qualité

Il est prévu en outre d'étudier la mise en place d'un organisme de contrôle qui publiera les prévisions de demande et donc fixera les quotas de production si nécessaire. Il s'agit donc bien d'un cartel qui a été créé, sur une grande échelle. Il essaye de réguler toutes les zones de production d'hydrocarbures, à l'exception des États-Unis qui constituent une entité à part, ainsi que de l'URSS aux réactions difficilement prévisibles.

b) Extension du cartel

Cet accord est publié en 1930, d'autres compagnies peuvent ainsi y adhérer, telles que les Socony, Texaco, Atlantic, Sinclair. Un secrétariat central est installé à Londres et a pour objectif principal de veiller à la stabilité des prix.

Ce cartel ne fonctionne pas sans problèmes, avant tout celui du non-respect des décisions prises dès le début de la publication de l'accord. C'est l'âpreté de la concurrence qui explique ces comportements. Par exemple, la Shell pénètre dans les années 1930 dans le marché des États-Unis, sur la côte Est alors que celui-ci était considéré comme chasse gardée de la Standard Oil. Furieux, Walter Teagle contre-attaque et vend tous ses intérêts mexicains à un producteur indépendant, ce qui met en colère H. Deterding de la Shell (2).

En 1934, une réunion se tient à Londres entre les représentants des trois principales compagnies ayant établi le cartel (Standard Oil New Jersey, Shell, Anglo-Persian) pour reformuler les accords passés à Acharcarry et établir les modalités de restriction de la concurrence. Il faut d'ailleurs remarquer que cet accord, dès sa mise en application n'était pas exempt de contradiction et d'abus de position. Avec l'uniformisation des prix l'Anglo-Persian vendait en Europe son pétrole sorti des puits à énorme débit du golfe Persique au même prix que celui issu des gisements bien moins abondants du Texas. L'unification des prix se faisait au détriment du consommateur.

c) Résultats

Comme pour toute entreprise humaine de grande envergure qui comporte son lot de trahisons et d'injustices, l'activité de ce cartel doit être jugée à ses résultats.

-Le premier et le plus significatif est qu'après l'accord d'Achnacarry, le marché se stabilise pour plus de 30 ans, et cela malgré le tumulte de la Deuxième Guerre mondiale. De 1930 à 1960 le prix du baril brut oscille entre 1 et 2 dollars.

Dans l'histoire mondiale du pétrole, on n'observe que deux périodes de stabilité des prix : celle du contrôle Rockefeller de 1878 à 1910 et celle du cartel d'Achnacarry de 1935 à 1965.

-C'est la Deuxième Guerre mondiale qui met fin à cet accord. Après l'arrêt des hostilités, et avec l'internationalisation de la production d'hydrocarbures, il n'est plus possible à un seul organisme de monopoliser cette industrie. Beaucoup d'entreprises indépendantes s'établissent, chacune luttant pour sa survie. À cela s'ajoutent les compagnies nationales : URSS, Mexique, dont les objectifs économiques obéissent souvent à des décisions politiques. Mais l'influence de l'accord d'Achnacarry continue à se faire sentir jusqu'aux années 1970.

-Le cartel joue un rôle important dans le maintien de la concentration de la production entre quelques énormes multinationales. Depuis la fin de la guerre et jusqu'en 1970, sept sociétés (dont nous parlerons en détail plus loin) extraient du sous-sol près de 70 % du pétrole brut mondial, en-dehors de l'URSS. Le monde des hydrocarbures reste dominé par les Anglo-américains contrôlant ces sociétés.

Il faut noter également l'émergence d'un grand réseau bancaire de soutien et de prise de participation dans ces sociétés. On peut citer la Morgan Guaranty Bank, la First National City Bank, et la Chase Manhattan. Cette dernière ayant pour président David Rockefeller, petit-fils de John D. Rockefeller I, le pionnier de cette industrie. On ne peut non plus oublier que la Gulf fut fondée par William Mellon, neveu du grand banquier du même nom. Il ne sera plus possible dans l'après-guerre de séparer le monde du pétrole de celui de la grande finance américaine.

-Il est curieux également de remarquer que ces deux mondes sont étroitement liés à celui de la philanthropie. En 1971, la fondation Rockefeller possède une dotation de 250 millions de dollars en actions de la SOCONY, ce qui lui procure des revenus annuels considérables, de même la fondation Mellon détient pour 435 millions des titres de la GULF.

2 - Les Sept Sœurs

Les Sept Majors, surnommées les Sept Sœurs par Enrico Mattei l'industriel italien, sont les multinationales qui à partir des années 1930, puis pendant la guerre et finalement jusqu'en 1970 ont dominé l'industrie pétrolière mondiale. On les citera par leurs noms définitifs, parfois résultant de plusieurs mutations : EXXON, MOBIL, CHEVRON, GULF, TEXACO, SHELL, BP. Les cinq premières sont américaines, les deux autres anglaises (la Shell avec participation hollandaise). Parallèlement à leur activité industrielle elles ont une grande assise financière ce qui permet à beaucoup d'entre elles d'autofinancer leurs investissements. Cette pratique est indispensable dans l'industrie pétrolière à cause des sommes considérables englouties pour la prospection, la recherche en surface, les forages d'exploration, et parfois en pure perte. Dans ces conditions risquées, il peut être difficile de trouver les capitaux nécessaires.

C'est la raison pour laquelle, dans le bilan de ces compagnies, les réserves prouvées mais encore dans le sous-sol, sont considérées comme des actifs et chiffrées en dollars. Mais ce système a des effets pervers : Une compagnie qui est cédée totalement ou partiellement à une autre, se vend avec ses réserves prouvées. La compagnie acheteuse voit ainsi ses réserves multipliées sans avoir foré un seul puits d'exploration. Cela donne naissance à ce que l'on appellera plus tard le « pétrole papier » ou les « réserves Wall Street ». Il va sans dire que ce mode de transfert de pétrole encore sous terre, n'augmente en aucune façon la richesse du pays.

Ces Sept Sœurs, fortes de leurs assises financières et de leurs rentes de situation, parfois fabuleuses, ont été grandement épargnées par la crise économique de 1929. Elles ont pu développer leurs activités, contribuer toutes à l'effort de guerre des Alliés, puis essayer de se diversifier par la suite surtout dans la pétrochimie : caoutchouc synthétique et matières plastiques ainsi que dans l'amélioration des techniques de raffinage : mise au point du cracking catalytique, amélioration de l'indice d'octane. Certaines ont voulu orienter leurs activités hors du pétrole : les charbonnages puis l'industrie nucléaire mais pas toujours avec des résultats encourageants. Par contre, toutes ont créé ou développé des filiales dans les pays où elles avaient obtenu des concessions.

EXXON

Cette compagnie a pour ancêtre la Standard Oil of New Jersey établie en 1899 par J.D. Rockefeller après la première dissolution de son trust. De société, de holding, elle passe en 1911, après la deuxième dissolution, a celui d'entreprise totalement indépendante, tout en demeurant la plus grande du monde pétrolier. Elle change d'appellation, devient Standard Oil (New Jersey) puis ESSO et finalement EXXON qui demeure son appellation commerciale la plus courante (le nom ESSO est maintenu dans certaines régions). Après le départ du fondateur J.D. Rockefeller, elle est dirigée par John D. Archbold puis pendant 20 ans par Walter Teagle.

Elle souffre d'un défaut de naissance : le manque d'intégration en amont, ne possédant pas de filiales de production, ni de réserves sous terre et s'occupant uniquement de finances, raffinage et commercialisation. Pour remédier à cette situation, en 1919 elle achète la « Humble Oil and Refining C° » la grande société du Texas qui peut alors lui fournir tout le pétrole brut nécessaire. Son président, W.S. Farish, transféré à la Standard Oil devint son directeur général, le bras droit de Walter Teagle. (3)

Teagle donne une nouvelle vie à EXXON, diversifie ses activités aux Etats-Unis et dans le monde entier. En 1932, il rachète à la Standard Oil of Indiana, la « Créole » du Venezuela qui devient ainsi la principale concurrente de la Shell dans ce pays. En 1937, Teagle se vante de produire plus de 11.5% du total mondial, dépassant ainsi la Shell. Elle garde néanmoins ses activités de gestion financière de ses filiales et emploie près de 3000 cadres. Teagle s'arrange pour être toujours bien introduit auprès de l'Administration fédérale, auprès des présidents Coolidge, Hoover et plus tard F.D. Roosevelt avec qui il collabore pendant la grande crise économique de 1929.

Là où il perdra son honneur, c'est avec sa politique de collaboration avec l'Allemagne hitlérienne. Dès 1926, il signe un accord technique avec la firme I.G. Farben pour l'échange des brevets. Il avait été frappé par les progrès obtenus par les chimistes allemands dans la production de pétrole à partir du charbon puis par leurs recherches concernant le caoutchouc synthétique. A l'arrivée au pouvoir d'Hitler en 1933, EXXON fournit à l'Allemagne ses brevets sur le plomb tetraethyle nécessaire pour l'essence d'avions, en échange il reçoit ceux concernant le caoutchouc synthétique. Après 1940 et l'invasion de l'Europe, EXXON continue sa collaboration avec I.G. Farben et à lui fournir des informations utiles. Teagle demeure inconscient des conséquences politiques d'une telle complicité.

En 1941, le département fédéral de la justice engage une action contre EXXON pour avoir conclu des accords avec la firme allemande. Teagle ainsi que Farish sont la cible de ces poursuites. Le Président F.D. Roosevelt laisse la justice suivre son cours et finalement EXXON est condamnée à une amende de 50000 dollars. L'attaque reprend, menée par la commission sénatoriale de la Défense Nationale présidée par Harry Truman. Il accuse EXXON de faire obstacle à la recherche sur le caoutchouc synthétique, au moment où les Japonais envahissent la Malaisie, le grand fournisseur de caoutchouc naturel. Les ventes d'EXXON s'en ressentent, Teagle et Farish sont brisés par ces accusations parfois excessives. Teagle démissionne en 1942, et Farish meurt peu après. EXXON mettra du temps à se remettre de cette indignité.

MOBIL

A l'origine de la Mobil, il existait à New York un bureau de la Standard Oil s'occupant de la commercialisation des produits raffinés et gérant les problèmes financiers avec les grandes banques, dirigé par William Rockefeller, le frère cadet du fondateur de l'entreprise.

Lorsque la Standard Oil s'installe à New York au 26 Broadway, ce bureau prend alors de l'importance, s'occupe beaucoup des exportations vers l'Europe. Après la première dissolution du trust de 1899, il se constitue en entreprise filiale de la Standard Oil (New Jersey) avec le nom Standard Oil C° of New York (SOCONY). C'est lors du démembrement définitif du Trust de 1911 que la SOCONY prend son indépendance.

Les débuts de la SOCONY sont modestes, elle n'est pas productrice de pétrole, n'ayant aucune réserve en sous-sol. Dirigée par H.C. Folger, elle approvisionne l'Europe et l'Extrême-Orient en kérosène. Cherchant à s'intégrer en amont, elle achète en 1925 la Magnolia Oil C° du Texas, productrice de pétrole brut. En 1929, elle prend un tournant important en s'intégrant en aval par la fusion avec la Vacuum, spécialisée dans la fabrication de lubrifiants. Devenue la SOCONY-VACUUM, elle commercialise ses produits sous le nom MOBIL.

La MOBIL, dirigée en 1969 par Rawleigh Warner un ancien de la Continental Oil, commercialement très active, fait apparaître son logo dans d'innombrables stations-service. Devenue alors une société parfaitement intégrée, de plus petites dimensions que ses six autres « sœurs », elle prend de nombreuses participations au Moyen-Orient après la guerre, à l'époque de la ruée vers l'or noir dans cette région. Elle sera une des premières compagnies exploitantes en Arabie Saoudite au sein de l'ARAMCO, dans le consortium gérant le pétrole iranien dès 1953, puis participera au sein de l'IPC (Irak Peteroleum C°) à l'exploitation des ressources de ce pays. Elle fera partie indirectement de la Koweït Oil C° par l'intermédiaire de l'Anglo Iranian ayant 50% des parts dans la concession obtenue.

CHEVRON

L'exploitation du pétrole californien débute à la fin du XIXe siècle. Un producteur indépendant Schofield commence à forer vers 1890, produisant et commercialisant ses hydrocarbures en Extrême-Orient. Rockefeller, ne pouvant supporter ce petit audacieux qui le défie, riposta en expédiant son pétrole dans cette région en passant par le Cap Horn, le canal de Panama n'existant pas à cette époque.

L'année 1895 est celle des grandes découvertes des gisements de Californie autour et dans Los Angeles. Il s'ensuit localement un effondrement des prix.

Schofield ne peut tenir et se fait racheter par Rockefeller qui devient alors propriétaire de ses réserves. Commence alors la période d'expansion de la Standard Oil of California (SOCAL) qui livre directement du kérosène à la Chine à partir des ports californiens. En 1919, la SOCAL assure 26% de la production de brut américain, avec son siège social situé à San Francisco. Son principal problème est de trouver des débouchés pour cette énorme production. C'est EXXON ainsi que MOBIL avec qui elle maintient d'excellents rapports, malgré la dissolution, qui assurent alors la commercialisation de ses surplus.

La SOCAL participe à la course aux concessions au Moyen-Orient. Partie prenante dans la fondation de l'ARAMCO en Arabie Saoudite, elle devient un des membres du consortium du pétrole iranien de 1953, ce qui lui donne une entrée dans la Koweït Oil C° puis avec la GULF elle s'occupe de l'exploration puis de la production du pétrole à Bahrein.

Prenant le nom commercial de CHEVRON, vers la fin du XXe siècle, elle achète à la famille Mellon, la GULF, une des Sept Sœurs.

La GULF

La GULF fut l'une des premières grandes compagnies américaines ne dépendant pas de la Standard Oil. Fondée au début du XXe siècle par la banque MELLON de Pittsburgh, elle y installe son siège social avec ses activités concentrées initialement au Sud-est des Etats-Unis : Texas, Oklaoma, Gulf Coast. Ce n'est qu'après la première guerre mondiale qu'elle songea à diversifier sa production vers le Moyen-Orient.

Grace à l'intervention d'Andrew Mellon, ambassadeur des Etats-Unis à Londres en 1934, elle peut partager avec les Anglais la grande concession du Koweït. Son principal souci alors fut de trouver des débouchés pour l'immense débit de pétrole issu de ce pays. Elle étendit ensuite ses activités au Bahrein en partageant l'exploration et la production avec la SOCAL.

Elle poursuit son expansion internationale pendant tout le siècle, participera à l'exploration pétrolière en Bolivie et en Angola. Elle sera finalement rachetée par la CHEVRON.

TEXACO

En 1901, pendant l'éruption du puits de Spindletop, un des spectateurs est John Cullinan, ancien technicien de la Standard Oil. Il monte une affaire financée par James Hogg du Texas et Arnold Schlaert banquier à New York, nommée « Texas Fuel Company ». Cette société purement commerciale achète les hydrocarbures au Texas et les revend aux planteurs du Mississippi. Elle prospère, étend son réseau à tout l'est des Etats-Unis, établit son siège à

Houston dans un immeuble de 13 étages et prend le nom de « Texas Company » (TEXACO). Elle s'intègre en amont, découvre un gisement à Sour Lake près de Houston puis en exploite d'autres en Louisiane et Oklahoma. Dans cette entreprise, c'est Cullinan le technicien et Schlaert le financier. En 1913, par suite d'un désaccord entre les deux, Cullinan mis en minorité au conseil d'administration doit démissionner.

Au départ de Cullinan, la société malgré son nom cesse d'être texane, s'installe à New York au Chrysler Building, étend son réseau commercial à l'Europe. Tout en faisant de gros bénéfices, elle estime qu'elle n'a aucune obligation sociale ou humanitaire envers son entourage, se contentant de bien rémunérer ses actionnaires. Vers 1935, elle s'allie à la SOCAL qui exploite les gisements d'Arabie Saoudite, et avec son grand réseau commercial, distribue les hydrocarbures du Moyen-Orient en Europe et aux Etats-Unis. Par la suite, elle fera partie du consortium américain constituant l'ARAMCO.

En 1936, la TEXACO sera au centre d'un grand scandale politique. Son président Torkild Rieber, ancien capitaine de pétroliers, organise la flotte de la TEXACO qui sillonne alors toutes les mers du monde. Il en profite pour charger de carburants quelques-uns de ses navires, qui partant officiellement pour la Belgique, sont détournés en pleine mer pour aller approvisionner l'Espagne du général Franco en pleine guerre civile. Rieber contribue ainsi à renforcer fortement le dictateur en lutte contre l'Espagne républicaine. Il viole ainsi la loi de neutralité établie par Franklin D. Roosevelt depuis le début de ce conflit, prélude à la deuxième guerre mondiale.

En 1939, au début des hostilités, il garde le contact avec les chefs nazis et expédie du pétrole colombien en Allemagne, malgré l'embargo britannique. Vers 1940, à la demande du chef nazi Goering, il rend visite au président Roosevelt pour lui exposer le plan de paix allemand visant à neutraliser l'Angleterre.

Après juin 1940 et l'invasion de la France, arrive à New York l'avocat allemand G. Westrich. Pris en charge par la TEXACO, elle lui paye ses frais de voyage et lui affecte un bureau à son siège social au Chrisler Building. Il est chargé d'une importante mission : dissuader les entreprises américaines de livrer du matériel de guerre à la Grande-Bretagne. C'est le chef des services secrets britanniques à New York : Stephenson qui découvre cette manœuvre et fait éclater le scandale dans la presse américaine. L'avocat allemand Westrich doit quitter sur le champ les Etats-Unis et le président Rieber de la TEXACO, devant la colère montante de ses actionnaires doit démissionner et céder la place à Star Rogers. (4)

Cet incident causa une forte émotion dans l'opinion publique américaine, sentimentalement du côté de la Grande-Bretagne, seule combattante face à l'Allemagne et l'Italie. L'Administration américaine réalise le danger existant à laisser de puissantes entreprises sans surveillance et jusqu'à quel point des hommes possédant de grands pouvoirs, ne savent pas s'arrêter s'ils sont sous l'emprise d'une passion politique. La TEXACO mit du temps à se relever de cette image désastreuse acquise auprès de l'opinion publique américaine.

La ROYAL-DUTCH SHELL

À la fin de la première guerre mondiale, la Royal-Dutch Shell se présente comme une société solide, dirigée par H. Deterding surnommé le « Napoléon du pétrole ». Elle a son siège social à Londres, dans un immeuble imposant, avec des décorations somptueuses ayant pour motif des coquillages. Pour la Grande-Bretagne c'est une société britannique, pour les Hollandais elle demeure hollandaise et ils en sont fiers. Pour les Américains, elle leur appartient car elle fait le tiers de son chiffre d'affaires aux Etats-Unis. En réalité, c'est une société multinationale à capitaux en majorité hollandais et anglais.

Sa stratégie consiste à avoir de nombreuses zones de ravitaillement en pétrole brut. La source du Caucase étant fermée depuis 1917, elle s'approvisionne en Extrême-Orient, au Mexique, au Venezuela, au Texas. Elle réduit les coûts du transport par sa parfaite connaissance du marché international et sa grande flotte de pétroliers et, dans les années 1920, satisfait 75% de la demande mondiale (hors les Etats-Unis). Elle s'avère un concurrent sérieux à la Standard Oil, et la défie en créant un réseau de stations-service aux Etats-Unis.

Leurs deux présidents : Deterding et Teagle se connaissant et se fascinant mutuellement, Deterding cherche l'entente sur les prix avec son concurrent mais celui-ci refuse, préfère leur liberté pour pouvoir écraser l'adversaire. Il n'y aura jamais d'alliance entre ces deux sociétés.

Le défaut dans cette cuirasse de respectabilité sera dû à son président Deterding. Naturalisé anglais, reçu et honoré par tout le monde des affaires londonien, il n'est pas à son aise dans ce milieu, ne se reconnaît pas sujet de sa Majesté le Roi d'Angleterre. Avec l'âge, il devient autocrate, mégalomane et sympathise de plus en plus avec les nazis qui prennent le pouvoir en Allemagne. En 1936, il a alors 70 ans et dirige la Royal-Dutch Shell depuis 40 ans, il se marie pour la troisième fois et épouse sa secrétaire, Charlotte Knaak de nationalité allemande. Il ne dissimule pas alors son soutien à l'Allemagne nazie, rempart contre le communisme.

Poussé par ses directeurs, il prend sa retraite et se retire dans son domaine à Mecklembourg en Allemagne où il devient l'ami intime des chefs nazis. Il meurt six mois avant le début de la deuxième guerre mondiale. Hitler et Goering envoient des couronnes à ses obsèques. Après la guerre, au siège de la Royal-Dutch Shell à La Haye, la niche où son buste aurait dû prendre place restera toujours vide. (5)

Vers la fin des années 1960, la Royal-Dutch Shell est une noble institution internationale. Après la crise morale causée par Deterding, elle veut l'oublier, retrouver sa respectabilité. Elle est alors dirigée par un conseil d'administration de 7 à 8 personnes, son président : John Loudon veut modifier son image, et lance l'amusante publicité « C'est Shell que j'aime ». Elle est toujours un condominium anglo-hollandais et cherche une coexistence pacifique dans tous les pays où elle opère par la création de sociétés locales : Shell française, Shell allemande, Shell sénégalaise, la Shell américaine a son siège à Houston, un tiers de son capital est américain, son adresse est : Shell Plaza. Elle se présente ainsi comme une fédération de petites sociétés implantées dans les pays où elle a des intérêts. Elle reste cependant une multinationale et elle a fait preuve partout d'esprit de créativité et d'adaptation.

La British Petroleum (B.P.)

La BRITISH PETROLEUM est une très ancienne compagnie, mais qui changera souvent de nom. Pour bien comprendre son évolution, il est important d'en faire l'historique.

En 1902, c'est William Knox d'Arcy, en association avec la Burmah Oil C°, lui apportant son aide financière, qui fonde l'Anglo Persian Oil Company. La Burmah Oil possédant 20% de cette société, s'efface progressivement après l'épuisement des réserves birmanes, vend ses actions à la Banque d'Angleterre puis se dissout vers 1974.

L'Anglo Persian, qui joua un rôle important pendant la première guerre mondiale, est obligée de changer de nom en 1934 avec l'éclosion du nationalisme iranien, elle devient alors Anglo-Iranian Oil C° sans modification de ses statuts qu'elle garde jusqu'en 1954 où elle prendra le nom d'une de ses succursales achetée 34 ans auparavant : British Petroleum ou BP.

C'est au cours des deux décennies 1920 et 1930 que la BP connaîtra son plus fort taux d'expansion, surtout en Iran. Elle procède à de nombreuses avancées sociales dans ce pays avec la création de routes, hôpitaux, écoles. Ses progrès techniques sont importants : forage rotary, contrôle des réservoirs. Les conditions de travail restant difficiles à case du climat et des difficultés causées par les autorités locales.

En 1921, le général Reza Khan, à la suite d'un coup d'état, prend le pouvoir à Téhéran, s'assure de la fidélité des cheiks locaux puis se fait proclamer Shah de la dynastie des Pahlevi. Il a de bons rapports avec l'Anglo Iranian jusqu'en 1932. Mais cette année, à cause de la crise économique mondiale, les redevances qu'il perçoit baissent considérablement. Contrarié par ce manque à gagner dont il ne s'estime pas responsable, il annule la concession. A Londres, le gouvernement britannique réagit de suite et porte plainte à la SDN (Société des Nations) qui désigne le docteur Benes, Tchécoslovaque comme arbitre.

Grace à son intervention et à l'esprit de conciliation de John Cadman le président de la BP, un accord est signé en 1933 garantissant un revenu stable pour le Shah et prolongeant la durée de la concession.

La situation de la BP reste stable jusqu'en 1953, mais la première révolution iranienne modifie complètement l'industrie pétrolière du pays. La BP perd alors son monopole qui est remplacé par un consortium, anglo-franco-américain, dans lequel elle ne garde qu'une participation minoritaire.

Elle poursuit quand même son expansion durant la période dite des « Trente Glorieuses », diversifie ses activités, surtout en Mer du Nord et en Alaska. En 1967, elle s'installe dans un somptueux gratte-ciel à Londres et possède une filiale maritime, la British Tankers C° dont les navires parcourent tous les océans.

Mais comme le gouvernement anglais détient 51% des actions de la société, cette situation engendre une contradiction : envers qui est-elle responsable ? L'Etat ou les actionnaires ? Dès 1969, Sir Eric Drake, le président, très bien introduit auprès du Premier ministre essaye de la résoudre. Le gouvernement de Sa Majesté n'intervient jamais sur les questions commerciales et, pour toutes les autres, Sir Drake répond avec un affectueux dédain à ces hauts-fonctionnaires ne connaissant rien aux affaires pétrolières. D'ailleurs deux d'entre eux sont membres du Conseil d'administration de la Compagnie, et ne peuvent qu'approuver docilement toutes les résolutions qui sont proposées. Les tensions sont parfois violentes entre la BP et le pouvoir politique : avec le Trésor pour le problème de la taxation des revenus pétroliers en Mer du Nord, avec la Foreign Office au sujet de la stratégie à adopter vis-à-vis de l'OPEP (Organisation des Pays Exportateurs de Pétrole) dominée par les Etats arabes.

La BP continue à avoir des activités dans près de 70 pays, ses plus grands marchés sont actuellement la Grande-Bretagne, la France et l'Allemagne.

3 - Le déclin des Sept Sœurs

Les Sept Sœurs, nées dans les premières décennies du XXe siècle ont pu résister aux chocs des deux guerres mondiales. Ayant abordé triomphalement la deuxième moitié de ce siècle, elles ne voient pas de limites à leur expansion ni aux réserves mondiales souterraines d'hydrocarbures.

Au début des années 1970, avançant de concert, sans aucune structure formelle de coordination, elles s'observent mutuellement pour ne pas encombrer le marché. Elles maintiennent entre elles de bons rapports au sein des consortiums auxquels elles participent : Arabie Saoudite, Iran, Irak, Koweït, elles savent faire front commun lorsque des souverains locaux contestent leur emprise.

En 1972, près de 70% de la production mondiale de brut est entre leurs mains, avec EXXON détenant la plus grosse part : près de 14.7%. Le monde du pétrole reste dominé par les Anglo-saxons formant les cadres supérieurs après le départ des fondateurs. De plus en plus, les grandes banques anglo-américaines leur apportent leur soutien financier pour leurs investissements et elles font plus souvent appel aux cabinets d'expertise comptable pour la certification de leurs bilans. Price Waterhouse contrôle la gestion de la Shell, d'EXXON, de Chevron et de la Gulf et sert de conseiller en matière fiscale.

Les sociétés basées aux Etats-Unis ont une influence politique importante, soutiennent le Parti républicain. En 1968, plusieurs financent l'élection de Nixon à la présidence puis contribuent à sa réélection en 1972. Mais le monde évolue inexorablement, l'ère coloniale commence son déclin dès la fin de la guerre et parallèlement on assiste au réveil des nationalismes. De plus, d'autres pays producteurs de pétrole émergent, comme la Libye, l'Algérie, l'Amérique latine acceptant la collaboration technique de nouvelles compagnies pétrolières indépendantes, proposant leurs services à des prix beaucoup plus avantageux que ceux des Sept Sœurs.

Il n'est pas étonnant que celle-ci, tout le long du XXe siècle, aient pratiqué alors vis-à-vis des pays producteurs, une politique de retraites lentes et mesurées, ne cédant que très graduellement aux exigences des pays hôtes. Les compagnies se libèrent progressivement de leur soumission aux pays producteurs qui créent alors leurs sociétés nationales. Elles se contentent de leur fournir leurs services comme experts.

Les Sept Sœurs sont aujourd'hui des multinationales géantes, indépendantes, contrôlées par leurs gouvernements, elles de diversifient vers les autres sources d'énergie et contribuent toujours au développement industriel de leur pays d'origine.

CHAPITRE VIII

L'AMÉRIQUE LATINE ENTRE EN SCÈNE

Pendant cette période troublée de l'entre-deux-guerres mondiales, dans l'imaginaire des peuples d'Amérique latine, le pétrole est considéré comme « l'excrément du diable ». Personne ne nie le confort qu'il apporte : éclairage, transport, chauffage mais il reste associé à l'idée de corruption, troubles sociaux, enrichissements scandaleux. Les intellectuels voient dans cette industrie celle de riches pays cherchant des sources d'énergie dans les pays pauvres. Elle est donc étroitement liée aux politiques impérialistes et coloniales du monde occidental. Dans ce climat plutôt hostile, deux pays émergent et jouent leur avenir sur les ressources pétrolières de leur sous-sol : le Venezuela et le Mexique. Leur combat servira d'exemple pour tous les autres pays d'Amérique latine.

1 - Les pionniers du Venezuela

a) La transition vers la démocratie

Le général Juan Vincente Gomez, dictateur depuis 1908 meurt en 1935. Avec lui se termine une période de gouvernement autocratique basé sur la corruption à tous les échelons et l'autorisation accordée sans restriction à toutes les compagnies étrangères de piller des ressources naturelles du pays.

C'est un autre militaire, le général Eleazar Lopez Contreras, modéré, qui prend le pouvoir, rétablit les libertés fondamentales et entreprend de renégocier les redevances avec les compagnies pétrolières. Celles-ci finissent par accepter, d'ailleurs la situation devenait intolérable. La plupart des sociétés, totalement intégrées, vendaient le pétrole brut à leurs raffineries, donc à un prix fixé arbitrairement très bas pour pouvoir ainsi réduire leurs redevances à l'Etat. Contreras fera voter par le Parlement, en 1938, une taxe additionnelle sur les pétroles, acceptée par les compagnies voulant garder leurs concessions.

Son successeur Isaia Medina Angarita va continuer dans la même voie. Il pense que la rente pétrolière doit être partagée entre les trois principaux intéressés : Le pays producteur, la compagnie qui opère, le pays consommateur et il n'y a aucune raison que la plus grosse part revienne à la société exploitant le gisement.

Angarita, peu au courant des affaires pétrolières, prend à son service des experts financiers originaires des Etats-Unis qui lui rédigeront les nouveaux protocoles d'accord avec les sociétés américaines. Il en résultera d'abord l'établissement d'un impôt sur le revenu, comme dans tous les pays modernes, applicable aux sociétés. Dès 1948, la loi dite 50/50 imposera le partage égal des bénéfices entre les sociétés pétrolières et l'Etat.

Cette loi, qui ouvre une brèche dans les rapports entre les Etats producteurs et les sociétés, servira d'exemple à tous les pays du Moyen-Orient qui, excédés par les bénéfices indécents des concessionnaires, l'établiront à leur tour.

Pendant cette période de relatives libertés politiques, les syndicats apparaissent ainsi que les organisations démocratiques. La principale nommée ACCION DEMOCRATICA (A.D.) a pour dirigeants Romulo Betancourt secondé par Raoul Leoni et Perez Alfonzo qui va jouer un rôle de premier plan dans l'industrie pétrolière internationale.

b) Juan Pablo Perez Alfonzo (1)

Perez Alfozo est né en 1903 à Caracas. C'était alors une petite ville de 70000 habitants qui prit le nom d'une tribu indienne du voisinage : Les Caracas. Tout le Venezuela n'est alors peuplé que de deux millions de citoyens. Il fait ses études de droit dans la capitale où il rencontre Romulo Betancourt avec qui il se lie d'amitié. Ils sont tous deux révoltés par les méthodes du dictateur Gomez qui octroie des concessions pétrolières à des membres de sa famille qui les revendent de suite très cher aux sociétés pétrolières. L'agitation se développe à l'Université, la répression est très sévère, Betancourt part en exil en Colombie puis retourne à Caracas en 1935 à la mort du dictateur. Un calme relatif s'installe sous la présidence de Contreras. La doctrine d'Alfonzo, proclamée alors, est claire : utiliser l'argent du pétrole pour créer une infrastructure économique indépendante des rentes minières.

En 1939, Alfonzo est élu député au Parlement et s'occupe du dossier des hydrocarbures. Agé de 36 ans, il déplore le manque de cadres compétents pouvant défendre la principale richesse de son pays. Il étudie tous les contrats en vigueur et devient l'expert pétrolier du Venezuela. Il défend avec beaucoup de résolution au Parlement les intérêts de son pays, mal gérés par l'équipe au pouvoir. Il s'exclame :

« *Ceci est la clé de la puissance et de la malfaisance de l'impérialisme économique : acheter bon marché et vendre cher* » (2)

Mais la guerre mondiale éclate, elle ralentit les marges de manœuvre des démocrates. La pénurie s'installe car on ne peut plus compter sur les livraisons de matériel d'Europe ou des Etats-Unis. Toutes les sociétés exploitables sont réduites à bricoler des pièces détachées ou des matériaux de rechange pour faire fonctionner leurs installations.

c) La révolution démocratique

En octobre 1945, une « junte » révolutionnaire dirigée par Romulo Betancourt, dépose Angarita et prend le pouvoir. Elle promulgue une nouvelle constitution et c'est le Président de « l'Accion Democratica » : Romulo Gallegos qui devient Président du Venezuela.

Betancourt qui a le pouvoir exécutif nomme Alfonzo ministre du pétrole. Celui-ci se met au travail sans tarder et publie en 1947 son plan de développement du secteur pétrolier

-Arrêt de l'octroi de nouvelles concessions

-Réduction de la production locale afin d'éviter « l'indigestion » économique lorsque le pays n'a pas la capacité d'absorption de tous les revenus du pétrole.

-Valorisation du gaz naturel alors inutilement brûlé à la torche en tête des puits

-Construction de raffineries

-Entrée du Venezuela dans le monde pétrolier international

Il lance le concept de « valeur intrinsèque » du pétrole. Ce produit naturel, indispensable dans notre civilisation doit avoir un prix, une valeur d'usage, indépendante de toutes les fluctuations du marché.

Durant cette période, « l'Accion Democratica » crée une confédération syndicale des ouvriers du pétrole qui négocie une convention collective avec les compagnies et obtient une augmentation des salaires de l'ordre de 113%.

d) Retour à la dictature

Le 24 novembre 1948, un coup d'état militaire éclate. Trois colonels, forment un triumvirat et suppriment toutes les libertés. Betancourt et Alfonzo se retrouvent en prison puis émigrent. Un des trois mutins : Marcos Perez Jimenez, écrase les deux autres et instaure une dictature féroce qui va durer dix ans. Il dilapide l'argent public, s'enrichit scandaleusement. Pour se faire bien voir des Américains et obtenir leur appui politique, il leur offre de larges concessions pétrolières, malgré les protestations d'Alfonzo, de son lointain exil, qui ne peut supporter de le voir brader les richesses naturelles du pays. Jimenez ouvre à la prospection d'immenses territoires, concédés à la Standard Oil ou à la Shell. Il empoche des millions de dollars en « pots de vin ». Il emploie ensuite l'argent encaissé de la rente pétrolière dans des programmes de travaux publics somptuaires, démesurés pour un pays en voie de développement (autoroutes, hôtels de luxe, gratte-ciel). Il applique à son pays sa maxime :

« *Ce qui est bon pour les compagnies pétrolières est bon pour nous, donc est bon pour le Venezuela.* » (3)

Les protestations montant dans tout le pays, Jimenez ferme l'université pour deux ans, des réseaux clandestins se forment. La bourgeoisie aisée l'abandonne et en janvier 1958 un soulèvement éclate accompagné d'émeutes. La « junte patriotique » décrète la grève générale, érige des barricades occupées par les ouvriers du pétrole. L'Etat-major des forces armées refuse de donner son appui au dictateur aux abois.

Il ne reste plus à Jimenez qu'à s'enfuir aux Etats-Unis muni d'un compte en banque de 500 millions de dollars. Il sera extradé, passera cinq ans en prison et finira sa vie en Espagne. La décennie Jimenez aura été un désastre pour son pays. Le Venezuela était devenu une « usine à pétrole » avec une agriculture atrophiée car tous les paysans quittaient leurs terres pour aller travailler dans les multinationales aux salaires élevés. Le pays devait importer massivement de la nourriture pour éviter les famines. Les caisses de l'Etat restaient complètement vides après ce gaspillage démentiel.

e) Le gouvernement Betancourt

C'est alors la fête à Caracas, des élections ont lieu en décembre 1958 et Romulo Betancourt accède à la présidence. Il oblige presque Alfonzo à reprendre son poste de Ministre des mines et hydrocarbures. Celui-ci a beaucoup mûri pendant son exil. Séjournant au Texas, il rend visite à la « Texas Railroad Commission » qui depuis fort longtemps gère l'industrie pétrolière du pays. Elle applique la règle du « prorata » c'est-à-dire accorde à chaque entreprise son quota de production en fonction de ses possibilités et de l'état du marché. Alfonzo pense qu'une mesure semblable doit pouvoir être appliquée à l'échelle internationale.

Il veut préserver les ressources pétrolières de son pays, contrôler les prix en les stabilisant et majorer les revenus de l'Etat non pas en augmentant de façon démesurée la production comme le faisait le dictateur, mais en renégociant les redevances et impôts. Refusant d'accorder toute nouvelle concession, il suit journellement l'évolution du marché pétrolier international pour vérifier que les compagnies ne le faussent pas pour pouvoir diminuer les taxes.

Dès son retour au pouvoir, Alfonzo se rend au Caire pour assister au Premier Congrès Arabe du Pétrole de 1959. Son objectif est de mettre en œuvre son projet d'entente entre producteurs à l'échelle internationale. Son idée maîtresse est que si on veut mettre de l'ordre dans cette industrie, les problèmes doivent être étudiés puis résolus par consultation entre tous les pays producteurs. Les compagnies pétrolières arrivent à une certaine coordination de leurs activités par la création de trusts ou de cartels, il serait donc normal que les pays intéressés fassent de même. Son allocution au Congrès arabe est accueillie avec enthousiasme par tous les participants. Par la suite, en collaboration étroite avec le Ministre du pétrole d'Arabie Saoudite : Abdallah Tariki, l'OPEP (Organisation des Pays exportateurs de Pétrole) sera établie en 1960.

En 1961, fatigué par tous ces déplacements, il prend congé, se remet au travail en 1962. Aux élections de 1963, Raoul Leoni prend la présidence et annonce la démission d'Alfonzo, remplacé dans ses fonctions par Guerrero. Se retirant, Alfonzo mène une vie tranquille, intervenant parfois par des conférences ou des articles dans la presse de son pays, surtout lors des crises internationales et finalement meurt le 5 septembre 1979.

2 - Le Mexique

a) La révolution de 1911

En 1911, le dictateur éclairé Porfirio Diaz est renversé après 35 ans de pouvoir absolu. C'est Francisco Madera qui prend le pouvoir. Il s'ensuit une période de forte instabilité politique avec remous sociaux. Le gouvernement de Diaz avait mis l'industrie pétrolière aux mains des Américains contrôlant la « Pan American Petroleum C° » et des Anglais créant la « Mexican Eagle C° ». Celle-ci fut vendue à la Royal Dutch Shell avant la tourmente politique.

Les compagnies étrangères, très à l'aise à l'époque du dictateur s'inquiètent car le nouveau gouvernement décide de changer complètement la loi minière. Celle en vigueur, inspirée de celle des Etats-Unis, donne aux possesseurs de terre la libre disposition de leur sous-sol. Elle est donc très favorable aux grands propriétaires fonciers du Mexique qui signent des contrats avec les compagnies pétrolière et font d'énormes profits. Le nouveau gouvernement établit la loi minière européenne, faisant du sous-sol une propriété nationale. La nouvelle Constitution, établie en 1917, stipule clairement que toutes les ressources minières appartiennent à la nation.

Les groupes pétroliers réagissent immédiatement, contestent le caractère rétroactif de cette nouvelle loi, le conflit prend une forme violente et l'on craint une intervention militaire des Etats-Unis. Un calme précaire s'établit vers 1920 car le gouvernement mexicain a besoin des compagnies étrangères, de plus il ne peut lutter contre la concurrence vénézuélienne car ses coûts de production sont plus élevés. Il trouve donc un compromis lui permettant de sauver la face.

Vers 1930, l'industrie pétrolière mexicaine est partagée entre la « Mexican Eagle » possédée par la Shell et produisant 65% du pétrole brut et d'autres sociétés : Standard Oil, Sinclair et Gulf. Mais ceux-ci, s'estimant en position défavorable cessent d'investir dans de nouveaux puits pour compenser le déclin des gisements existants. La production baisse et le gouvernement en fait porter la responsabilité sur les étrangers, sans se remettre lui-même en question.

b) La nationalisation (4)

En 1934, le général Lazaro Cardenas est élu président. C'est l'ancien gouverneur du Michoacán, l'un des Etats de la Fédération Mexicaine, ayant distribué des terres aux Indiens. Il est très actif, nationaliste, de tendance gauchiste. Il favorise les syndicats et trouve les compagnies pétrolières arrogantes et traitant le Mexique en pays conquis.

Celles-ci essayent de s'adapter, de trouver un terrain d'entente avec les syndicats. Mais les directeurs locaux se heurtent à l'intransigeance des grands patrons : Deterding pour la Shell et Teagle pour la Standard Oil. De leurs bureaux à Londres et New York, ils refusent toute augmentation des salaires et toute amélioration des conditions de travail. La situation s'envenime et le syndicat des travailleurs du pétrole lance une grève en mai 1937.

Le Président Cardenas nomme une commission pour examiner l'affaire et trouver une base d'entente. Elle est dirigée par Silva Herzog qui présente un rapport final très défavorable aux compagnies, les accusant de piller les ressources minières du pays. Il recommande une augmentation générale des salaires, la semaine de 40 heures, les vacances et un système de retraites. Les Anglo-américains refusent et menacent de cesser leurs activités. La « Mexican Eagle » décide de rapatrier toutes les femmes et les enfants de ses employés étrangers.

Le Président Cardenas ne peut plus reculer. Il se rend compte que derrière ce conflit du travail, il est né un fort sentiment national anti-américain. Ce qui le pousse à l'intransigeance, c'est qu'il sait que le Président Roosevelt ne soutient que faiblement les compagnies. Il désire garder une politique de bon voisinage en Amérique Latine et ne veut pas s'opposer ouvertement au Mexique alors que la menace de guerre mondiale va en grandissant.

La Cour Suprême mexicaine confirme la position de la commission de conciliation. Le 16 mars 1938, Cardenas rencontre une dernière fois les représentants des compagnies sans aucun résultat. Le 18 mars, il décide de prendre le contrôle total de l'industrie pétrolière et signe l'ordre d'expropriation. La nouvelle est aussitôt rendue publique et reçoit un accueil délirant dans la population.

Pour les compagnies, cette mesure crée un précédent très grave, menaçant de se répercuter partout, surtout en Amérique latine. Elles réagissent vigoureusement, organisant l'embargo sur les ventes de pétrole mexicain. Le gouvernement anglais rompt ses relations diplomatiques avec le Mexique. Le président américain se montre plus conciliant, ne veut pas aggraver ses relations avec le Mexique. Déjà l'Allemagne nazie, l'Italie fasciste et le Japon commencent à acheter du pétrole mexicain.

En 1939, à la déclaration de guerre, la sécurité devient le problème primordial pour les Etats-Unis. Le Président Roosevelt ne peut tolérer de voir des techniciens du pétrole nazis s'installer au Mexique, pas plus que de laisser des sous-marins allemands croiser au large. Il doit intégrer le Mexique dans un système de défense de tout le continent américain. De plus, il est parfaitement conscient qu'il aura besoin du pétrole mexicain disponible si près de son pays. Un effort est donc fait pour aboutir à un règlement. Une commission américano-mexicaine est établie pour chiffrer la compensation à offrir aux sociétés, elle propose une indemnité globale de 30 millions de dollars. Devant les réactions violentes des intéressés, l'administration américaine se montre intransigeante et elles finissent par accepter. Expulsées du Mexique, elles se retournent vers le Venezuela.

c) La PEMEX (5)

Le gouvernement mexicain fonde la compagnie : « Petroleos Mexicanos » connue sous le nom de PEMEX, tournée d'abord vers le marché intérieur, pour aider à développer économiquement le pays. Ses débuts sont très difficiles, boycottée par les Etats-Unis et l'Angleterre, ne disposant d'aucun cadre étranger expert en pétrole, tous ceux en place ayant quitté le pays. Mais à partir de 1940, aux élections présidentielles, un virage à droite se dessine avec les présidents Camacho puis Aleman. Tous deux poussent à la reprise en mains de l'industrie pétrolière, au rétablissement de l'autorité de la direction. Aleman n'hésite pas à employer la manière forte et à envoyer la troupe pour briser les tentatives de grèves. L'influence des syndicats décline. La PEMEX noue des relations avec les Etats-Unis, obtient un prêt de 10 millions de dollars pour construire une nouvelle raffinerie et signe des contrats avec des entreprises de forage pour refaire démarrer la prospection pétrolière. La production croît régulièrement jusqu'en 1950, mais reste limitée aux anciens gisements.

Le directeur général de la PEMEX : Bermudez, qui le dirige de 1950 à 1958 est un homme très actif. L'exploration se développe par les structures géopolitiques connues, les raffineries doublent leurs capacités et l'on commence à s'intéresser à l'industrie du gaz naturel. La PEMEX donne alors la priorité au marché intérieur, mais Bermudez ayant besoin de devises pour investir, exporte les surplus malgré l'opposition des partisans de la conservation des ressources nationales. Les successeurs de Bermudez suivent son exemple et lancent la pétrochimie en s'alliant avec la Dupont de Nemours pour construire une usine de polyéthylène. L'industrie pétrochimique constitue en 1975 plus de 10% du chiffre d'affaires de la PEMEX. Pendant cette période, elle crée le « Mexican Petroleum Institute » dans le but de développer les technologies du pétrole. Il devient célèbre dans toute l'Amérique latine.

d) Les grandes découvertes

À partir de 1973, l'exploration du sud du Mexique donne des résultats spectaculaires. Les gisements des Tabasco et Chiapas, connus sous le nom de Reforma multiplient par 10 les réserves totales prouvées du Mexique. Vers 1980, l'exploration off shore démarre dans le golfe de Campeche et donne d'impressionnantes découvertes. Cela transforme la stratégie de la PEMEX qui devient alors un exportateur majeur de brut, de produits raffinés et de matières plastiques. Elle expédie également son gaz naturel vers les Etats-Unis par un gazoduc construit durant cette période.

Mais la PEMEX, compagnie nationale reste soumise au pouvoir politique. Le gouvernement l'empêche d'augmenter les prix domestiques pour des raisons n'ayant rien à voir avec la gestion de l'entreprise. De plus, l'Etat n'hésite pas à faire de larges ponctions dans les revenus très importants de l'entreprise, lorsqu'il est en difficulté. Il limite donc sa capacité à s'étendre à d'autres secteurs d'activité. Cela n'a pas empêché la PEMEX d'opérer sa transformation de compagnie productrice de pétrole brut, en société fabricant des produits finis.

A l'intérieur de l'Etat, elle doit lutter contre les conservatismes voulant limiter la production pétrolière afin de préserver les ressources nationales sans tenir compte des besoins de développement du pays. Il arrive également à la PEMEX d'entrer en conflit aigu avec l'Etat pour des raisons économiques ou sociales. Il se forme ainsi un triumvirat officieux composé du directeur de la PEMEX, des syndicats et du Président du Mexique qui essaye de résoudre les tiraillements internes sans conflit majeur. L'accès direct du directeur au bureau du Président facilite beaucoup la résolution des problèmes et la direction essaye toujours d'aboutir à des accords avec les syndicats. Le Mexique devient ainsi, vers la fin du XXe siècle une puissance majeure dans le monde du pétrole.

3 - Les autres pays d'Amérique latine

a) Le Brésil (6)

Le CNP (Conseil National du Pétrole) fondé en 1938, décide en 1953 la création de la PETROBRAS, compagnie nationale, avec comme objectif de rendre le Brésil autonome en trouvant dans son sous-sol les ressources pétrolières nécessaires. Il semblait impensable aux dirigeants qu'un aussi vaste pays ne puisse pas disposer chez lui des hydrocarbures indispensables à son développement économique.

Les débuts de PETROBRAS sont modestes, subsistant sous protection financière du gouvernement. Elle confie à un géologue américain, Walter Link, l'exploration du sous-sol et l'évaluation des potentialités pétrolières du pays. Celui-ci explore la région de Bahia, l'Amazonie, le bassin de Paraná et conclut que seule la région de Bahia est intéressante. Le rapport est décevant et l'espoir de l'autosuffisance s'éloigne pour le gouvernement. Il a cependant un avantage, il décourage les grandes compagnies à venir prospecter dans le pays. Le Brésil n'est plus soumis à des pressions étrangères.

PETROBRAS atteignant une situation de monopole national, se lance dans des activités de raffinage et de distribution, achète le pétrole brut là où il est le moins cher. Dans les années 1960, elle passe progressivement du pétrole vénézuélien à celui du Moyen-Orient beaucoup plus avantageux, et se constitue une flotte de pétroliers. La prospection géophysique et l'exploration restent très faibles, ce qui donne libre cours à des critiques et railleries. On parle de la Petrobras comme de la « compagnie pétrolière sans pétrole ». Cette réflexion est injustifiée car le champ de Bahia évolue, le forage off-shore se développe au large de Rio de Janeiro, le bassin de Campos est découvert en 1975 sous 200 mètres d'eau. En 1990, les ressources totales du Brésil s'élèvent à 2 milliards de barils, ce qui demeure faible pour un aussi vaste pays.

Petrobras, dans le dernier quart du XXe siècle devient une compagnie en pleine maturité qui se fait connaître à l'échelle nationale et mondiale et poursuit son intégration totale dans deux domaines : la pétrochimie et les bio carburants. Dans ce domaine, elle occupe une position de leader mondial, le Brésil étant jusqu'à nos jours le pays qui a le plus progressé dans le domaine de la fabrication des carburants synthétiques. L'autre domaine ou Petrobras prend une position de pionnier, c'est celui de l'off-shore profond puis très profond, dans l'Atlantique sud, sous près de 2000 mètres d'eau. Elle fera dans ce domaine des découvertes majeures, ouvrant ainsi un nouvel espace inexploré à la recherche pétrolière.

Le Brésil aura sans doute des difficultés à atteindre l'autonomie totale en hydrocarbures. Jusqu'à nos jours, son sous-sol très riche en minerais divers, a été peu généreux en hydrocarbures. Mais le Petrobras a su réagir à ce handicap et conquérir sa place parmi les grandes compagnies pétrolières internationales. (7)

b) Le Pérou

Le Pérou commence à produire du pétrole dès 1913 par l'IPC (International Petroleum Company) qui exploite le champ de La Brea sur la côte Pacifique. Les réserves sont estimées à 600 millions de barils. Elle exporte la totalité pendant la première guerre mondiale, mais le gisement commence à s'épuiser dès 1930 et l'IPC est en situation précaire.

En 1968, à la faveur d'un coup d'Etat militaire, l'IPC est nationalisée et remplacée par la PETROPERU, sous la direction d'un général. Cette compagnie explore le littoral sans succès puis se tourne vers la forêt amazonienne où le voisin, l'Equateur, a connu quelques succès. Mais il est fort difficile de faire l'exploration sismique ou des forages en pleine jungle, et Petroperu qui n'a pas les moyens nécessaires fait appel à Occidental Petroleum, compagnie américaine. Celle-ci commence la prospection dans un milieu hostile, et malgré une géologie déconcertante finit par découvrir un gisement donnant un débit de 120000 barils par jour. Le Petroperu poursuit ses recherches côtières et produit près de 40000 barils par jour. Mais seule une partie sud de la forêt a été explorée.

Des considérations politiques viennent troubler la paisible exploration des gisements découverts. Le gouvernement décide la construction d'un oléoduc trans-andin, car il serait moins cher d'exporter le pétrole brut par cette méthode que par la voie fluviale de l'Amazonie. Mais à ceci s'ajoute un impératif militaire : il s'agit d'occuper la forêt amazonienne face aux convoitises territoriales du Brésil et de l'Equateur. Petroperu se trouve alors dans une situation financière critique. Ce qui complique encore la situation, c'est que le gouvernement bloque le prix de vente de l'essence et du fuel alors que l'inflation atteint 10% par an. Il s'ensuit naturellement des conflits violents entre la compagnie et le gouvernement qui ne veut pas prendre le risque d'augmenter le prix des carburants et finit par annuler toutes les dettes de la Petroperu.

A la fin des années 1970, la compagnie nationale entre en convalescence, a amélioré son niveau technique et produit plus de 200000 barils par jour. Le Pérou redevient un pays exportateur de pétrole, récupère la position qu'il avait pendant la première guerre mondiale. Il y a toujours conflit entre volonté politique et capacité économique et les directeurs de la Compagnie doivent toujours naviguer entre ces deux écueils.

c) La Bolivie

La compagnie nationale YPFB (Yacimientos Petrolifero Fiscales Bolivia) naît en 1936, elle nationalise les compagnies étrangères : la Standard Oil en 1937 et la Gulf en 1969. La production a débuté dès 1925 dans des puits en bordure des Andes avec une réserve de 600 millions de barils.

Entre 1936 et 1964, la YPFB connaît une période de stagnation. Le pays s'oriente vers la production de l'étain, richesse nationale. Ce n'est qu'à partir des années 1960 que la prospérité revient avec le développement de l'industrie pétrolière. La compagnie possède deux raffineries à Cochachamba et Sucre. En 1961, c'est la Gulf qui fait la première découverte majeure, commence à produire, et vend son pétrole à la YFPB pour ses raffineries. En 1963, celle-ci produit 8000 barils par jour, la Gulf 33000. La principale difficulté de cette industrie est la transport des hydrocarbures, le pays n'ayant pas accès à la mer. C'est la raison pour laquelle les deux compagnies s'associent pour construire un gazoduc vers l'Argentine. La situation financière de la compagnie s'améliore avec la flambée des prix du pétrole au Moyen-Orient.

Malheureusement, cette prospérité est de courte durée car le gouvernement fait des ponctions sur les bénéfices de la compagnie nationale et s'obstine à ne pas augmenter les prix des produits consommés localement. L'instabilité politique nuit beaucoup à la gestion de l'entreprise : de 1969 à 1971 cinq présidents se succèdent à la tête de l'Etat.

La YPFB est l'exemple des compagnies nationales des pays pauvres et instables, aux prises avec de nombreuses difficultés :

- Marché intérieur trop petit, n'autorise pas de grands projets
- Pays à géologie complexe où l'exploration est coûteuse
- Nombreuses contraintes financières, prix de vente imposés

Malgré ces contraintes, la YPFB a eu des résultats intéressants, produisant plus de 16 millions de barils par an en 1972. Elle a su faire preuve d'obstination et se rendre indispensable.

e) L'Argentine (8)

En 1907, le ministre de l'Agriculture fore un puits à eau à Comodoro Rivadalvia dans le sud du pays. Il débite du pétrole à faible profondeur. Ce sera la découverte majeure d'Argentine. Mais le ministère de l'Agriculture n'est pas compétent et cède l'affaire à la Commission pétrolière du pays, qui l'exploite pendant la guerre de 1914-1918. Les compagnies étrangères ne sont pas admises.

En 1932, le gouvernement crée la YPF (Yacimientos Petrolifero Fiscales-Argentina), entreprise publique autonome. Au début, elle est paralysée, ne peut acheter des équipements à l'étranger par manque de devises, mais malgré les obstacles, elle double sa production depuis sa création jusqu'en 1940 puis commence à raffiner.

En 1945, Peron arrive au pouvoir, licencie 70% du personnel pour manque de loyauté au régime. La couleur politique remplace la compétence technique. La production stagne, Peron est focalisé sur la distribution égalitaire de la pénurie plutôt que sur l'expansion économique. Les compagnies étrangères appelées au secours refusent de coopérer.

Après la chute de Peron, le Président Frondizi en 1958 fait appel à Esso, Shell, Amoco. Le résultat est satisfaisant et au bout de trois ans l'Argentine se suffit à elle-même. Mais en 1962, Frondizi est chassé par les militaires, et toutes les compagnies étrangères sont expulsées. C'est après 1966 que triomphe le libéralisme économique et la YPF essaye sans succès de signer des contrats de coopération avec des compagnies étrangères qui se méfient de l'instabilité politique du pays. L'Argentine est alors au bord de la guerre civile avec hyperinflation et banqueroute. Il faut attendre 1976 pour que la situation se stabilise.

Le cas de la YPF montre clairement que les limites de l'action d'une compagnie ne sont pas dues principalement à la géologie et à la géographie du pays. Celles-ci, dès 1907, ont permis de faire une découverte majeure à Comadoro Rivadalvia. La principale difficulté reste le problème politique des priorités gouvernementales et le manque de cohérence dus à l'instabilité chronique. Les gouvernements sont beaucoup plus préoccupés par la possession des gisements que par leur exploitation rationnelle. Personne ne se soucie de l'efficacité de la compagnie nationale qui pourtant, en 1986, possède dans le sud du pays près de 2 milliards de barils de réserves.

CHAPITRE IX

LA DEUXIÈME GUERRE MONDIALE

1 - Les carburants synthétiques

L'Allemagne, pays riche en charbon, est très pauvre en hydrocarbures liquides fossiles, ce qui préoccupe tous ses gouvernements au début du XXe siècle. Aussi, émerge l'idée de fabriquer des carburants pour les moteurs à partir du charbon. Les premiers travaux datent de 1913, le chimiste Bergius invente le procédé dit d'hydrogénation, c'est-à-dire de faire agir de l'hydrogène placé sous haute pression et température sur du charbon. On obtient ainsi un carburant liquide.

En 1920, le procédé Fisher-Tropsch est mis au point. Les molécules de charbon sont brisées par un jet de vapeur et d'hydrogène. Une usine pilote est construite en Allemagne par I.G. Farben en partenariat avec la Standard Oil (New Jersey). Les deux compagnies signent un accord d'association en pétrochimie. Une usine pilote est construite en Louisiane, utilise le même procédé, mais elle s'avère de bien peu d'intérêt car le pétrole américain est surabondant et bien meilleur marché.

En 1931, Bergius, le pionnier de cette industrie reçoit le prix Nobel de chimie. L'usine de l'I.G. Farben arrive à produire 2000 barils par jour d'essence pour moteur à explosion, mais à un prix dix fois plus élevé que celle issue des raffineries de Hambourg. Il est donc clair que ce procédé n'est utilisable que sous contrôle de l'Etat, dans un pays pratiquant l'autarcie ou en état de guerre.

En 1932, deux cadres de l'I.G. Farben ont une entrevue avec Hitler à Munich pour lui exposer le programme de recherches de leur firme en matière de carburants, synthétiques. La rencontre est fructueuse, car Hitler, enthousiasmé, leur donne son plein appui pour la poursuite de leur projet. Arrivé au pouvoir en 1933, il lance une campagne d'expansion automobile avec la Volkswagen puis commence la construction d'autoroutes. Il a donc de plus en plus recours aux carburants synthétiques d'abord pour faire face aux besoins civils mais surtout pour ses divisions blindées et son aviation de combat.

2 - La préparation à la guerre (1)

Hitler ne veut absolument pas dépendre des ressources étrangères. Il pense à l'exemple de l'Italie de Mussolini partie en 1936 à la conquête de l'Ethiopie, qui pratique l'autarcie sur une grande échelle. Si des sanctions sévères lui avaient été appliquées, elle n'aurait pas pu achever sa conquête. Dès 1936, il se prépare à la guerre et lance un plan de quatre ans pour assurer complètement son indépendance énergétique par rapport à l'étranger. En septembre 1939, l'Allemagne dispose de 14 usines d'hydrogénation du charbon et 6 sont en construction. La production de carburants synthétique dépasse les 72000 barils par jour et cela couvre près de 95% des besoins de l'aviation de combat. Hitler est alors fin prêt pour la guerre.

L'Etat-major allemand a adopté la stratégie de la « Blitzkrieg » c'est-à-dire de la « guerre éclair » très efficace en 1939 contre la Pologne puis en 1940 en Europe occidentale. Il trouvera d'ailleurs dans ces pays de grandes quantités d'essence stockées venant s'ajouter à la production locale. Hitler a ainsi pris l'habitude d'obtenir des victoires ne coûtant pas cher et qui rapportent beaucoup, il peut donc résolument se tourner vers l'est.

Pendant toute la durée des hostilités et malgré les bombardements alliés, la production d'essence synthétique ira en croissant. De 47000 barils par jour en 1940, elle atteindra 89000 en 1941, 124000 en 1943 et 131000 en 1944. Ce n'est qu'en 1945, avec l'avancée des troupes alliées en Europe qu'elle tombera à 5000. (2)

3 - La guerre en Russie

Hitler, malgré la résistance anglaise, décide d'attaquer l'URSS. Ses motivations sont multiples : haine des Bolcheviks, mépris des Slaves, désir de domination et volonté de s'emparer des gisements de pétrole. La prise de Bakou est indispensable pour pouvoir compléter ses campagnes de Russie. De plus, il a besoin du pétrole du Caucase et du blé de l'Ukraine pour accomplir ses rêves de domination mondiale. Il doit donc annexer ces régions à l'Allemagne.

Pour Albert Speer, son ministre de l'Armement « le besoin de pétrole a été un mobile primordial dans la décision d'Hitler d'envahir l'URSS ». De plus, craignant que les Russes, profitant des hostilités, ne s'emparent dès 1940 du pétrole roumain de la région de Ploesti, il désire éviter de se mettre en mauvaise posture pour la poursuite de la guerre.

Dès décembre 1940, il prépare son plan « Barberousse » contre l'URSS. Il prévoit une guerre éclair durant 8 à 10 semaines et la déclenche le 22 juin 1941. Il prend les Russes par surprise, avance rapidement devant des forces désorganisées. Mais ses lignes de communication s'allongent, les routes sont mauvaises, la consommation de carburant augmente. En août 1941, alors que l'Etat-major veut lancer toutes ses forces sur Moscou, Hitler préfère s'emparer au sud du bassin industriel du Donetz et couper à l'armée russe la route du Caucase. Il perd ainsi un temps précieux. Lorsque l'armée allemande atteint les faubourgs de Moscou à 30km du centre, elle s'enlise dans la boue et la neige. Il est trop tard, le 5 décembre 1941, le général Joukov lance la première contre-attaque. Le Caucase est hors de portée pour Hitler qui a sous-estimé les capacités de résistance des Russes.

Au printemps 1942, Hitler prépare une deuxième offensive vers le Caucase pour couper aux Russes la route du pétrole. En juillet 1942, l'armée allemande occupe Rostov et Maikop qui est le premier centre pétrolier. Mais les Russes ont soigneusement détruit toutes les installations pétrolières rendant très difficile leur remise en marche. En six mois de présence et de remise en état forcenée, les spécialistes allemands ne purent extraire plus de 70 barils par jour de ce grand gisement. La machine de guerre allemande demeure bloquée avec une extension démesurée de ses lignes de ravitaillement.

La ville de Stalingrad qui ne représentait qu'un objectif secondaire dans cette lutte titanesque devient un symbole. L'armée allemande paralysée par manque de ravitaillement est sur la défensive, elle est encerclée et capitule en février 1943. La grande offensive russe repart en 1943, puis en 1944.

4 - La guerre du désert

En Afrique du Nord, l'armée italienne ayant subi de nombreux revers, Hitler envoie à la rescousse le Général Rommel, spécialiste en blindés, qui s'était distingué en 1940 pendant l'offensive allemande. Il commande l'« Afrikakorps », composée de régiments mécanisés qui combattent selon la tactique de « totale mobilité » donc qui consomme beaucoup d'essence, Rommel est partisan d'une guerre de mouvement et d'audace. Le champ de bataille est sur un long ruban de 1600 kilomètres s'étirant le long de la côte méditerranéenne mais avec seulement 100 kilomètres de large avant le désert.

Au début, bien approvisionné, il remporte de grandes victoires contre les Anglais. Mais cette guerre de mouvement fait de l'essence le problème majeur. Rommel sur sa lancée franchit la frontière séparant la Libye de l'Egypte et s'arrête en juin 1942 à El Alamein à moins de 100 kilomètres d'Alexandrie. Son objectif lointain est de poursuivre l'offensive, traverser la Palestine, l'Irak, l'Iran et faire la jonction au Caucase avec l'armée allemande.

Mais ce plan ambitieux se heurte aux réalités du terrain. Les Russes tiennent bien le Caucase, et les Anglais à partir de Malte attaquent les convois de ravitaillement italiens essayant de parvenir en Libye. Les camions-citernes partant de Tripoli doivent parcourir à l'aller et au retour d'énormes distances et il leur reste peu d'essence pour ravitailler les blindés. Rommel, avec le ravitaillement dont il dispose donne quand même l'ordre d'attaquer en septembre 1942. Mais son offensive qui dure une semaine s'étouffe par le manque de carburant. Quatre bateaux-citernes italiens remplis d'essence sont coulés à Tobrouk par l'aviation anglaise.

Le général anglais Montgomery, austère, ascétique et stratège militaire méthodique prépare alors sa contre-offensive. Il n'a aucun problème de ravitaillement, se trouvant à 50 kilomètres de ses bases. Il attaque en octobre 1942, Rommel est obligé de battre en retraite, poursuivi par les Anglais. Les forces alliées envahissent l'Afrique du Nord, et ce qui reste de l'Afrikakorps pris en tenaille entre l'est et l'ouest finit par capituler en mai 1943.

Cette campagne d'Afrique du Nord souligne parfaitement l'importance capitale du pétrole comme arme de guerre, dont l'absence entraîne la paralysie totale de l'armée la mieux équipée et la mieux entraînée. Il faut noter que face à l'armée de Rommel, les Anglais disposaient de tout le pétrole du Moyen-Orient et de bases de ravitaillement toutes proches dans la vallée du Nil.

5 - La course au pétrole du Moyen-Orient (3)

Pendant les années 1940 et 1941, les forces britanniques se trouvent en situation précaire au Moyen-Orient. Elles sont menacées à l'ouest par les Allemands en Libye, au sud par les Italiens en Erythrée qui bombardent Bahrein, à l'est par la présence allemande en Iran avec le Shah admirateur d'Hitler. La Syrie et le Liban sont sous contrôle du gouvernement de Vichy qui collabore avec l'ennemi. Les élites arabes de ces pays suivent l'évolution du rapport des forces entre Anglais et Allemands. Cette guerre n'est pas la leur, elle peut être l'occasion de les libérer de la domination britannique avec l'appui des Allemands. Des contacts sont alors pris par des officiers égyptiens avec l'armée de Rommel. En Iran et Irak arrivent des émissaires allemands. En Palestine le Mufti de Jérusalem contacte lui aussi l'ennemi.

En mai 1941, en Irak, un groupe d'officiers pronazi fomente un coup d'Etat, démet le premier ministre Nouri Saïd et le remplace par Rachid Ali. Celui-ci se proclame chef de l'Etat et attend l'arrivée de l'émissaire d'Hitler : Le docteur

Grobba. L'armée irakienne s'empare de la raffinerie de Bassorah et emprisonne tous les Anglais qui y travaillent.

Mais les Allemands tardent à venir, ils ont subi de lourdes pertes en Crète. Ils finissent quand même par arriver après escale à Damas, mais en petit nombre. Pendant ce temps, les Anglais expédient en renfort des régiments de l'armée des Indes. Finalement quand le docteur Grobba débarque à Bagdad accueilli par Rachid Ali, le 14 mai 1941, il constate que celui-ci est loin de contrôler le pays et repart de suite pour la Turquie. L'armée des Indes débarque, reprend rapidement l'avantage sur les Irakiens et Rachid Ali est contraint de s'enfuir en Iran.

En juin 1949, Hitler lance son attaque contre l'URSS. Dès le début, les Anglais se déclarent les alliés des Russes et doivent leur envoyer des équipements. La seule route possible, hors de portée de l'ennemi, est celle du Golfe Persique et de l'Iran. Mais ce pays a proclamé sa neutralité et le Shah mise sur une victoire allemande. Plus de 3000 experts pétroliers de ce pays, encadrés par des nazis sont présents avec l'accord des autorités. Le 26 août 1941, une offensive simultanée anglo russe est lancée. Les Anglais débarquent à Abadan, les Russes envahissent l'Azerbaïdjan iranien. La raffinerie d'Abadan est rapidement investie, ne subit aucun dégât. Tous les Allemands présents sont arrêtés ou passent à la clandestinité. Le Shah est obligé d'abdiquer et cède le trône d'Iran à son fils Mohamed Resa Pahlavi.

Pendant ce temps, les Anglais partant de la Palestine, envahissent la Syrie et le Liban, signant un armistice avec les forces françaises du gouvernement de Vichy. La branche Nord de l'oléoduc partant d'Irak et aboutissant au Liban à Tripoli peut fonctionner, ainsi que la branche Sud aboutissant à Haïfa. La raffinerie de cette ville peut alimenter en essence les troupes anglaises combattant en Egypte. En octobre 1948, après la victoire d'El Alamein en Egypte, le pétrole du Moyen-Orient pourra couler librement et servir la cause alliée jusqu'à la fin des hostilités.

6 - Le Japon acculé à la guerre

a) La montée des périls (4)

Dès 1920, le Japon mène une politique agressive en Extrême-Orient, car il manque de matières premières et surtout de pétrole. C'est un problème crucial car 80% de ses hydrocarbures viennent des Etats-Unis et 10% d'Indonésie. Le marché intérieur japonais est détenu par la Shell et la Standard Oil.

Les militaires, dominent la vie politique, ils contrôlent le Mandchourie et la Corée, faisant d'elles des colonies soumises et exploitées. En 1937, ils déclarent la guerre à la Chine puis se lançant dans un programme de sept ans de fabrication d'essence synthétique, comme l'Allemagne d'Hitler. L'opinion publique américaine est totalement acquise à la Chine, elle s'indigne des atrocités pratiquées par les troupes japonaises pendant leur conquête. Mais le président Roosevelt prêche la modération, pour lui le principal danger réside en Europe avec l'Allemagne nazie.

Le Japon vit dans la contradiction : il dépend totalement des Etats-Unis pour le pétrole et ne peut s'en libérer qu'en leur faisant la guerre. Les hostilités contre la Chine accroissent sa dépendance, le rationnement de l'essence est établi, les bateaux de pêche japonais se convertissent en voiliers. L'opinion publique américaine est de plus en plus anti japonaise.

En 1940, après le déferlement allemand en Europe de l'Ouest, les Indes néerlandaises sont devenues vulnérables. Le Japon demande de plus en plus de pétrole indonésien, il exige et obtient une ingérence militaire en Indochine française et menace l'Angleterre qui ravitaille la Chine par la route passant par la Birmanie. Le président Roosevelt maintient sa politique : l'Europe d'abord, pas de confrontation majeure en Extrême-Orient alors qu'il est en train de réorganiser sa marine du Pacifique. Il prend quand même une décision importante : la flotte du Pacifique est transférée à Pearl Harbour. Le Japon considère ceci comme une menace directe sur sa route maritime vers l'Indonésie et les sources de pétrole. En juillet 1940, le prince Konoye Premier ministre prend le général Tojo comme ministre de la guerre et signe un pacte tripartite avec Hitler et Mussolini.

En juillet 1941, le Japon envahit militairement l'Indochine française. Le gouvernement américain réplique en gelant tous les avoir japonais en Amérique et cesse d'approvisionner ce pays en pétrole. Les Etats-Unis pris entre les troupes allemandes en guerre à l'est et les armées japonaises attaquant au sud-ouest du Pacifique, se considèrent dans la position d'un îlot démocratique isolé à l'échelle mondiale.

L'amiral japonais Yamamoto, commandant en chef de la marine, ancien étudiant à Harvard prépare un plan audacieux : par une attaque surprise à Pearl Harbor, il veut détruire la flotte américaine du Pacifique, obtenir alors un libre accès au pétrole indonésien et décide ainsi du sort de la guerre dès le premier jour. Connaissant fort bien la capacité industrielle américaine, il préconise une guerre ultra rapide obligeant l'ennemi à demander un armistice. Il sait que son pays a accumulé des réserves de pétrole pour deux ans, pendant ce temps il doit briser l'encerclement. L'hiver approche et l'opération doit être préparée dans le plus grand secret. Les derniers pourparlers au « bord du gouffre » entre les adversaires n'aboutissent pas et l'armada japonaise reçoit l'ordre d'appareiller.

b) La guerre du Pacifique

Le 7 décembre 1941, les porte-avions japonais attaquent. C'est la surprise totale chez les Américains. Ils s'attendent à une attaque dans le sud-est asiatique et non à cet endroit. Les résultats sont spectaculaires : 8 cuirassés coulés ou gravement endommagés, 3 croiseurs, 3 destroyers, 3 navires et des centaines d'avions détruits. Après examen des résultats des deux premières vagues d'avions, l'amiral décide de ne plus lancer la troisième attaque. C'est une erreur fatale. Comme l'affirme Daniel Yergin dans son ouvrage « Les hommes du pétrole » :

« *Une attaque sur les stocks de pétrole ne figurait pas dans les plans japonais. C'était une erreur stratégique aux conséquences monumentales. Chaque baril de pétrole à Hawaï avait été transporté du continent américain. Si les avions japonais avaient anéanti les réserves de carburant de la flotte du Pacifique, ils auraient immobilisés tous les navires de la flotte américaine du Pacifique et pas seulement ceux qu'ils avaient détruits. De nouveau, approvisionnement en mazout et essence n'auraient été disponibles qu'en Californie à des milliers de kilomètres.*

L'amiral Chester Nimitz, commandant en chef de la flotte du Pacifique déclara : « Nous avions en réserve 4.5 millions de barils et tout cela accessible par des balles de calibre 50. Si les Japonais avaient détruit nos carburants, cela aurait prolongé la guerre d'encore deux ans » ». (5)

De plus, cette attaque surprise, loin de porter un coup fatal au moral des Américains, provoque chez eux un sursaut d'énergie, un intense désir de vengeance et d'en finir avec tous les régimes autocratiques. Certains historiens se demandant si Roosevelt n'a pas acculé les Japonais à la guerre pour sortir son pays de l'isolationnisme et le lancer dans la guerre mondiale contre les dictatures.

Les Japonais sont grisés par leurs victoires, ils prennent Hong Kong, Manille, Singapour, toutes les Indes néerlandaises et les Philippines. Mais Yamamoto n'est pas dupe, la guerre sera longue. La deuxième confrontation entre porte-avions à Midway est une grave défaite japonaise. Les Américains commencent la reconquête une à une des îles du Pacifique. Pendant ce temps, les Japonais remettent en état les champs pétroliers de Bornéo et Indonésie, arrivent à reprendre la production afin d'expédier le pétrole vers le Japon.

Ils constatent alors que c'est là que réside leur talon d'Achille, les sous-marins américains sont une arme redoutable. Ils arrivent à couler près de 86% de la flotte commerciale japonaise. Les réserves du japon s'épuisent, les Américains peuvent ainsi sauter d'île en île sans être inquiétés par les navires japonais à court de carburant. Les avions de combat japonais, alimentés par de l'essence de mauvaise qualité sont inadaptés et 40% d'entre eux ne reviennent pas d'une opération. La flotte de guerre se convertit au charbon et perd de sa maniabilité. La bataille du Golfe de Leyte se solde par un désastre pour le Japon avec la perte de 3 cuirassés, 4 porte-avions. Par désespoir les Japonais lancent des kamikazes contre la flotte américaine.

C'est l'halali en 1945 avec la prise d'Okinawa et l'entrée en guerre de l'URSS contre le Japon. Les irréductibles préparent la résistance sur le sol sacré de la patrie. Les Américains répondent par la bombe atomique et l'Empereur ordonne la capitulation.

7 - La guerre de l'Atlantique

a) Les préparatifs

Dès 1937, le gouvernement britannique définit sa politique pétrolière en cas de conflit européen. Il renonce à suivre l'exemple allemand de production de carburant synthétique, avec la construction d'usines risquant d'être bombardées et fait confiance à la Royal Navy pour assurer la sécurité de ses importations de carburant. Par contre, l'industrie pétrolière du Royaume uni, dès le début des hostilités, est mise sous contrôle gouvernemental. Il s'agit des installations de la Shell, de l'Anglo Iranian Oil C° et de la filiale anglaise de la Standard Oil (New Jersey). Toutes ces entreprises concentrent leurs directions au sein du « Petroleum Department ». On oublie rapidement Deterding, mort au début de 1939 en Allemagne et qui a eu là-bas des funérailles grandioses.

Lors de l'offensive allemande de 1940, les nazis s'emparent de tous les stocks pétroliers disponibles, ce qui leur donne une marge de manœuvre considérable. L'Angleterre, en mauvaise posture, sous les bombardements incessants en appelle aux Etats-Unis pour maintenir ses approvisionnements de carburants pour l'aviation et la marine. Le Président Roosevelt a proclamé les Etats-Unis « l'arsenal des démocraties ». Son pays dispose d'une capacité d'une capacité de production excédentaire d'un million de barils par jour. Elle sera utilisée pour ravitailler l'Angleterre à l'aide de 50 pétroliers qu'il mobilise. Roosevelt nomme un secrétaire d'Etat à l'intérieur : Harold Ickes : « Petroleum Administrator for War ». Il sera plus connu sous le nom de « Tsar du pétrole ». Il a pleins pouvoirs pour coordonner la production, le raffinage et l'expédition.

b) La bataille des sous-marins

Hitler décide d'affamer la Grande-Bretagne. Il a préparé, sous la conduite de l'amiral Doenitz, une flotte importante de sous-marins, désignés sous le nom de U-Boats, qui coulent un grand nombre de pétroliers. Ils sont en position favorable partant de bases navales installées à Brest ou à Saint-Nazaire. Les résultats de cette offensive sont inquiétants : l'aviation anglaise, fin 1940, ne dispose que de 5 semaines de réserve, la marine de 2 mois de mazout.

La réplique des alliés se concentre sur la constitution de convois protégés par des navires chasseurs de sous-marins équipés de sonars ou de détecteurs magnétiques. Des bases de départ rapprochées sont établies à Terre-Neuve ou aux Bermudes, et des itinéraires plus sûrs faisant de longs détours sont adoptés. Les pertes en mer sont encore importantes, mais le pétrole arrive à destination.

La situation évolue avec l'entrée en guerre des Etats-Unis aux côtés de l'Angleterre en décembre 1941. Les U-Boats allemands croisent alors au large de l'est des Etats-Unis. Les villes illuminées la nuit servent d'excellents points de repère. Le trafic côtier américain, partant du Texas pour rejoindre New York est menacé. La réponse américaine est immédiate, Harold Ickes lance la construction d'un oléoduc partant du Texas pour aboutir à New York, terminé en 18 mois et qui assure la sécurité du trafic domestique de carburants.

La marine allemande perfectionne ses sous-marins, augmente leur rayon d'action, organise un ravitaillement en pleine mer. Les résultats sont immédiats, en mars 1943, plus de 100 navires pétroliers ou autres sont coulés. Les alliés renforcent alors la protection des convois, créant des groupes d'attaque de sous-marins. Ils arrivent en mai 1943 à détruire près de 30% des U-Boats ennemis. La batille de l'Atlantique est ainsi gagnée.

c) L'économie de guerre américaine

Bien que les Etats-Unis disposent alors de réserves pétrolières considérables, le gouvernement ordonne l'augmentation de la production qui passe en un an de 3 millions à 4 millions de barils par jour, car les besoins des militaires sont immenses. Un rationnement de l'essence s'installe pour toute la population, auquel s'ajoute une limitation de la vitesse des véhicules privés, le but est de diminuer le plus possible la consommation intérieure. Les restrictions arrivent au bon moment, car avec l'invasion japonaise de la Malaisie, les ressources en caoutchouc pour la fabrication des pneus sont réduites. Les restrictions imposées à la circulation automobile diminuent donc la demande civile en pneus, et ceux-ci sont alors affectés aux besoins de l'armée.

Lors du débarquement américain en Afrique du Nord, l'armée utilise alors des oléoducs portatifs de petit diamètre pour pouvoir amener l'essence jusqu'au bout. Elle se sert également de Jerrycans : bidons d'essence à bec verseur de 20 litres, fabriqués en grandes quantités et servant au transport de l'eau dans le désert.

d) La bataille de Normandie

Le 6 juin 1944, les troupes alliées débarquent en Normandie puis en juillet, la IIIe armée dirigée par le général américain Patton, enfonce les lignes ennemies et commence son offensive vers l'Allemagne. Patton est extraordinaire sur le terrain, plein de dynamisme, il galvanise ses troupes et les pousse en avant. En moins d'un mois, il arrive sur la Meuse mais est obligé de s'arrêter net : il n'a plus d'essence. Celle-ci se trouve à l'arrière mais les moyens manquent pour l'amener sur le front. Patton est fou de rage !

Le général en chef des forces alliées, Eisenhower, hésite entre deux stratégies, soit ravitailler en priorité la IIIe armée de Patton et la laisser s'enfoncer au cœur de l'Allemagne en désorganisant les arrières de l'ennemi et l'obligeant en 10 ou 20 jours à cesser le combat, soit donner la préférence à la I^{e} armée ainsi qu'aux Anglais, en continuant l'avance régulière et sûre. Eisenhower opte pour un compromis entre les deux tendances.

En septembre 1944, le général anglais Montgomery prend Anvers, mais la résistance allemande s'organise et Patton arrive sur la Moselle et doit s'arrêter. Au lieu de la reddition des forces armées allemandes obtenues grâce au plan audacieux de bouillant général, il s'ensuit neuf mois de guerre avec plus d'un million de morts. Les Allemands lancent une contre-offensive dans les Ardennes qui sera arrêtée in extremis et l'armée russe a le temps d'arriver à Berlin. Patton déçu et mer reprendra l'offensive, arrivera en Tchécoslovaquie, puis sera tué lors d'un accident de circulation en décembre 1945 en Allemagne occupée.

Les Alliés, pour des raisons d'intendance ont-ils laissé passer une occasion ? On en débat encore actuellement. Passer le Rhin et pénétrer au cœur du pays alors que l'ennemi n'a pas encore épuisé toutes ses réserves, est une entreprise follement téméraire et risquant de se terminer par une catastrophe de grande ampleur. Pour d'autres historiens, une victoire rapide en fin 1944 aurait modifié complètement les rapports de forces entre alliés avec d'importantes répercussions dans l'après-guerre.

e) L'économie de guerre allemande

Après les défaites allemande en Russie et en Afrique du Nord, suivie de l'occupation de la Roumanie par les Russes, Hitler est coupé de toutes les ressources possibles en pétrole. C'est son ministre Albert Speer qui mobilise l'industrie pour la production de chars d'assaut, d'avions et d'essence synthétique. Tous les bombardements alliés n'arriveront pas à stopper cette machine de guerre. En 1944, plus de 50% de l'essence utilisée par l'armée est d'origine synthétique. Speer utilise une main-d'œuvre de travailleurs transférés des pays occupés ou de déportés réduits à l'esclavage.

Le 12 mai 1944, 900 bombardiers anglais attaquent les usines à carburant. Les désastres sont quand même limités, il reste des stocks, mais l'essence de qualité médiocre empêche l'utilisation des avions à réaction devant révolutionner la guerre aérienne. C'est également faute d'essence arrivant au moment voulu que l'offensive de la dernière chance dans les Ardennes a dû être arrêtée, faute de carburant. A la fin de la guerre, lors de l'armistice, on pouvait voir en Allemagne des camions militaires tirés par des bœufs.

CHAPITRE X

LE FABULEUX TRESOR DU MOYEN-ORIENT

1 - L'Arabie Saoudite

a) Le nouveau centre de gravité

Pendant les années de guerre Harold Ickes qui dirige la PAW (Petroleum Administration for War) envoie en mission son adjoint : Everett Lee De Golyer en Arabie Saoudite avec pour objectif d'évaluer le potentiel pétrolier de ce pays. C'est un géologue expérimenté qui a favorisé l'introduction de la géophysique dans la prospection pétrolière, fondateur de l'AMERADA puis de la TEXAS INSTRUMENTS C°, deux sociétés de conception et d'utilisation d'appareils de mesure. Dès 1940, il commence à comprendre le rôle que doit jouer le Moyen-Orient dans l'industrie pétrolière mondiale. Arrivé sur place, il estime que l'énorme richesse de cette région dépasse les prévisions les plus optimistes. Il déclare que le centre de gravité de la production mondiale du pétrole se déplace du golfe du Mexique au golfe Persique et évalue la richesse totale de la région à 25 milliards de barils dont 5 milliards à l'Arabie Saoudite. Mais comme il le constatera plus tard, cette estimation est très en-dessous de la réalité.

Les Etats-Unis sont alors peu impliqués dans la région. Pour le Président Roosevelt en 1936, l'Arabie Saoudite est un pays lointain. Son attitude va évoluer rapidement lorsqu'il remarquera que l'intérêt d'Hitler pour cette région n'est pas fortuit. Mais c'est après l'attaque japonaise sur Pearl Harbor qu'il modifie totalement sa position. Pendant toute la durée de la guerre, seuls les Etats-Unis alimentent en carburant les forces alliées, et la pénurie risquant d'apparaître, il faut rationner la population civile, la contraindre à laisser au garage l'automobile acquise récemment. Il devient clair que ce pays, premier exportateur mondial va devenir après-guerre un importateur.

La stratégie pour l'après-guerre est rapidement établie : contrôler le maximum de réserves outremer, les utiliser et garder les gisements du pays sous terre, comme stocks de sécurité en cas de futurs conflits. Cette politique est adoptée malgré les protestations des producteurs indépendants du Texas, obligés de restreindre leur production et leurs revenus. On comprend alors le renouveau d'intérêts du Président Roosevelt pour tout le Moyen-Orient et en particulier pour le désert aride d'Arabie Saoudite.

b) Les lendemains de Yalta

Aussitôt après la conférence de Yalta entre Roosevelt Churchill et Staline qui établit les grandes lignes du partage du monde d'après guerre, le président américain, très affaibli, s'arrête sur son chemin de retour pour rencontrer Abdel Aziz Ibn Saoud, le roi d'Arabie à laquelle il a donné son nom. Il l'invite sur son croiseur américain. Le roi arrive accompagné d'une suite de 48 personnes, d'un troupeau de 100 moutons et dresse sur le pont du bateau sa tente, au sol couvert de tapis. La discussion entre les deux hommes dure près de cinq heures. Ils finissent par s'apprécier malgré l'énorme fossé culturel les séparant. Ibn Saoud désire accroître la présence américaine dans son pays pour contrebalancer celle des Anglais. Ils échangent leurs points de vue sur la politique pétrolière du Moyen-Orient dès la fin des hostilités. Par sympathie pour ce roi, borgne et boiteux, Roosevelt lui offre son deuxième fauteuil roulant.

Churchill, exclu des pourparlers, s'inquiète, il sent venir des rivalités futures entre influences anglaises et américaines au Moyen-Orient. Trois jours plus tard, il rencontre à son tour Ibn Saoud au Caire pour bien marquer la présence de la Grande-Bretagne au Moyen-Orient. Le 12 avril 1945, Roosevelt décède, c'est le vice-président Truman qui le remplace, bien résolu à poursuivre la même politique pétrolière. A la fin du conflit, Harold Ickes démissionne, remplacé par James Forrestal qui n'arrive pas à aboutir à un accord anglo-américain sur la répartition des zones d'influence au Moyen-Orient. Il donne aux compagnies pétrolières la liberté d'agir selon leurs intérêts et doit vaincre les résistances locales, surtout de la part du Texas qui craint pour son économie basée en grande partie sur le pétrole.

Truman cherche avant tout à rassurer le roi d'Arabie Saoudite. Il lui écrit en 1950 :

« *Je tiens à renouveler à Votre Majesté les assurances qui lui ont été faites à plusieurs reprises dans le passé. Les Etats-Unis s'intéressent à l'indépendance et à l'intégrité territoriale de l'Arabie Saoudite. Aucune menace envers votre royaume ne pourrait survenir qui ne provoquerait l'inquiétude immédiate des Etats-Unis.* » (1)

c) La politique arabe des Etats-Unis

Les intérêts pétroliers américains sont représentés en 1945 par le CASOC (California Arabian Standard Oil Company) partagée entre la SOCAL et la TEXACO. Harold Ickes avant son départ obtient du Président l'extension de l'assistance « Prêt et Bail » à l'Arabie Saoudite. Mais devant les fortes résistances des producteurs indépendants, le gouvernement américain renonce à suivre l'exemple anglais et prendre une participation à 51% dans le capital de la CASOC. Par contre, dans les discussions avec les Anglais, le Président fait connaître nettement sa décision irrévocable :

« *Petrole Persan a la Grande-Bretagne, celui de l'Irak et du Koweït en partage, celui de l'Arabie Saoudite aux Etats-Unis.* »

En Amérique, dès la fin de la guerre, le rationnement de l'essence est supprimé. C'est aussitôt pourtant la ruée vers les stations-service et la reprise des promenades dominicales. Les Etats-Unis ne sont plus les fournisseurs de pétrole du monde entier et doivent compter sur l'Arabie Saoudite pour compléter une partie de leurs approvisionnements. Le Roi Ibn Saoud se fait de plus en plus exigeant. Il lui faut beaucoup d'argent pour satisfaire les besoins de son immense famille comprenant 40 fils, très dépensiers. L'ensemble SOCAL+TEXACO se considère assez faible pour pouvoir satisfaire toutes ces exigences, de plus il n'a pas de réseau commercial assez étendu pour distribuer l'énorme flot de pétrole qui commence à sortir de sous terre. Il fait appel à deux autres compagnies : EXXON (anciennement Standard Oil of New Jersey) et MOBIL (anciennement Standard Oil of New York). EXXON a un très bon réseau de vente en Europe. Les deux compagnies acceptent de suite. Mais elles se heurtent à Calouste Gulbenkian, car elles font partie de l'Irak Petroleum C° et d'après l'accord dit de la « Ligne Rouge » signé en 1928, elles ne peuvent indépendamment opérer en Arabie Saoudite. Cet accord stipule que nul ne peut se lancer dans de nouvelles entreprises à l'intérieur des anciennes frontières de l'Empire Ottoman sans l'accord de toutes les parties, donc de Gulbenkian qui l'a signé. Les deux compagnies candidates dénouent la crise, car elles considèrent celui-ci hors-jeu car il a collaboré pendant la guerre avec le gouvernement de Vichy. Elles décrètent que l'accord de la « Ligne Ruge » est caduc et le remplacent par la politique de la « Porte Ouverte » donc de la liberté totale d'entreprendre.

Il est difficile de protester, de faire obstacle, alors que la guerre froide s'installe dans le monde. Les Anglais, eux aussi réticents, s'inclinent devant la détermination américaine et une nouvelle société est fondée, dont le nom deviendra célèbre : l'ARAMCO (Arabian American Oil Company) consortium de quatre sociétés : EXXON, MOBIL, SOCAL, TEXACO. Toutes les quatre sont américaines et les trois premières sont d'anciennes sociétés du groupe Rockefeller. Les Etats-Unis entrent en force au Moyen-Orient.

d) La reconstruction

Dans l'Europe d'après-guerre, le Plan Marshall est lancé, pour lui permettre de se relever des ruines et d'adhérer solidement au camp des démocrates. Le pétrole, vendu à un prix très raisonnable, doit donc faciliter la reconstruction des pays. L'Europe passe ainsi progressivement de la civilisation du charbon à celle du pétrole et en 1961 près de 90% des hydrocarbures consommés sont originaires du Moyen-Orient.

Avec le début de la guerre froide, le Moyen-Orient devient aussi vital pour l'Europe que pour les Etats-Unis et l'Arabie Saoudite occupe la place principale dans cette région. Pour satisfaire les demandes locales et pour bien s'implanter, l'ARAMCO construit une ligne de chemin de fer allant de Riyad la capitale à Damman le port sur le golfe Persique. Elle ouvre des écoles, des hôpitaux, trace des routes. Sa grande réalisation sera l'oléoduc de 1500 kilomètres reliant les gisements pétroliers à la Méditerranée, c'est la TAPLINE (Transarabian Pipe Line). Commencé en 1949, il est achevé en septembre 1950 et aboutit au port de Sidon au Liban. Le pétrole d'Arabie Saoudite arrive librement en Europe.

e) L'or noir du désert

Le monde occidental commence alors à entrevoir les immenses richesses de ce pays désertique, délaissé pendant des siècles. Les réserves de l'Arabie Saoudite, estimées à 14 milliards de barils en 1945, sont évaluées à la fin du XXe siècle à 161 milliards, c'est-à-dire au rythme d'extraction actuel elles pourront durer plus d'un siècle.

Le gisement le plus important du monde entier, découvert et exploré de 1948 à 1951 est celui de GHAWAR au nord-est de Riyad la capitale. Alors qu'aux Etats-Unis, pays très riche en pétrole, un puits donne péniblement près de 15 barils de pétrole brut par jour, en Arabie Saoudite, le puits moyen en donne 7000.

f) Les scandales financiers

Il n'est donc pas étonnant que l'ARAMCO fasse des bénéfices considérables et focalise ainsi toutes les convoitises. Les super profits font éclater des scandales. Le premier résulte des anciens accords d'Achnacarry de 1928 entre les grandes compagnies productrices. Pour ne pas nuire aux intérêts des petits producteurs du Texas, tout le pétrole extrait à très faible coût de production en Arabie Saoudite est vendu sur le marché européen au même prix que le pétrole américain. Il y a donc nivellement mais par le haut et les bénéfices des quatre compagnies de l'ARAMCO atteignent des sommets. C'est le consommateur européen qui paye alors son essence à un prix inadmissible.

Le deuxième scandale financier est soulevé par le roi Ibn Saoud lui-même. Il est fou de rage car, en 1949, l'ARAMCO lui a donné 39 millions de dollars de redevance et la même année elle paye au Trésor américain 43 millions comme impôt sur le revenu. Ainsi « son pétrole » fait gagner plus d'argent à d'autres qu'à lui-même. Exigeant, il menace d'expulsion les compagnies. Il connaît l'exemple du Venezuela qui a obtenu l'accord dit 50/50 avec égal partage des revenus entre pays producteur et compagnies et demande qu'on lui applique les mêmes conditions.

L'ARAMCO est réticente, mais le Département d'Etat américain, empêtré dans la guerre de Corée, penche vers une conciliation. La solution est trouvée par les financiers américains : la différence entre la redevance annuelle et la moitié des revenus de l'ARAMCO, réclamée par le Roi, sera payée sous forme d'impôt sur les sociétés. Il n'existe pas en Arabie Saoudite et le Roi s'empresse de l'établir. Mais comme une société ne peut payer l'impôt sur le revenu dans deux pays différents, elle en sera exonérée aux Etats-Unis. Le Trésor américain perd ainsi 50 millions de dollars par an, c'est donc le contribuable américain qui paye la somme exigée par le Roi d'Arabie Saoudite, qui reste endetté malgré ses revenus gigantesques.

Comme le fait remarquer avec quelque amertume Harold Ickes :

« Un homme honnête et scrupuleux dans le monde du pétrole est un spécimen si rare qu'il convient de le classer comme pièce de musée. » (2)

2 - L'Iran

A la fin de la guerre, le jeune souverain d'Iran Mohamed Reza Pahlavi est très coopératif avec les Anglo-américains et s'initie au monde complexe du pétrole. Le président de l'Anglo Persian Oil C°, devenue en 1938 l'Anglo Iranian a besoin de capitaux pour compléter la branche raffinage de sa société et investir dans le réseau commercial. Il recherche l'alliance avec les Américains. Sa motivation est également d'ordre politique : la menace de l'URSS est toujours vive. Staline a la mainmise sur le nord de l'Iran où le parti communiste, le Toudeh, a créé un foyer de troubles, de plus l'URSS a toujours des visées d'expansion jusqu'au golfe Persique. La protection américaine est indispensable en cette période de guerre froide, pour le pays et pour l'AIOC (Anglo Iranian Oil C°). En septembre 1947, un accord est signé avec EXXON et MOBIL qui prennent une participation dans le capital de cette société. Les Etats-Unis, déjà bien implantés en Arabie Saoudite, font leur entrée en Iran.

Les Américains doivent alors faire face à un autre problème : celui de la rivalité entre l'Arabie Saoudite et l'Iran. Elle existait déjà à cause des divergences ethniques et religieuses : Arabes contre Iraniens, Sunnites contre Chiites et la concurrence dans le domaine pétrolier amplifie le différend. La menace de surplus pétroliers, donc de chute des prix, se faisant sentir, les Américains veulent limiter la production dans le golfe Persique et donner à l'Arabie Saoudite le rôle qu'elle occupe jusqu'à nos jours, celui de stabilisateur. L'ARAMCO a pour mission de combler l'écart existant entre offre et demande mondiales, donc de limiter la sienne si nécessaire pour empêcher la surproduction. Mais cette règle ne peut fonctionner qu'avec la coopération du Shah, ambitieux et qui a besoin d'argent. Cela crée un casse-tête pour les compagnies EXXON et MOBIL qui ont des intérêts aussi bien dans l'ARAMCO que dans l'AIOC. La régulation de la production se fait difficilement, jamais sans chocs d'intérêts.

L'Iran poursuit son développement, en veilleuse durant les hostilités. De nouveaux gisements sont découverts, celui d'Agha Jari qui produit en 1950 près de 100 millions de barils, pour une production totale iranienne de 220 millions. Les redevances pétrolières très importantes permettent de financer de gros travaux que le secteur privé n'a pas les moyens d'entreprendre. Le gouvernement fonde la Trans Iranian Railway C°, société de chemins de fer puis lance un programme d'usines pétrochimiques à partir du gaz naturel très abondant. Un gazoduc est établi pour alimenter l'URSS, en contrepartie, celle-ci assiste l'Iran dans la construction d'une aciérie qui sera partiellement financée par des livraisons de gaz.

Sir William Fraser, le président de l'AIOC est très bien reçu à Téhéran en 1949 par le Shah. Il renégocie avec le premier ministre : le général Razmara, un nouvel accord financier intitulé « Supplemental Agreement » augmentant sensiblement les redevances. Mais présenté en 1950 au Parlement, il est refusé par l'opposition représentée surtout par le Parti national dirigé par le docteur Mossadegh. Pour éviter que la crise ne prenne une dimension politique, l'Angleterre propose alors le plan 50/50 identique à celui en vigueur au Venezuela. Celui-ci se heurte en 1951 au refus catégorique de Mossadegh qui parle alors nationalisation de l'industrie pétrolière. En mai 1951, le général Razmara informe le Parlement que la nationalisation est impossible. La réplique de la rue est immédiate, quelques jours plus tard, il est assassiné dans une mosquée. C'est le début de ce qui sera appelé « la première crise pétrolière de l'après-guerre ».

3 - L'Irak

A partir de 1945, l'activité de recherches reprend en Irak sous la conduite de l'IPC (Irak Petroleum C°). Elle aboutit à la découverte puis à l'exploitation du champ géant de Kirkouk dans le nord du pays près de Mossoul, ensuite dans le sud-est c'est ELF qui découvre Buzurgan et Abouguirab en 1970. La production annuelle monte de 35 millions de barils en 1945 à 700 millions en 1987, et les réserves totales du pays sont évaluées à 42 milliards de barils.

Il faut doubler la capacité de l'oléoduc évacuant le pétrole vers la Méditerranée, surtout après 1948 et la guerre d'indépendance d'Israël aboutissant à l'arrêt de sa branche vers Haïfa. Seule la branche nord vers Tripoli au Liban fonctionne. Un deuxième oléoduc direct, traversant la Syrie uniquement est construit, il aboutit à Banias, port syrien sur la Méditerranée. La production des champs du sud-est part de Bassora sur le golfe Persique.

La CFP (Compagnie Française du Pétrole) doit lutter pour maintenir ses intérêts en Irak. Elle dispose de sa participation dans l'IPC depuis 1918, mais toutes ses actions ont été bloquées à Londres pendant la guerre, en raison des prises de position du gouvernement de Vichy collaborant avec les Allemands. Mais à la fin de la guerre, elle reprend sa place et intente un procès aux firmes américaines. EXXON et MOBIL qui pénètrent en force au Moyen-Orient, dénonçant unilatéralement l'accord de la « Ligne Rouge ».

Un règlement à l'amiable s'ensuit, la CFP accepte d'annuler son procès contre accroissement de sa participation à l'IPC. Elle dispose en 1952 de 35 millions de barils par an et doit donc se développer pour raffiner et gérer cet énorme flot de pétrole brut. Elle renforce ses deux filiales : la Compagnie Française de Raffinage et la Compagnie Navale des Pétroles qui disposera de 21 navires en 1960. Son réseau commercial sera rationalisé et unifié sous la marque TOTAL.

En 1952, l'IPC négocie avec le gouvernement irakien l'accord 50/50 qui accroît donc ses revenus. Mais le litige entre les deux parties vient de la concession. L'IPC possède la totalité des droits de recherches et d'exploitation sur presque la totalité du territoire irakien et n'a pas prospecté une très grande partie du pays, le gouvernement lui reproche un manquement à ses obligations.

En 1958, un violent coup d'Etat éclate en Irak, le Roi Fayçal II, et son prince héritier sont assassinés, le Premier ministre Nouri Saïd est lynché par la foule et le général Kassem proclame la République. Dès le début, il affirme sa volonté de maintenir les accords entre son gouvernement et l'IPC. Cependant, il lui reprend les 75% de la concession qui n'ont pas été prospectés puis fonde une nouvelle entreprise l'INOC (Irakian National Oil Company) pour développer ces régions. Il conclut des accords avec l'ERAP (Entreprise Recherches et Activités Pétrolières) puis avec les Russes pour le champ de Nord-Rumalia.

C'est le premier pas vers la prise par l'Etat de toute l'industrie pétrolière du pays.

4 - Le Koweït

En 1938, la KOC (Koweït Oil C°) fore un puits sur l'endroit nommé BURGAN, le pétrole jaillit rapidement en grandes quantités. C'est une découverte importante, à exploiter par de gros moyens. La guerre éclate en 1939, et tous les projets de développement du lieu sont arrêtés, dans l'attente de jours meilleurs.

En 1945, la KOC reprend ses activités à cet endroit et rapidement elle réalise que c'est une véritable caverne d'Ali baba qui existe sous terre. Le gisement est immense, en 5 ans, 100 puits seront forés pour délimiter le champ, aucun ne sera sec, tous débiteront un flot de pétrole difficile à maitrîser. On procède à une étude approfondie du gisement. Alors que dans tous les autres pays, les réservoirs pétroliers sont composés de 90% de roches et de 10% de pétrole qui les imprègnent, à Burgan, le gisement est fait de 80% de roche et 20% de pétrole. C'est-à-dire qu'à volume égal, il est deux fois plus riche. La réserve sous terre est évaluée alors à 70 milliards de barils. Des recherches effectuées aux alentours permettent de découvrir d'autres structures productrices à MAGWA et AHMADI. Le total des réserves prouvées atteindra 84 milliards de barils, soit une fois et demi le total des gisements des Etats-Unis. La KOC, en tenant compte des prévisions de croissance de la demande à long terme pense pouvoir fournir ses clients pendant 200 ans. En 1966, le Koweït est le deuxième producteur du Moyen-Orient après l'Arabie Saoudite.

Les conditions de travail sont aisées, malgré la chaleur. Le pétrole jaillit des puits poussé par la pression, il n'est nul besoin de l'extraire par des pompes, chaque puits donne en moyenne près de 5000 barils par jour et par un simple tuyau le précieux liquide parvient à la raffinerie. Un gigantesque réservoir est construit à AHMADI, relié par 11 oléoducs à une immense plateforme sur pilotis en forme de T ou 11 pétroliers peuvent s'amarrer en même temps pour le remplissage qui dure en moyenne 18 heures.

Trois hommes suffisent pour effectuer toutes les manipulations nécessaires. Les opérations de forage ne posent pas de gros problèmes, les puits sont peu profonds et comme le pays est très plat, on peut transférer le tour de forage d'un lieu à un autre par simple glissement sans avoir à la démonter puis à la remonter, ce qui demande plus d'un mois de travail.

Le Koweït en 1952 est un petit Etat, peuplé de 310000 hommes, dont les revenus pétroliers annuels sont de 60 millions de dollars, mais en 1958 la recette monte à 300 millions. Le problème est de savoir quoi faire avec tout cet argent. Au début des années 1950, tous les revenus sont placés dans un énorme coffre-fort situé dans le palais du chef de l'Etat, sous forme de lingots d'or ou de liasses de roupies indiennes. Le responsable financier Colin Mc Gregor essaye de gérer cet ensemble. Il constate avec effarement que des parents du souverain, munis de la clé, ouvrent le coffre et prennent des liasses d'un million de roupies sans donner ni reçu ni aucune trace écrite de leur prélèvement.

Le Cheikh Abdullah al Sabah est un homme avisé qui garde son calme malgré cette immense fortune inattendue qu'il doit gérer. Mc Gregor lui enseigne les rudiments de la gestion financière et lui fait comprendre qu'il doit faire profiter son peuple de cet argent. Car comme l'affirme A. Perrodon dans son livre *Le pétrole à travers les âges* :

« *Il ne suffit pas de faire partie du Moyen-Orient pour être riche du pétrole.* » (3)

Le peuple koweitien vit dans des conditions misérables dans une vieille ville très sale à l'hygiène déplorable, avec l'eau potable importée par bateaux des autres pays de la région. Mc Gregor arrive à convaincre le Cheikh d'investir un tiers de ses revenus et d'affecter le reste au bien-être de ses sujets. Le souverain fait raser la vieille ville, détruire le bazar et le port, indemnise les partants et lance un grand programme de construction d'écoles, d'hôpitaux, d'autoroutes, d'usines de dessalement de l'eau de mer. Au début les constructions sont de mauvaise qualité, les architectes koweitiens n'étant pas compétents, mais de rapides progrès sont possibles avec l'aide étrangère.

La trop grande richesse a des effets pervers, le gaspillage prend des proportions considérables. Les membres de la famille du Cheikh, richement dotés construisent de grands palais qui se dégradent rapidement faute d'entretien, les prostituées de luxe répandent les maladies vénériennes. Mais ce qui rend la situation explosive, c'est l'importation de travailleurs étrangers, attirés par les hauts salaires, vivant misérablement dans des quartiers séparés, et observant le luxe arrogant des koweitiens. Des troubles éclatent, dirigés par des meneurs contre les Anglais et les Américains. Des puits de pétrole sont sabotés. Le chef de la police réagit, organise des rafles dans les quartiers sensibles, et arrête les organisateurs du désordre. Le Cheikh très inquiet, ordonne à tout son entourage de cesser l'étalage de la richesse. Il donne l'exemple, annule les commandes d'un yacht somptueux et d'un avion privé et demeure dans une résidence d'apparence modeste.

5 - La Zone Neutre

La Zone Neutre est créée en 1932 par Sir Percy Cox, haut-commissaire britannique en Arabie Saoudite. Par un accord entre le Cheikh Ahmad et le Roi Ibn Saoud, ce lieu fut établi, destiné aux tribus nomades ignorant les frontières et désirant faire paître leurs troupeaux. Par la suite l'ARAMCO ayant renoncé à ses droits sur cette région, chacun des deux souverains pouvait disposer du territoire, en accord avec l'autre.

En 1947, le Koweït met aux enchères la concession de la moitié de la zone. Un consortium de sociétés américaines emporte le marché. Il comprend la Philips et la Sinclair formant l'AMINOIL (American Independant Oil C°). Mais la prospection ne peut commencer tant que l'autre moitié de la zone n'est pas concédée par l'Arabie Saoudite. Le Roi met aux enchères la moitié qui lui revient. Les candidats sont nombreux et les enchères montent. C'est finalement Jean-Paul Getty, fils d'un pétrolier d'Oklahoma, millionnaire et grand amateur d'art qui emporte l'affaire pour sa société la Pacific Western. Il accepte les conditions posées par le Roi : redevance de 0.55 dollar par baril extrait du sol. Cela amène le Roi à comparer cette redevance avec celle payé par l'ARAMCO qui est de 0.21 dollar. Il a donc des arguments solides pour exiger de l'ARAMCO un alignement sur les conditions de la Zone Neutre et obtiendra rapidement gain de cause.

L'exploration peut commencer en 1949, les résultats sont médiocres pendant 4 ans et ils coûtent très cher. En 1953, Getty a dépassé 40 millions de dollars sans résultats. Il se rend sur place, remonte le moral du personnel et critique la conduite des opérations puis part à la recherche de nouvelles zones à forer. En 1954, on découvre le gisement de WAFRA avec un réservoir de 13 milliards de barils. L'obstination de Jean-Paul Getty est récompensée, il deviendra milliardaire, on lui doit le somptueux musée d'art moderne portant son nom à Los Angeles.

C'est à partir de cette époque que les pétroliers dits « Independants » font leur apparition sur la scène internationale. Jusqu'en 1945, ces petits entrepreneurs maintenaient leurs activités uniquement sur le territoire des Etats-Unis. Mais l'irruption du pétrole du Moyen-Orient aux Etats-Unis rendait leur position intenable. La protection des autorités fédérales, la limitation des importations ne suffisant pas à modifier leur situation devenue critique. Ils songent alors à s'orienter vers des activités internationales. C'est AMINOIL, créée par la Philips Petroleum C° qui donne l'exemple dans la Zone Neutre, associé à Getty. Les Independants vont continuer leur pénétration au Venezuela, en Lybie et feront ainsi concurrence aux Majors du pétrole. Plus vulnérables qu'eux, ils vont céder plus facilement aux pressions des Etats producteurs, et contribuent ainsi qu'à l'abolition de l'accord 50/50 appliqué partout dans le monde.

6 - Les Emirats arabes unis

Dans les années 1950, le détroit d'Ormuz, débouché du golfe Persique sur l'océan Indien, est contrôlé sur sa rive sud par sept petits émirats indépendants, dirigés par des Cheikhs autocrates ayant droit de vie et de mort sur leurs sujets. Les deux plus importants émirats sont Abu-Dhabi et Dubaï. Les sept petits émirats sont flanqués à l'est par le Sultanat d'Oman. Cet ensemble d'Etats occupe une position stratégique de première importance, contrôle tout l'énorme trafic maritime issu du golfe Persique. La Grande-Bretagne, bien consciente de cette situation, a établi son protectorat sur toute la région.

En septembre 1952, un fonctionnaire d'Arabie Saoudite : Turki, accompagné d'un bataillon de l'armée de ce pays, s'empare de l'Oasis de Buraimi, à la frontière entre Abu-Dhabi et Oman. Il annexe toute la région au nom de son Roi. Il faut souligner que l'endroit a un sous-sol très prometteur. Abu-Dhabi et Oman étant des protectorats britanniques, l'Angleterre réagit de suite avec véhémence auprès de l'Arabie Saoudite qui ne répond pas. Le Sultan d'd'Oman Saïd Ben Taimour prend les choses en mains, envoie un contingent de 700 soldats, à dos de chameau, discrètement commandés par des officiers britanniques. Après quelques escarmouches, l'Oasis est reprise. Pour permettre aux Saoudiens de sauver la face, un tribunal international est constitué à Genève pour définir les frontières entre Abu-Dhabi, Oman et l'Arabie Saoudite. La prospection pétrolière est suspendue provisoirement.

Les jugements du tribunal sont accablants pour l'Arabie Saoudite qui complotait contre Abu-Dhabi, voulant s'en emparer. Les frontières sont alors bien définies malgré les protestations du roi Saoud d'Arabie et pendant que l'ARAMCO reste totalement absente, n'ayant rien vu ni rien entendu.

Dans les années 1960, la Grande-Bretagne liquide son empire colonial et commence le retrait de toutes ses forces armées. Tous les cheikhs de la région sont consternés, perdant ainsi leur principal soutien. Ils sont prêts à payer les militaires anglais pour qu'ils restent. En 1967, le gouvernement britannique envoie Sir William Luce, un expert du Moyen-Orient, parlant l'arabe avec aisance, pour convaincre ces mini-Etats d'oublier leurs rivalités et de former une seule fédération avec une seule armée et une seule marine. Il fallait pour cela vaincre les réticences de certains de ces petits souverains d'un autre âge.

A Abu-Dhabi, le Cheikh Shakhbut est avare et buté, rebelle à tout changement. Il n'utilise pas sa grande fortune pour améliorer le sort de son peuple. Il accumule les redevances du pétrole sous forme de lingots d'or s'entassant sous son lit, ou en liasses de dollars dans une pièce du palais. Lorsqu'il sera déposé, ses successeurs, ouvrant la chambre au trésor découvrirent que des liasses de billets d'une valeur avoisinant 2 millions de dollars avaient été dévorées par des rats.

Son frère cadet Zaïd, éduqué en Europe, est révolté par tant d'obscurantisme. Il est très aimé par la population car il a réalisé de belles choses dans la province qu'il administre. Tous ses partisans le poussent à l'action. Il s'empare du palais et lance un ultimatum à son frère : l'abdication ou la vie. Celui-ci se soumet, cède le pouvoir et part en exil pour l'Europe. C'est le premier souverain d'Abu-Dhabi qui perd son trône sans perdre la vie. Zaïd aussitôt entreprend des réformes, construit hôpitaux et écoles, embauche des agronomes, des ingénieurs, des banquiers (pour coller les billets déchirés !). Il engage un expert pétrolier iranien pour réviser toute la taxation pétrolière et consolide ses ressources.

Le deuxième obstacle à la Fédération sera le Sultan Taimour d'Oman, autocrate fanatique pouvant par sa politique agressive déstabiliser la Fédération naissante. Tous les espoirs de renouveau se concentrent sur son fils le prince Qabous, formé à l'académie militaire britannique de Sandhurst. En juillet 1970, alors que le Sultan séjournait dans un palais d'été au sud du pays, il est arrêté et contraint d'abdiquer. Il part en exil en Angleterre dans un avion militaire anglais. Qabous prend le pouvoir, félicité de toutes parts. Le gouvernement anglais a pu prétendre que tout cela était une affaire intérieure du Sultanat d'Oman.

Il y eut d'autres difficultés à vaincre, principalement à cause des deux îlots du détroit d'Ormuz : Petite et Grande Tumb occupés en novembre 1971 par la marine iranienne alors qu'ils appartenaient à la Fédération naissante. Le monde arabe indigné reproche à l'Angleterre de n'être pas intervenue militairement pour les récupérer. Finalement en décembre 1971, tous les souverains se réunissent pour consacrer la naissance de la Fédération des Emirats Arabes. Elle occupe une place stratégique de première importance dans le golfe Persique et possède de considérables réserves pétrolières.

7 - Naissance de l'OPEP (Organisation des Pays producteurs de Pétrole)

a) La montée du nationalisme

Le nationalisme arabe a toujours existé à l'état latent aux XIXe et XXe siècles, et apparaît au moment des crises politiques. La France a dû y faire face lors de sa politique d'expansion coloniale en Afrique du Nord, en Algérie puis au Maroc dans l'Empire ottoman moribond, il se manifeste à plusieurs reprises en Egypte, en Arabie, en Mésopotamie. Il commence à prendre une forme organisée, après la première guerre mondiale, puis surtout à la fin de la deuxième pendant le reflux du colonialisme occidental. Dans la deuxième moitié du XXe siècle, la création de la Ligne arabe marque l'apogée de ce nationalisme qui prend alors uns structure internationale. Elle constitue un organisme de liaison et de coordination interethnique ainsi que d'apaisement des tensions pouvant surgir entre pays membres.

Le nationalisme arabe atteint son paroxysme en 1952 en Egypte avec la fin de la royauté, l'abdication du roi Farouk, remplacé par le colonel Nasser, président de la République Arabe Unie. En 1958, c'est le roi Fayçal d'Irak qui est assassiné et la République d'Irak naît dirigée par le général Kassem.

b) Le premier congrès arabe du pétrole

La Ligue arabe ne peut pas se désintéresser du pétrole. Ses dirigeants comprennent rapidement l'importance économique de ce produit et songent également à son utilisation comme arme politique, pour faire pression sur les pays occidentaux pauvres en hydrocarbures. L'idée de grouper tous les pays arabes impliqués dans cette industrie émerge lors d'une réunion de la Ligue arabe de mai 1957 et le Premier Congrès Arabe du Pétrole tient sa séance inaugurale au Caire en avril 1959. C'est la première fois que l'on parle de coopération pétrolière entre pays arabes. Il y eut auparavant des tentatives d'entente entre l'Irak et l'Arabie Saoudite mais sans lendemain. La Ligue arabe a pour objectif de former une unité d'experts arabes en pétrole, ainsi que de mettre en place un Bureau permanent du pétrole pour élaborer une politique commune.

Des pays non arabes sont invités à ce congrès, comme observateurs : l'Iran et le Venezuela. Ce dernier pays comprend qu'il a des intérêts communs avec les pays producteurs du Moyen-Orient bien que son prix de revient du baril de pétrole brut soit plus élevé que celui d'Arabie Saoudite. Il délègue à ce congrès son ministre du pétrole Perez Alfonzo dont nous avons longuement exposé la politique dans les chapitres précédents. Durant ce congrès, où on l'invite à prendre la parole, il explique très clairement sa position, la nécessité d'une entente à l'échelle internationale sur la production pour pouvoir stabiliser les prix, l'intérêt d'avoir des relations courtoises mais fermes à l'égard des compagnies concessionnaires. Il est longuement applaudi par tous les délégués à la fin de son discours.

Ce congrès sera important beaucoup moins par ses résolutions finales que par les prises de contact officieuses, en-dehors des séances officielles entre les principaux acteurs de l'industrie pétrolière, surtout entre Perez et Abdallah Tariki le ministre saoudien du Pétrole.

c) Tariki entre en scène

Tariki est né en 1919 en Arabie Saoudite, dans une famille de commerçants aisés. Il fait des études de géologie à l'université du Caire, puis se fait embaucher comme géologue au Texas. C'est l'endroit idéal pour lui permettre d'acquérir une solide expérience de tous les problèmes pétroliers. Il retourne en 1949 dans son pays. Etant le seul spécialiste en hydrocarbures de la région, il est placé de suite dans l'administration pétrolière d'Arabie Saoudite où il saura se distinguer. En 1957, à l'époque où le gisement de Ghawar commence à être exploité, il devient évident pour lui que son pays est la première puissance mondiale par ses réserves souterraines et que cette immense richesse doit être gérée sereinement.

En 1960, le Roi Saoud qui a succédé à son père, nomme Tariki ministre du pétrole. Il doit donc représenter le gouvernement saoudien au Conseil d'administration de l'ARAMCO. A ce poste clé, il découvre des erreurs de gestion, oblige l'ARAMCO à verser 145 millions de dollars d'arriérés qui avaient été « oubliés ». En 1961, par un contrôle plus strict, il arrive à éliminer les gaspillages de gaz naturel, brûlé inutilement à la tête des puits, puis il obtient de l'ARAMCO la restitution des portions de concessions non explorées.

La rencontre entre Tariki et Alfonzo est inévitable. Les deux hommes aux carrières et engagements parallèles ne pouvaient que sympathiser. Durant leurs nombreuses conversations dans les coulisses du Congrès, ils imaginent les bases d'un nouvel ordre pétrolier mondial. A la fin des réunions officielles, ils organisent tous deux une réunion informelle à Maadi, une banlieue luxueuse du Caire, avec des délégués du Koweït, d'Iran et d'Irak. Ils terminent leurs travaux par une note connue sous le nom de « gentlemen's agreement », signée par tous et résumant les recommandations qu'ils font à leurs cinq gouvernements.

-création d'une commission consultative permanente

-abandon de l'accord 50/50 à remplacer par 60/40
-création de compagnies nationales pétrolières
-encourager l'industrie locale de raffinage

d) L'OPEP est établie (4)

En avril 1959, alors que règne une surabondance d'hydrocarbures sur le marché international, la BP et la SHELL décident conjointement de baisser de 9% le prix « post » du baril de pétrole brut. On appelle prix « post » ou prix « affiché » le prix officiel fixé par les compagnies. Il faut le distinguer du prix « spot » ou prix « du marché » qui est déterminé par la loi de l'offre et de la demande sur les lots de pétrole brut disponibles. C'est le prix « post » qui sert d'assiette pour le calcul des redevances à payer par les compagnies aux pays producteurs. Cela signifie que les compagnies qui fixent ce prix ont le pouvoir de décider unilatéralement de la somme à donner chaque année au pays qui les héberge.

Cette baisse de prix, fixée sans consulter les gouvernements intéressés, les met dans un état de colère bien compréhensible. Mais ce mécontentement se transforme en tempête car en août 1960, une deuxième baisse du prix « spot » intervient sans aucune consultation. Tariki contacte Alfonzo et tous deux décident une réunion à cinq (Arabie Saoudite, Venezuela, Koweït, Iran, Irak) à Bagdad, le 10 septembre 1960. Cette conférence où tout le monde est d'accord, ne dure pas longtemps et le 14 du même mois, l'Organisation des Pays Exportateurs (OPEP) est établie. Ses objectifs sont très clairs :

-Restaurer les prix du baril
-Stabiliser les prix
-Approvisionner régulièrement les consommateurs
-Coordonner les politiques des pays producteurs

Sa structure est bien définie :

-Conférence des délégués (Autorité suprême se réunissant deux fois par an)
-Assemblée consultative (pour l'étude de problèmes particuliers)
-Bureau des gouverneurs (organe exécutif)
-Secrétariat permanent avec un secrétaire général nommé pour trois ans.

L'OPEP désirait s'installer à Genève, mais devant les réticences du gouvernement helvétique craignant d'être le siège de violents conflits, elle transfère ses bureaux en Autriche, à Vienne.

e) Réactions des compagnies pétrolières

Il fallait s'attendre à une réaction négative de la part des Majors. En réalité, tout en désapprouvant cette initiative, ils font semblant de l'ignorer. Par contre c'est la presse internationale qui manifeste son opposition, précisant qu'elle n'aurait pas plus de six mois à vivre. Les compagnies d'un commun accord refusent les discussions avec l'OPEP en tant qu'entité indépendante, se limitant à des pourparlers avec les représentants des gouvernements, un seul pays à la fois. Toutes ces sociétés comptent sur les rivalités et conflits internes qui ne tarderaient pas à se produire au sein de cet organisme. Lorsqu'elles constatent que l'OPEP a acquis une espérance de vie non négligeable, elles essayent de susciter des désaccords entre les pays membres. Elles refusent toujours de reconnaître l'existence de ce qui est devenu un cartel de pays producteurs.

Dès sa naissance, l'OPEP nomme comme secrétaire général, un Irakien modéré : Fouad Rihani qui organise les réunions. La première ayant eu lieu à Bagdad, la seconde se tient à Caracas. Rapidement il apparaît à Alfonzo qu'il a surestimé la capacité de coopération de tous les membres, en particulier entre l'Iran et l'Arabie Saoudite chez qui les rivalités commerciales s'ajoutent à des mésententes ethniques. Il faut également signaler l'antagonisme entre l'Irak et le Koweït, le premier ayant l'ambition d'annexer le second. Les conflits éclatent entre partisans d'une attitude dure à l'égard des Compagnies et ceux désirant une approche plus diplomatique. La réunion de Caracas se solde par de vagues recommandations et un « accord sur le désaccord ».

L'OPEP poursuit son chemin, les tentatives d'Alfonzo d'établir un contrôle de la production, avec des quotas par pays, la « proration » comme au Texas, se soldent par un échec. Comme dans tous les cartels, chaque pays « triche » en dépassant les quotas qui lui sont alloués. L'OPEP poursuit son expansion, en 1973, elle compte 13 membres. En plus des cinq pays fondateurs, s'ajoutent : Algérie, Equateur, Gabon, Indonésie, Libye, Nigeria, Quatar, Emirats Arabes Unis. (5)Pendant toute la période allant de sa création à la fin du XXe siècle, l'OPEP est déchirée par les Etats nationalistes voulant utiliser le pétrole comme arme politique dans leur lutte contre l'Occident et les Etats modérés partisans de l'entente. Les divergences existent entre les pays voulant pratiquer l'affrontement avec les Compagnies pétrolières, leur imposant des redevances et taxes irréalistes, et ceux partisans d'une politique de conquête progressive de positions avantageuses. Mais ce qu'il faut mettre à l'actif du secrétaire général de l'OPEP, c'est qu'il forme en son sein des générations de cadres compétents dans les problèmes pétroliers, pouvant discuter d'égal à égal avec les représentants des compagnies.

L'OPEP crée à son quartier général à Vienne, des services de renseignement, d'études pour les problèmes économiques et techniques de cette industrie, devenant d'excellentes sources d'information pour tous les pays membres, les aidant ainsi à garder la tête haute dans ce monde impitoyable du pétrole mondial.

f) Yamani remplace Tariki

En 1962, le roi Saoud se réconcilie avec son frère Fayçal qui prend sa place dans le gouvernement avec un rôle équivalant à celui de premier ministre. Il met comme condition à sa participation, le départ de Tariki qui ne fait pas partie de ses protégés. Celui-ci quitte le pays et s'installe à Beyrouth au Liban où il ouvre un bureau de consultants dans le domaine pétrolier. Il ne pourra rentrer dans son pays natal qu'en 1975 après l'assassinat de Fayçal devenu roi entretemps. Tariki continue ses activités pétrolières à l'échelle internationale.

Le nouveau ministre du pétrole se nomme Ahmad Zaki Yamani. Il est né en 1930 dans une famille de notables saoudiens d'origine du Yémen comme leur nom l'indique. Il fait ses études de droit au Caire puis les poursuit à Harward. Il rentre dans son pays en 1958 où il est nommé conseiller juridique du gouvernement puis ministre d'Etat en 1960 et en 1962 devient ministre du pétrole. La presse occidentale ne tarit pas d'éloges à son égard. Il oppose son calme et sa pondération à Tariki sujet à de fortes sautes d'humeur.

Au sein de l'OPEP, il se déclare résolument contre la politique de nationalisation totale préconisée par les pays extrémistes, explique avec froideur et détermination que cela serait nuisible aux Etats producteurs de point de vue économique, politique et social. Pour Yamani, les grandes compagnies n'ont pas intérêt à faire baisser le coût du pétrole, elles sont le rempart de stabilité du marché. Si nous nationalisons, dit-il, les Majors, devenant de simples acheteurs de pétrole brut pour le raffiner, auront intérêt à faire baisser son prix le plus possible et cela à notre détriment.

Yamani est partisan d'une alternative à la nationalisation, c'est la « participation », cela signifie l'entrée du pays producteur dans le capital de la Compagnie opératrice. Il essaye d'obtenir un accord de participation dans l'ARAMCO ainsi qu'une place dans son directoire.

Sachant que les compagnies nationales établies dans certains pays n'ont pas les compétences techniques nécessaires pour mettre sur le marché des produits équivalents à ceux des Majors, il est donc maladroit de considérer ceux-ci comme les « ennemis à abattre » du peuple arabe. Donc la participation est la meilleure façon de prendre le contrôle progressif des richesses pétrolières du pays.

Les Compagnies pétrolières, l'ARAMCO en tête, s'opposent farouchement à cette participation, en redoutant (et elles n'ont pas tort) qu'elle soit un prélude à une nationalisation totale.

L'épreuve de force a lieu en février 1972 entre le calme et modéré Yamani et l'ARAMCO intransigeante. On doit à Yamani cette réflexion amère :

« *C'est toujours dur de rester modéré, mais c'est encore plus dur avec les pétroliers américains car ils ont tendance à confondre modération avec faiblesse.* » (6)

A la suite d'un ultimatum du roi Fayçal, les compagnies de l'ARAMCO se retirent des discussions pour se consulter et le 11 mars 1972, capitulent et acceptent une participation de 20% de l'Etat saoudien à leur consortium. Yamani montre la voie, les autres pays suivront.

8 - La Libye

En 1942, l'armée du général Rommel qui stationne en Libye, ne peut lancer son offensive par manque de carburant et ne se doute pas que sous ses pieds d'énormes réserves d'hydrocarbures sont là, prêtes à être utilisées à condition d'être découvertes. Le pays où s'exerce alors le commandement allemand est une colonie italienne qui se libère en 1945 et permet à son vieux roi Idriss de rentrer de son exil pour prendre le pouvoir.

La Libye est alors très pauvre, peuplée de 2 millions d'habitants vivant sur 1760000 kilomètres carrés, en majorité désertiques. Le roi Idriss incapable de gérer ce pays fait appel aux Américains et Anglais qui établissent des bases militaires, délèguent des conseillers et accordent des subventions.

Vers 1955, des indices de présence de pétrole sont confirmés, de plus, les recherches entreprises par la France au Sahara algérien ont donné des résultats. Il est donc probable qu'il en sera de même en Libye. Le gouvernement met aux enchères des concessions et en 1957 près de 17 compagnies sont candidates. Les conditions de travail sont difficiles, aucune infrastructure d'accueil n'existe. De plus subsistent de nombreux champs de mines anti-personnel datant de la deuxième guerre mondiale. Les compagnies embauchent des démineurs, et ironie de la situation, certains sont d'anciens soldats allemands qui les ont posées.

Parmi les principales compagnies en action, c'est EXXON, MOBIL et TOTAL qui sont les plus entreprenantes. Elles explorent le bassin occidental, près d'Edjelé à la frontière algérienne, trouvent quelques gisements, mais l'ensemble est décevant. En 1958, l'attention se tourne vers le Bassin de Syrte et la Cyrenaïque. C'est en 1959 que EXXON découvre le gisement de Zelten qui d'emblée produit 17000 barils par jour. C'est une découverte très importante pour EXXON, cela renforce sa position en Arabie Saoudite puisqu'elle dispose ainsi d'une nouvelle source importante de pétrole et peut résister aux exigences du roi Saoud.

C'est alors la grande ruée vers la Cyrenaïque, on découvre près de 10 gisements de pétrole. En moins d'une décennie, cette région pourra produire près de 2.6 millions de barils par jour devenant le quatrième exportateur mondial. Il bénéficie entre outre de deux avantages : d'une part le pétrole obtenu est d'excellente qualité, très léger, parfaitement adapté pour la fabrication de l'essence automobile, de l'autre la Libye est du « bon côté du Canal de Suez », loin des remous du Moyen-Orient, et les frais de transport sont très réduits.

Ce tableau idyllique est terni par l'incompétence, la gabegie qui règne dans l'administration du roi Idriss. Des ministres corrompus reçoivent de fortes sommes d'argent en échange de « complaisance » vis-à-vis des compagnies pétrolières. Les redevances, impôts prélevés par ce gouvernement sont de loin inférieures à ce qui se passe ailleurs au Moyen-Orient. La presse des pays arabes est indignée par le manque de « fair-play » de toutes les compagnies. Les experts de l'OPEP calculent que le gouvernement libyen a perdu ainsi près de 100 millions de dollars en 10 ans.

En 1965, le gouvernement ouvre de nouvelles concessions en Tripolitaine et attribue deux territoires convoités à l'Occidental Petroleum C° dirigée par Armand Hammer. Celui-ci fait une offre très généreuse, ce qui amène à une révision des redevances pour les autres compagnies en activité. La concession accordée à Hammer s'avère très productive, et en 1970, on peut en extraire 240 millions de barils de pétrole d'excellente qualité. L'Occidental Petroleum devient ainsi un géant de l'industrie pétrolière. Elle doit lutter contre les jalousies de ses rivaux, l'accusant de fraude et se lance dans de grands travaux de développement agricole pour améliorer l'image qu'elle donne au monde.

En 1969, alors que le roi Idriss est en visite officielle en Turquie, un groupe d'officiers de l'armée libyenne, dirigée par le colonel Muamar Kadhafi prend le pouvoir, arrête tous les ministres en service. C'est un patriote intransigeant, révolté par la corruption, le désordre, le gaspillage régnant dans le pays. Dès sa prise de pouvoir, il supprime tous les cabarets et boîtes de nuit, ferme les bases anglaises et américaines et expulse les résidents italiens, présents depuis l'époque coloniale.

Dès le début, il adopte une attitude très ferme vis-à-vis des Compagnies pétrolières. Il est flanqué du Commandant Jalloud vice-président qui a séjourné en Europe et qui sait négocier, ainsi que d'Ezzedine Mabrouk, le seul juriste existant dans le pays. Jalloud déconseille à son chef la nationalisation immédiate de toutes les compagnies. Le pays n'a pas les ressources techniques nécessaires pour faire marcher cette industrie complexe après le départ des techniciens étrangers. Il cherche une faille pour rompre le front des autres compagnies. Il la trouve dans l'Occidental Petroleum qui n'a pas d'autres ressources pétrolières que celles de la Libye. Il commence par envoyer un détachement de son armée sur les puits en activité de cette compagnie et exige la réduction de la production de 30%. Armad Hammer s'exécute, suivi par les autres compagnies. Le but de l'opération est de protéger du pilage les ressources de la nation. Il n'a pas tort, car toutes les autres compagnies, sentant la situation instable essayent d'extraire à toute allure tout ce qu'il est possible de prendre.

Dès 1971, le Commandant Jalloud convoque toutes les 21 compagnies exploitantes, une à une, pour de nouvelles demandes d'augmentation des redevances. La résistance à cet ultimatum est menée par la Shell qui essaye de fédérer toutes les sociétés. Jalloud refuse la négociation groupée. Finalement après intervention des gouvernements anglais, français et américain, la guerre du pétrole est évitée. Un accord global est trouvé à Paris fin 1971, la Libye obtient satisfaction sur la majorité des droits négociés. C'est une grande victoire pour le colonel Kadhafi, servant d'exemple à suivre pour tout le Moyen-Orient. Mais ce qu'il dissimule à l'opinion publique de son pays, c'est qu'avant la révolution, 55 tours de forage étaient en action, tandis qu'après il n'en reste plus que sept.

CHAPITRE XI

LES TROIS CRISES PETROLIERES D'APRES-GUERRE

1 - La crise iranienne

a) Un pays dans la tourmente

L'Iran des années 1950 émerge de la deuxième guerre mondiale en situation très difficile. L'ancien Shah : Reza Pahlavi, aux tendances pronazies a été déposé après l'intervention militaire anglo-russe. Son fils, Mohamed Reza, âgé de 21 ans lui succède. C'est un jeune homme, élevé à l'occidentale, sans expérience politique et qui reste étranger à son peuple. Le nord du pays, l'Azerbaïdjan iranien, sous influence russe est contrôlé par le parti Toudeh d'obédience communiste. Le reste du pays est déchiré par les luttes entre les nationalistes alliés aux religieux fondamentalistes et la bourgeoisie favorable à l'ordre établi. Toutes ces tendances politiques contradictoires, trouvent un dénominateur commun dans la haine de l'étranger, du colonialisme, de la civilisation occidentale. En 1949, le jeune Shah échappe de justesse à une tentative d'assassinat. Cet énorme ressentiment se focalise sur le symbole le plus apparent de l'ère coloniale : l'Anglo Iranian Oil C°. Pourtant le peuple n'ignore pas que cette société est celle qui a eu le mérite de découvrir les immenses richesses du sous-sol du pays, qui les a mises en valeur et qui paye des redevances constituant une part très importante des revenus de l'Etat. Mais elle est perçue comme le vecteur de l'impérialisme britannique qu'il faut abattre. Le nationalisme ignore la gratitude !

b) Les tentatives d'accord

Les nationalistes n'ont pas tout à fait tort. L'Iran est très en retard par rapport aux autres pays producteurs de pétrole. La portion de la rente pétrolière générée par son sous-sol, qui lui est versée est très faible. L'AIOC paye en 1950, 45 millions de dollars à l'Etat iranien en redevances pétrolières et 140 millions comme impôt sur les bénéfices au Trésor britannique. Cette situation irrite très fortement les dirigeants du pays.

Sir William Fraser, Président de l'AIOC, bien au courant de cette anomalie ne réagit pas. Pourtant, il est soumis à une forte pression de la part des autorités américaines, craignant des troubles dans ce pays en cette période de guerre froide contre l'URSS. Il doit lâcher du lest. Se rendant à Téhéran, il est fort bien reçu par le Shah et négocie avec son gouvernement un compromis connu sous le nom de « Supplemental Agreement », améliorant quelque peu la disproportion existante dans le partage du gâteau.

Cet accord doit être soumis au Parlement iranien, dominé à l'époque par un grand ténor, chef du Parti national : Mohamed Mossadegh. Celui-ci, grand propriétaire foncier, a fait des études de droit en France, dispose d'une grande fortune et s'est lancé dans la politique, prenant la direction des mouvements antioccidentaux. Il se fait remarquer par ses excès de langage, son attitude bouffonne, apparaissant en public vêtu de son pyjama. Le Parlement réagit avec violence, repoussant cette « aumône » consentie par la puissance coloniale et réclame la nationalisation complète de l'industrie pétrolière. Sous la pression des Américains de plus en plus inquiets, l'AIOC propose en 1951 d'adopter l'accord 50/50 en vigueur dans d'autres pays producteurs de pétrole. Mossadegh, chef de la rébellion refuse et demande à nouveau la nationalisation.

Le Shah intervient, son Premier ministre, le général Razmara, monte à la tribune et se déclare opposé à cette nationalisation prématurée car le pays n'a pas encore les compétences techniques nécessaires pour diriger cette énorme entreprise. Il est assassiné quelques jours plus tard.

c) La nationalisation

Mossadegh est nommé premier ministre par le Parlement. Il fait de suite voter la loi nationalisant toute l'industrie pétrolière. Elle est adoptée à l'unanimité, chaque député sachant bien qu'il risque sa vie s'il s'y oppose. La loi est ensuite signée par le Shah. Le gouvernement anglais, scandalisé par cette action irresponsable envisage une action militaire contre l'Iran et expédie deux croiseurs dans le golfe Persique, mais il est rapidement dissuadé par les Etats-Unis craignant une expansion du conflit à tout le Moyen-Orient.

Le secrétaire d'Etat américain Dean Acheson envoie comme médiateur en Iran son ami Averell Harriman, connu pour ses talents de diplomate. Il arrive à Téhéran en juillet 1951. Son entrevue avec le Docteur Mossadegh mérite d'être contée :

« *M. Harriman est reçu par Mossadegh, à son domicile. Il est en pyjama et couché sur son lit. Dès les débuts de la négociation, il demande à son visiteur une redevance par baril de pétrole brut supérieure au prix de revient total de tous les produits finis (essence, mazout et lubrifiants) pouvant être extraits de ce baril.*

-« Docteur Mossadegh, s'écrie Harriman, si nous devons continuer à discuter utilement de ces problèmes, nous devons nous mettre d'accord sur certains principes.

-Mossadegh dévisage Harriman « Par exemple ? »

-« Par exemple, un tout ne peut pas être plus grand que la somme de ses parties »

-Mossadegh regarde Harriman dans les yeux et répond en français « C'est faux ». Harriman bien qu'il ne parlât pas cette langue devine ce que voulait dire Mossadegh, mais il n'en croit pas ses oreilles « Comment cela faux ? », demande-t-il abasourdi.

-« Eh bien prenez le renard, dit Mossadegh, sa queue est souvent plus longue que lui ». Ayant tiré cette salve, le Premier ministre pose son oreiller sur sa tête et se roule sur le lit en riant aux éclats. » (1)

Cette mission de bons offices se solde par un échec.

d) La réaction anglo-américaine

Il apparaît clairement aux Anglo-américains que Mossadegh veut se débarrasser de l'AIOC. Les opérations s'arrêtent totalement à Abadan occupée par des militaires, la raffinerie et les puits cessent de produire. Le directeur local de la Compagnie, menacé de mort, doit son salut à la fuite. La Grande-Bretagne envoie un croiseur pour évacuer tous les ressortissants étrangers travaillant sur place. Ils font des adieux touchants à leurs collègues iraniens. Le gouvernement anglais décrète l'embargo sur tous les hydrocarbures du pays. Il est très efficace, la production totale iranienne passe de 660000 barils par jour à 20000. La situation économique en Iran s'aggrave : un stock de 12 millions de barils de pétrole disponible à la vente et bradé par le gouvernement iranien à court de devises, ne trouve pas preneur. Mais la chute brutale de la production iranienne risque de créer une pénurie mondiale et une hausse catastrophique des prix du brut. Les autres compagnies pétrolières du Moyen-Orient réagissent, le Koweït, l'Irak, l'Arabie Saoudite profitant de l'aubaine, augmentent leur production et comblent ainsi le déficit.

La situation se détériore en Iran, le pays à court de devises connaît une inflation galopante, le chaos est total. Mossadegh se rend à l'ONU, défend sa politique, puis demande aux Etats-Unis une aide économique qui n'obtient aucune réponse. Homme aux abois, il multiplie ses réunions ministérielles « autour de son lit » puis lance un plébiscite dans le pays pour consolider sa position et reçoit plus de 90% d'approbation. Ironie de la situation, il est choisi comme « homme de l'année » fin 1951 par le *Time Magazine,* étant celui qui a le plus bouleversé l'économie mondiale pendant cette année.

e) Opération AJAX (2)

En Angleterre, le gouvernement travailliste est remplacé par celui de Winston Churchill avec Antony Eden au Foreign Office. Ils sont tous deux partisans de la ligne dure. Mais les autorités américaines sont très inquiètes, Mossadegh regarde du côté de l'URSS. Le parti TOUDEH, à la solde de Moscou, est présent partout. L'Iran va-t-il basculer dans le camp communiste ? Il faut se débarrasser de Mossadegh à tout prix.

L'opération AJAX anglo-américaine est montée. Les Américains ont gardé une mission militaire en Iran qui n'a pas été inquiétée par les autorités car Mossadegh ne veut pas rompre avec les Etats-Unis. De plus, les Américains ont maintenu de bons rapports avec la police du pays. La gendarmerie iranienne a été dans le passé dirigée par le général américain Schwarzkopf qui a gardé de bons amis parmi ses officiers. En mai 1953, Allan Dulles, chef de la CIA, le célèbre service de contre-espionnage, se rend en Suisse pour des « vacances ». Il y est rejoint par Henderson, l'ambassadeur des Etats-Unis à Téhéran et par la princesse Ashraf, sœur du Shah. Ils décident de passer à l'action.

A la demande de prêt de Mossadegh auprès du gouvernement américain, en attente depuis un mois, une réponse est donnée en forme d'ultimatum : ouvrir sans délai les pourparlers sur l'avenir de l'industrie pétrolière iranienne et dans le cas contraire aucune aide financière ne sera accordée. Mossadegh s'effondre, organise d'importantes manifestations prosoviétiques, menace d'incendier les puits de pétrole. Mais sur les conseils des américains sur place, la police et l'armée ne bougent pas, la foule envahit la rue. Le pays se divise en deux clans : pour Mossadegh et pour le Shah.

Le général Schwarzkopf arrive à Téhéran « pour rendre visite à ses amis », rencontre généraux, officiers de police, le Shah. Mossadegh s'inquiète, dissout le Parlement, veut faire appel au peuple. Le Shah intervient, congédie Mossadegh et nomme le général Zahedi premier ministre. Mossadegh refuse d'obéir et excite la foule contre le Shah. Celui-ci, en compagnie de son épouse est obligé de s'enfuir à Rome. Mossadegh préconise l'abolition de la monarchie, les militants du parti TOUDEH arrivent à Téhéran, détruisent les statues du monarque.

C'est l'erreur fatale, les cadets de l'académie militaire interviennent, mobilisent les paysans, manifestent, rejoints par l'armée et la police. On acclame le Shah, Mossadegh, arrêté pour rébellion, doit être jugé pour haute trahison. Les hommes du TOUDEH sont férocement mis hors de combat. Le Shah revient dans son pays après quelques jours d'absence.

f) Le consortium

Il faut maintenant reconstruire. Il devient évident que la direction des affaires pétrolières ne peut rester seulement à la Grande-Bretagne. Le gouvernement américain délègue Herbert Hoover junior, spécialiste du pétrole, qui se rend à Téhéran, rencontre le Shah et le général Zahedi et met au point un consortium devant gérer la production d'hydrocarbures. Il arrive à convaincre les cinq plus grandes compagnies pétrolières américaines, très réticentes, à en faire partie. En 1954, après avoir obtenu l'accord de tous les intéressés, le projet prend forme, avec le partage des actions suivant :

Anglo Iranian : 40%
Shell : 14%
CFP : 6%
EXXON, MOBIL, CHEVRON, TEXACO, GULF : 40% (chacune 8%)

L'ironie de la situation, c'est qu'un obstacle inattendu s'élève aux Etats-Unis. Le Département fédéral de la justice mène une lutte acharnée contre les cartels, les monopoles, les atteintes à la liberté de commerce. Il commence en ce moment une action anti Trust et cite toutes ces cinq compagnies à comparaître pour non-respect de la sacrosainte libre concurrence. De son côté, le Département d'Etat pousse ces cinq compagnies à entrer dans le consortium iranien. La lutte est acharnée entre les deux départements. Il faudra l'intervention du Président Truman, en fin de mandat, pour faire cesser les poursuites contre ces compagnies qui ont bien voulu prendre pied en Iran. Les Etats-Unis pénètrent dans ce pays et deviennent la principale puissance intéressée au maintien de la paix dans cette région.

g) Reprise de la production

L'Iran retire un grand avantage de cet accord, il est reconnu comme le seul propriétaire de la totalité des gisements de son sous-sol. Les compagnies sont là pour les exploiter et payer les redevances et taxes selon l'accord 50/50 en vigueur dans tous les pays exportateurs de pétrole. La production reprend, les installations n'ayant pas été sabotées pendant la tourmente. Suivant le conseil des Américains, le Shah décide de ne pas faire de Mossadegh un martyr. Il est condamné à trois ans de prison, puis se retire de la vie politique.

Il est important de noter la création à cette date de la BP (British Pétroleum). En 1917, l'Anglo Persian a acheté une compagnie d'origine allemande, implantée en Grande-Bretagne, nommée British Petroleum C°, commercialisant les produits de la maison-mère sous le nom de B.P. L'Anglo Persian devint en 1934 l'Anglo Iranian et celle-ci en 1954 prend le nom de sa petite succursale achetée 37 ans auparavant. Son siège social est toujours à Londres sous l'emblème BP et elle est active dans 70 pays.

La BP fait une excellente affaire dans la création du consortium iranien. Elle est largement indemnisée pour la perte de la majorité de ses actifs : par le gouvernement iranien propriétaire du sous-sol et par les autres sociétés entrant dans l'affaire. Par la suite, le consortium accepte la participation d'autres petites compagnies indépendantes par l'achat d'une fraction des actions des cinq Majors en place. Le monde du pétrole diversifié cesse d'être le monopole des Sept Sœurs.

Sir William Fraser, président de la BP est récompensé de ses efforts, d'avoir tenu fermement pendant la tempête. Il est élevé par la reine à la dignité de « Baron of Strathalmond of Pumpherstone », ce qui déclenche ce commentaire ironique de Gulbenkian :

« *Pourquoi pas Lord Brut d'Abadan* ? »

2 - La crise de Suez

Dans la première moitié du XXe siècle, le Canal de Suez constitue une artère stratégique de première importance pour la Grande-Bretagne. D'ailleurs, elle l'a défendu avec une farouche détermination pendant les deux guerres mondiales. Il représente le point de passage obligé sur la route des Indes et son point le plus vulnérable. Après 1948, et l'indépendance des Indes, il perd une grande partie de son importance pour les Anglais. Par contre, pour toute l'Europe, il est devenu la route du pétrole. Les navires chargés d'hydrocarbures forment plus des deux tiers du total du trafic maritime qui l'emprunte. La sécurité du passage par cet étroit canal est donc vitale pour tout l'Occident.

a) La nationalisation

En 1952, la révolution éclate en Egypte, le roi Farouk, corrompu et incompétent est forcé d'abdiquer par le colonel Nasser qui prend le pouvoir. Dans la république qu'il proclame, il apparaît comme un nationaliste intransigeant, leader de la cause arabe et désireux de faire de l'Egypte un pays indépendant et moderne. Il commence par exiger le départ de toutes les troupes anglaises stationnées dans le pays et l'obtient en 1956.

Mais dans l'Egypte, enfin indépendante, la Compagnie du Canal de Suez est vécue par les Egyptiens comme une survivance de l'impérialisme franco-anglais. Comprenant uniquement des cadres ou des techniciens français ou anglais, elle gère les activités du Canal, encaisse les droits de passage et n'a que peu de rapports avec les autorités égyptiennes. Mais le président égyptien sait bien que la concession qui lui a été octroyée expire dans peu de temps, c'est-à-dire en 1968.

Nasser a de grands projets pour son pays, il veut construire un grand barrage sur le Nil à Assouan, pour réguler définitivement le régime du fleuve et en supprimer les crues et en même temps produire suffisamment d'énergie hydro-électrique dont le pays a grand besoin. Il doit donc faire de gros emprunts et obtenir l'assistance technique d'industriels anglo-américains. Le problème est mis à l'étude dans ces deux pays. Mais l'Egypte de Nasser est mal acceptée dans le monde occidental. Il a déclaré son pays non-aligné, donc neutre pendant la guerre froide où s'affrontent les Etats-Unis et l'URSS. Il recherche au-delà du rideau de fer les armes que lui refusent les occidentaux, et aide ouvertement les groupes nationalistes du Maghreb en lutte contre l'Algérie française.

Dès 1955, les Américains et les Anglais, envisageant l'octroi d'un prêt pour permettre à Nasser d'accomplir son projet et se rapprocher du camp occidental. Mais en juin 1956, le Secrétaire d'Etat américain John Foster Dulles, à la pointe du combat contre la menace soviétique, excédé par le manque d'esprit de coopération de Nasser décide de refuser la demande de prêt et torpille ainsi le grand projet de cet homme d'Etat récalcitrant. La réplique de celui-ci ne se fait pas attendre : le 26 juillet au cours d'un grand discours à la Nation, il annonce sa décision de nationaliser de suite le canal de Suez. Simultanément il confie à l'URSS le projet de construction du barrage d'Assouan ainsi que son financement. C'est un coup de tonnerre dans le camp occidental. La surprise est totale.

b) La guerre du Canal

Les réactions anglaises et françaises sont immédiates. Il s'agit d'une véritable spoliation des actionnaires de la Compagnie du Canal, en majorité français et anglais. Pour les deux pays, la route du pétrole venant du golfe Persique risque d'être coupée à tout moment par un dictateur qui peut alors impunément faire du chantage. De plus, les deux gouvernements ont ce qu'on peut nommer « le syndrome de Munich », c'est-à-dire la répétition 18 ans après, de la politique d'apaisement à tout prix devant les exigences d'Hitler, qui a conduit à la catastrophe mondiale.

Les Etats-Majors commencent à envisager la reconquête militaire du canal. Une base logistique s'installe à Chypre. Mais les mises en garde arrivent des Etats-Unis. Le Président Eisenhower qui craint que le monde arabe ne bascule du côté de l'URSS, veut donner de lui une image d'anticolonialiste modéré.

Finalement Français et Anglais, passant outre l'opposition américaine décident de recourir aux armes. Ils s'assurent l'alliance de l'Etat d'Israël, excédé par les incursions de combattants irréguliers qui dévastent ses installations agricoles à la frontière égyptienne. Le 29 août 1956, l'armée israélienne attaque dans le Sinaï, le 30 octobre après un ultimatum les Franco-anglais lancent une opération navale et aéroportée qui débarque sur les rives du canal à Port-Saïd, puis progresse vers le sud.

Mais la période est fort mal choisie. Le Président Eisenhower, furieux d'être mis devant le fait accompli désavoue totalement l'opération. Nasser profite de la confusion pour couler des navires chargés de pierres dans le canal, le bouchant complètement. Khrouchtchev en URSS, qui vient d'envoyer ses chars mater l'insurrection hongroise, menace d'intervenir militairement et même d'utiliser l'arme nucléaire. Il n'est plus possible de continuer, Français et Anglais acceptent le cessez-le-feu. Les troupes franco-anglaises sur place sont remplacées par les forces de l'ONU dans la péninsule du Sinaï.

c) Les lendemains de l'opération militaire

L'opération est désastreuse pour la coalition anglo-franco-israélienne. Pour les Anglais, elle représente la fin du « British Empire » ainsi que de sa place comme première puissance mondiale. La France doit accepter la fin de la « Compagnie du Canal » fondée par Ferdinand de Lesseps et la remplace par une compagnie financière du même nom. C'est également la fin de sa position économique et culturelle privilégiée en Egypte dont les origines remontent à l'expédition de Bonaparte. Pour les Israéliens qui évacuent le Sinaï, l'interposition des troupes de l'ONU protège leur territoire de l'incursion de bandes armées agissant avec la complicité des Egyptiens.

Pour le colonel Nasser, c'est une victoire sans avoir combattu, mais qui le prive des revenus de la Compagnie du Canal pour de nombreux mois.

Les conséquences à moyen et long termes sont nombreuses.

(1) La route de Suez, talon d'Achille de l'Europe, est coupée pour longtemps. Les stocks d'essence disponibles en France s'épuisent et il faut la rationner. Un marché noir des carburants s'installe pour automobilistes acharnés. Les compagnies pétrolières réorganisent le routage de leurs pétroliers naviguant en pleine mer pour approvisionner en priorité l'Europe. La route du Cap de Bonne Espérance est alors largement utilisée. Les Etats-Unis et le Venezuela viennent au secours de l'Europe et la pénurie d'essence prend fin. Le Canal de Suez est dégagé au Printemps 1957 et la navigation reprend.

(2) Pour les pays occidentaux le canal de Suez n'est plus fiable. Une pareille crise peut se reproduire dans ce Moyen-Orient effervescent. Le cheminement du pétrole par la route du Cap, contournant l'Afrique, n'est rentable que pour des pétroliers de taille croissante, d'une capacité passant de 100000 à 500000 tonnes. Les

infrastructures portuaires sont modifiées pour pouvoir accueillir de pareils navires.

(3) En Grande-Bretagne, Anthony Eden, responsable de cet échec démissionne et se retire de la vie politique. Mac Millan qui le remplace s'active à panser les blessures et reprend les relations cordiales avec l'Administration américaine. Mais pour le monde occidental il devient indispensable de trouver des gisements d'hydrocarbures dans des régions politiquement sûres, à l'abri du chantage ou de la pression politique de pays sous-développés aux réactions imprévisibles. C'est alors le début des campagnes de prospection dans des zones inexplorées, en off-shore ou dans l'Arctique.

(4) L'anecdote suivante illustre bien cette préoccupation :

« *En 1970, Edward Heath, Premier ministre anglais organise un dîner en l'honneur de Sir Anthony Eden, qui fut un grand serviteur de l'Etat pendant la deuxième guerre mondiale. Dans son discours de réponse, Eden souhaite à l'Angleterre de découvrir un grand 'lac de pétrole' sous la mer du Nord !* » (3)

Cette belle prophétie sera totalement exaucée, bien que ce ne fût pas un grand lac de découvert mais de multiples étangs.

3 - La guerre des Six Jours

En 1967, l'Egypte indépendante s'est bien armée avec l'aide de l'URSS. Le Président Nasser, très populaire dans son pays et dans le monde arabe, prépare sa revanche sur Israël qui bénéficie d'une paix relative après la crise du Canal de Suez. Poussé par la Syrie, il expulse toutes les troupes et observateurs de l'ONU, en place au Sinaï depuis ce dernier conflit, puis décrète le blocus du golfe d'Akaba, artère de navigation vitale pour Israël qui reçoit tout son pétrole par cette route.

a) La guerre éclair

Le gouvernement israélien considère ceci comme une provocation inacceptable, d'autant plus que la Syrie, la Jordanie et l'Irak s'allient à l'Egypte. Ne pouvant supporter l'encerclement de son territoire, il décide de passer à l'action.

Le 6 juin 1967, dès l'aube, par surprise son aviation attaque et anéantit celles de l'Egypte et de la Syrie, puis trois offensives terrestres se succèdent au Sinaï en direction du Canal, en Cisjordanie et vers Jérusalem, sur le plateau du Golan en Syrie. Les résultats sont spectaculaires, les armées ennemies privées d'aviation sont en déroute. Au bout de 6 jours, le cessez-le-feu est décrété. Israël a détruit le piège mortel établi par les Etats arabes, occupe toute le Sinaï jusqu'à la rive orientale du Canal de Suez, la ville de Jérusalem et la Cisjordanie, ainsi que le Golan.

b) L'arme du pétrole (4)

La réaction des pays arabes surpris par ce désastre militaire est immédiate. Les ministres des Affaires Etrangères des pays arabes producteurs de pétrole se réunissent à Bagdad et décident l'embargo pétrolier en direction des Etats-Unis, de la Grande-Bretagne et de l'Allemagne considérés comme des amis d'Israël. Par solidarité avec les Etats belligérants, les pays arabes non impliqués directement dans le conflit, comme l'Arabie Saoudite ou le Koweït, arrêtent la production de pétrole pendant que l'armée occupe toutes les installations. Ils craignent des actions de sabotage et des manifestations de grande ampleur. Ne pas faire preuve de solidarité envers les pays en guerre serait presque suicidaire pour certains autres. Les oléoducs partant d'Arabie Saoudite ou d'Irak et aboutissant en Méditerranée sont fermés. L'unité arabe semble s'être réalisée avec l'utilisation de cette arme longtemps brandie : celle du pétrole.

Il s'avère rapidement que cette décision n'est pas tellement efficace. Les pays producteurs non arabes (Iran, Venezuela, Etats-Unis) réagissent rapidement et profitant de l'aubaine augmentent leur production. De plus, il est difficile de bien suivre à la trace un pétrolier partant du Moyen-Orient jusqu'à sa destination finale. Du pétrole arabe peut être débarqué à Londres ou Hambourg sans que les intéressés s'en rendent compte. Le Cheik Zaki Yamani, ministre saoudien du pétrole met en doute la valeur de cet embargo. Les pays qui l'ont décrété et ont arrêté la production se punissent eux-mêmes. Il évalue à 30 millions de dollars la perte des revenus durant le seul mois de juin pour l'Etat saoudien. Dès le mois de juillet, l'Arabie Saoudite remet en marche ses installations et reprend ses exportations. Elle est suivie rapidement par les autres Etats et en octobre 1967, l'embargo est officiellement supprimé. Aucun des pays concernés par cette mesure n'a été obligé de rationner l'essence. L'utilisation de l'arme du pétrole a complètement échoué.

Un problème important subsiste : les deux rives du Canal de Suez sont occupées par des armées ennemies, face à face. Aucune navigation n'est possible et cela perdurera encore pendant longtemps. C'est 170 millions de tonnes de marchandises dont les 2/3 sont du pétrole, qui empruntent chaque année cette voie navigable. Le coût du transport maritime est parfois multiplié par cinq. Mais les compagnies pétrolières ont commencé, depuis la crise de Suez de 1956, à utiliser des pétroliers géants de plus de 300000 tonnes ce qui diminue considérablement les coûts de transport. Entre les chantiers navals, commence la course au tonnage, à celui qui fera le plus géant des pétroliers.

Les compagnies occidentales, les Sept Sœurs, savent profiter de l'occasion. Elles calculent leurs redevances aux producteurs à partir du prix « post », c'est-à-dire le prix affiché qu'elles maintiennent très bas, mais vendent leur pétrole au prix « spot », prix du marché, fluctuant, qui a beaucoup augmenté par ces temps de crise.

c) Les enseignements à tirer de la crise (5)

Le 29 août 1967, les pays de la Ligne Arabe se réunissant à Khartoum pour tirer les leçons de cette aventure. Leurs conclusions concernant l'utilisation de l'arme du pétrole sont claires.

-Les principales victimes du boycott sont les Etats producteurs eux-mêmes

-les Etats-Unis soutenant Israël n'on pas souffert

-L'industrie pétrolière mondiale a réussi à compenser la pénurie

-Il y eut des excédents de pétrole et les pays visés ont pu trouver ce qui leur marquait

-La Grande-Bretagne et l'Allemagne avaient des stocks leur permettent de tenir six mois

En résumé, l'arme du pétrole a donc été mal utilisée.

Les conclusions des pays occidentaux, menacés par cet embargo sont différentes :

-Il est indispensable d'orienter la recherche pétrolière vers d'autres régions que le Moyen-Orient, vers des pays politiquement stables

-Il faut conserver et développer une large flotte de pétroliers, dont des supertankers

-L'arme du pétrole ne doit pas être considéré comme une menace et ne doit pas peser outre mesure sur les décisions politiques

- Le Canal de Suez a perdu l'importance qu'il avait à l'époque coloniale.

CHAPITRE XII

ACTIONS ET REACTIONS

1 - La participation

Les perturbations politiques et militaires des années 1960 n'ont pas modifié radicalement le rapport des forces au Moyen-Orient. On assiste à des crises d'un nationalisme exacerbé, des chocs des cultures surtout en Iran et en Egypte. Les compagnies pétrolières restent fermement installées sur leurs concessions et résistent de toutes leurs forces aux demandes des pays producteurs où elles opèrent. Les pays consommateurs de pétrole ont peu souffert des conséquences de ces crises. Mais de part et d'autre, les partenaires se rendent compte que les situations doivent évoluer sous la pression de populations avides de considération morale et de bien-être matériel.

Pour les pays producteurs du Moyen-Orient, le régime des concessions doit être aboli. Il est le symbole du colonialisme désuet, du pillage sans limites de leurs immenses ressources souterraines. L'objectif de tous ces Etats est donc de récupérer la souveraineté pleine et entière sur leurs richesses. Nasser et Mossadegh sont les héros du monde arabe, les leaders qui ont tenté de reprendre et de rendre aux peuples les richesses naturelles qui légitimement leur reviennent.

a) La stratégie Yamani

Pour beaucoup de responsables politiques à tendance radicale, la nationalisation complète de l'industrie pétrolière est le seul objectif à envisager et à appliquer de suite. Ils ont l'exemple du Mexique qui, dès 1938, a pris possession de son pétrole, mais ils ne réalisent pas que les conditions à cette époque et en ce lieu étaient fort différentes de la situation en 1960 au Moyen-Orient.

C'est Ahmed Zaki Yamani, le ministre du pétrole d'Arabie Saoudite qui est le principal meneur du jeu dans cette région. Il a la stature du « Sage du Moyen-

Orient », calme, maître de lui-même, ne laissant jamais paraître ses sentiments. C'est également l'homme de deux cultures qu'il a parfaitement assimilées : l'occidentale et l'arabe. Le paradoxe c'est qu'il est plus apprécié dans les milieux du pétrole américains ou européens qu'au Moyen-Orient.

Dès son entrée en fonctions, à l'OPEP, ou dans son pays, il se déclare opposé aux nationalisations immédiates pour plusieurs raisons :

-Les pays producteurs n'ont pas encore les techniciens et cadres pouvant maîtriser les problèmes très complexes de la production, raffinage et distribution des hydrocarbures.

-Ce n'est pas tout de produire le pétrole, il faut le vendre. Les pays arabes n'ont aucune infrastructure commerciale dans aucun pays.

-Dès la nationalisation, les grandes compagnies (les Sept Sœurs) ayant perdu leur mainmise sur les gisements, se transformeront en acheteurs de pétrole brut pour le raffiner et le vendre. Ils feront tout pour maintenir le prix du baril de brut le plus bas possible.

Il proclame que la meilleure stratégie serait celle de la participation, c'est-à-dire associer les Etats producteurs aux Compagnies opérant sur leur sol. Son objectif est double :

-Obtenir un meilleur contrôle de la production, de la fixation des prix et de la vente des produits pétroliers. Les Etats seraient ainsi des associés ayant leur mot à dire durant la prise de décisions.

-Constituer partout des compagnies nationales devant un jour se substituer aux grandes sociétés.

Les compagnies pétrolières s'opposent toutes à ces demandes, considérées comme irréalistes. Leur tactique consiste à faire traîner les pourparlers, car chaque jour qui passe est un jour de gagné qui fait rentrer des millions de dollars dans leurs caisses. En 1970, le Département du Commerce des Etats-Unis publie des statistiques donnant de sérieux arguments aux pays producteurs : les actifs de l'industrie pétrolière au Moyen-Orient se montent au total à 1.5 milliards de dollars, et génèrent un bénéfice de 1.2 milliards, c'est-à-dire avec un taux de rendement de 80%, alors que celui des autres industries minières est de 13.5%. Quel est l'Etat qui ne serait pas tenté par le partage des revenus de cette « poule aux œufs d'or » ? (1)

b) Les discussions au sein de l'OPEP

Jusqu'en1969, l'abondance règne sur le marché pétrolier et les prix sont très bas (de l'ordre de 1 à 3$ le baril de brut). Tous les efforts au sein de l'OPEP pour contrôler la production n'aboutissent à rien, il y a toujours un pays qui triche. Les dirigeants ont en tête le prix du baril et les revenus de la rente pétrolière, personne ne songe comme Guerrero qui a remplacé Alfonzo au Venezuela, au niveau des réserves ni à leur épuisement par pompage excessif.

En 1971, la situation évolue, aux Etats-Unis la production stagne et ils doivent importer de plus en plus de pétrole étranger. La demande en Europe va en croissant. Tous les pays du Moyen-Orient ont atteint leurs capacités maximum sauf l'Arabie Saoudite et l'Iran qui seuls peuvent peser sur les prix. De plus, l'oléoduc reliant le golfe Persique à la Méditerranée est détruit par accident. Comme le Canal de Suez est toujours fermé, la Libye se trouve en situation très favorable et peut imposer ses prix. L'Occident capitule devant l'OPEP et augmente de 0.5 dollar le prix du baril. (2)

Yamani à l'OPEP fait avancer les prises de décision. Il propose d'imposer une participation immédiate de 20% devant aller jusqu'à 51% dans 10 ans. Il obtient alors l'appui du Qatar, du Koweït, d'Abu-Dhabi, s'ajoutant à celui de l'Arabie Saoudite. Les compagnies s'y opposent toutes, cela leur répugne de voir siéger des fonctionnaires locaux dans leurs conseils d'administration. C'est l'ARAMCO qui mène l'opposition, elle est l'enjeu de la confrontation. Elle appartient à quatre des Sept Sœurs (EXXO, MOBIL, CHEVRON, TEXACO), bien implantée dans la ville de Dhahran, dans une cité coloniale vivant hors du temps. Elle ne veut à aucun prix perdre sa liberté d'action par une surveillance méticuleuse du gouvernement saoudien. Pour parer à la menace, l'ARAMCO fait une contreproposition : revenir sur l'accord 50/50 du partage des bénéfices, ce qui provoque la colère du Roi Fayçal. Finalement, l'ARAMCO cède et accepte la participation. Elle a commis l'erreur tactique de ne pas donner de bonne grâce son accord à une mesure qu'elle savait inéluctable.

La décision finale sera prise en 1972 au sein de l'OPEP, entre les compagnies et les cinq pays candidats : 25% de participation immédiate puis portée à 51% en 1983. Les accords de compensation pour la cession des actifs auront lieu ultérieurement. Les compagnies ont finalement accepté cette solution qu'elles considèrent comme une prime d'assurance contre la nationalisation. Tous les pays du Moyen-Orient s'alignent sur cette décision.

c) La montée des périls

Les années 1970 sont donc des années charnières. La participation a un effet moral considérable sur les populations de ces pays. Elle leur donne la fierté de prendre pied dans cette industrie si vitale pour eux. Ce qui est encore plus important c'est qu'ils ont un contrôle sur le prix « post », prix affiché servant d'assiette au calcul de la rente. La grossière anomalie : « du prix fixé par celui qui doit payer » disparaît.

Par la prise de contrôle partielle de la production et des prix, les Etats du Moyen-Orient ont le sentiment qu'ils retrouvent le pouvoir qu'ils ont perdu depuis fort longtemps. Et ils sont certains que cette victoire leur permettra d'en remporter d'autres dans le domaine politique. Le Roi Fayçal prévient les envoyés du Président Nixon : la situation au Moyen-Orient va évoluer, l'arme du pétrole maladroitement utilisée en 1967, peut devenir redoutable et réveiller des désirs de revanche dans tous ces pays au nationalisme humilié et exacerbé. Mais le Président Nixon, empêtré dans l'affaire du Watergate, luttant pour défendre son honneur, ne prête qu'une oreille distraite à ces avertissements.

2 - La diversification des ressources

Durant les années 1960, il devient évident que le Moyen-Orient sera jusqu'à la fin du siècle et au début du suivant, la principale source d'hydrocarbures pour le monde entier. Les chiffres sont éloquents : de 1950 à 1972, la production totale de cette région passe de 1.1 millions de barils par jour à 18.2, soit une croissance de 1500%. En comparaison, aux Etats-Unis, l'augmentation n'est même pas du double, passant de 5.5 à 9.5. Mais la succession des conflits dans cette région, ainsi que les menaces toujours pesantes de futures crises, poussent les pays industrialisés à chercher d'autres sources d'hydrocarbures. Toute découverte suivie de développement de réservoirs hors du Moyen-Orient est d'importance stratégique, quel qu'en soit le prix et affaiblit la menace d'instabilité politique en assurant une sécurité d'approvisionnement. Les principales campagnes de recherches méritent d'être étudiées.

a) La Mer du Nord

En 1959, la Shell associée à EXXON découvre l'énorme gisement de gaz à GRONINGUE en Hollande sur la terre ferme. C'est une excellente aubaine pour ce petit pays qui modifie alors totalement sa politique énergétique. Il est alors naturel de commencer à explorer toute la zone off-shore au-delà de cet emplacement. Des campagnes d'exploration géophysiques débutent alors au large des côtes hollandaises et anglaises puis s'étendent progressivement vers le Nord. On utilise les méthodes sismiques et aéromagnétiques adaptées à la recherche en pleine mer. Les résultats apparaissent très favorables : la Mer du Nord, peu profonde, possède une épaisse couche sédimentaire au fond de l'eau, comportant de nombreux anticlinaux avec des dômes de sel, excellents pièges à hydrocarbures. La principale difficulté est la localisation des sites prometteurs où il faut forer, dans cette mer souvent agitée ou recouverte d'épais brouillards.

Dès 1963, les pays riverains délimitent les zones relevant de la souveraineté de chacun. C'est l'accord intitulé « Continental Shelf Act » signé en 1964 par toutes les puissances intéressées. Des frontières découpent ainsi la Mer du Nord en plusieurs régions appartenant à la Grande-Bretagne, la Norvège, le Danemark, la Hollande et l'Allemagne. C'est la Grande-Bretagne et la Norvège qui ont le privilège de posséder les portions du plateau continental les plus grandes et les plus prometteuses.

Les forages débutent en 1965 dans la partie sud de la zone anglaise. On y découvre principalement deux gisements de gaz, non loin du rivage anglais : de WEST SOLE et LEMAN. Une tragédie survient : une barge de forage coule et cause la mort de 13 personnes. C'est un grave avertissement pour toutes les compagnies. Les problèmes de sécurité du personnel seront primordiaux à l'avenir et vont coûter très cher.

(1)Les grandes découvertes

Les gisements de gaz du sud sont de faible envergure, de plus les zones proches des côtes attribuées à la Hollande, au Danemark et à l'Allemagne ne donnent que peu de résultats. Les campagnes de forage se déplacent alors vers le centre de cette mer partagé entre l'Angleterre et la Norvège. En 1969, la PHILIPS OIL C° découvre le gisement géant d'EKOFISK en zone norvégienne. Il débite initialement près de 9000 barils par jour. Sa mise en exploitation en 1971 se heurte à une difficulté : l'oléoduc d'évacuation du pétrole ne peut aboutir en Norvège car une profonde faille sous-marine existe le long de toute la côte de ce pays, obstacle difficile à franchir pour un long tuyau déposé au fond de la mer. L'oléoduc aboutira à Tessport en Angleterre.

En 1970, c'est la BP qui découvre le gisement géant des FORTIES à l'est des côtes de l'Ecosse, dans la zone anglaise. Ses réserves sont évaluées à 2.5 milliards de barils et il est relié à la rive écossaise par un oléoduc. Aberdeen petit port de commerce et de pêche de la région devient la capitale pétrolière de la Grande-Bretagne. C'est le point de départ de toutes les équipes devant travailler sur les plateformes fixes ou semi-submersibles en service sur la mer.

C'est TOTAL qui découvre en 1971 le gisement de FRIGG en zone norvégienne, c'est un réservoir de gaz naturel, relié par gazoduc à la rive écossaise.

L'exploration se poursuit en s'accélérant au nord de cette mer, entre les Shetland et la côte norvégienne. Près de 112 puits d'exploration sont forés durant cette période. C'est finalement la SHELL, alliée à EXXON qui découvre le gisement de BRENT avec des réserves de pétrole se chiffrant à près de 2 milliards de barils et plus de 100 milliards de mètres cube de gaz.

(2)Les conditions d'exploitation

Les conditions de travail sont très pénibles. La Mer du Nord est réputée pour ses grandes tempêtes avec des vagues hautes de plus de dix mètres. Les plateformes de forage ancrées au fond de la mer doivent résister aux éléments déchaînés. Les barges semi-submersibles sur flotteurs sont maintenues au-dessus de leur puits malgré la violence du vent et des courants marins. Les équipements installés sous la mer doivent être inspectés et entretenus par des plongeurs sous-marins travaillant avec une visibilité quasi nulle (Ce sont les travailleurs de la mer les mieux payés au monde). Par temps de brouillard intense, les liaisons par hélicoptère avec la terre ferme sont interrompues parfois pendant des semaines, rendant difficile le remplacement des équipes. Le souci de sécurité est permanent et des alertes ont lieu par mauvais temps.

Il faut donc rendre hommage au courage et à la ténacité de ces équipes qui ont su assumer la continuité du travail dans des conditions aussi complexes. L'exploitation de la Mer du Nord est donc le triomphe de la technologie la plus moderne, alliée à la persévérance des pionniers.

Les grandes difficultés dues aux conditions naturelles se répercutent par un coût de production très élevé. La Mer du Nord n'aurait pas pu être exploitée si les réservoirs découverts n'avaient pas eu en majorité cette taille gigantesque. Le prix de revient du baril de pétrole brut, fluctuant autour de quelques dizaines de centimes au Moyen-Orient, monte à 10 dollars dans cette région. L'ironie de la situation est que c'est l'instabilité politique au Moyen-Orient qui en faisait grimper rapidement le prix de vente de son pétrole, a permis l'exploitation rentable des gisements de cette région.

(3)Répercussions en Grande-Bretagne

La Grande-Bretagne est devenue une puissance pétrolière. Elle ne s'y attendait pas. Les Anglais avec beaucoup de dynamisme ont fait face à cette transformation : produire les équipements nécessaires, former les cadres et techniciens de cette industrie, assurer la transformation et la distribution des produits bruts. Les Sept Sœurs, secondées par TOTAL la huitième, ont largement contribué à ce développement rapide. L'afflux de rentes pétrolières a suscité des convoitises et redonné vigueur aux mouvements d'indépendance de l'Ecosse. Mais la Grande-Bretagne a ainsi assuré la sécurité de ses approvisionnements en hydrocarbures pour plusieurs décennies.

(4)Répercussions en Norvège

La politique pétrolière a été fort différente dans ce petit pays à grande façade maritime. Il n'avait pas de compagnies pétrolières nationales et garda donc une attitude très stricte envers toutes les sociétés internationales intéressées, ne favorisant aucune d'elles en particulier, restant très combatif lors des études de contrat. Adoptant une ligne de conduite proche de celle des pays du Moyen-Orient, l'Etat se montre soucieux de limiter la production pour préserver ses réserves et les garder pour les générations futures. Ayant eu des contacts à ce sujet avec des pays de l'OPEP et avec le Cheikh Yamani, des Norvégiens s'attirent cette réflexion d'un Texan :

« *Les Norvégiens sont des Arabes aux yeux bleus* »

La Norvège ne fait pas partie de l'OPEP et sait gérer avec beaucoup de calme et de retenue, cette rente pétrolière inattendue. (3)

(5)Leçons à tirer de l'expérience

Deux conclusions s'imposent :

-Le prix élevé du pétrole issu de certains gisements ne doit pas empêcher sa recherche et son exploitation. La sécurité d'approvisionnement a un coût que les puissances industrielles sont prêtes à payer. D'ailleurs la hausse des prix « spot » sur le marché mondial efface rapidement ce handicap initial.
-La recherche pétrolière est liée étroitement à la technologie la plus sophistiquée. C'est grâce aux progrès techniques que les gisements de la mer du Nord ont pu être exploités. Les découvertes et exploitations des futures gisements ne pourront pas se faire sans l'utilisation des moyens matériels de plus en plus perfectionnés et coûteux.

b) L'Alaska

Après la crise de Suez de 1956, les sociétés américaines commencent à s'intéresser à l'Alaska. Les forges d'exploitation commencent dans le sud où le climat est moins rigoureux que sur les rivages arctiques. L'activité se centre principalement sur un grand golfe, le Cook Inlet. Les résultats sont loin d'être négligeables : en 10 ans, de 1957 à 1966, 5 gisements de pétrole et 10 de gaz sont découverts. Les réserves sont estimées à 1 milliard de barils d'huile et 140 milliards de mètres cube de gaz. Ce n'est pourtant pas la grande découverte tellement recherché.

(1) Prudhoe Bay

En 1964, les explorations commencent dans le grand Nord, sur les rivages de la Mer de Beaufort, située au sud de l'Ocean Glacial arctique. EXXON, non découragée par 10 ans de modestes résultats reprend l'exploration à Prudhoe Bay. Elle est suivie par la BP, alliée à la SINCLAIR, puis par l'ATLANTIC alliée à la RICHFIELD sous le nom ARCO. Les risques financiers étant énormes, les sociétés intéressées préfèrent s'unir afin de les partager.

Aucun résultat tangible n'apparaît pendant deux ans puis le 26 décembre 1967, par une température de -35 degrés, un puits d'exploration foré par ARCO entre en éruption. Ce n'est qu'en 1968 que le gisement découvert est évalué. C'est un réservoir géant (« un éléphant » selon le jargon des pétroliers) de 10 milliards de barils, avec une production journalière de 2 millions.

Il n'y a au monde que deux autres gisements qui le surpassent : celui de GHAWAR en Arabie Saoudite et celui de BURGAN au Koweït. Le réservoir s'étend sur 70 kilomètres de long et 16 de large à 3600 mètres de profondeur.

Exploiter un pareil gisement est au-dessus des moyens de l'ARCO, faite de l'union de deux producteurs indépendants. Elle s'associe donc à EXXON pour l'exploitation. Pour le gouvernement américain, de plus en plus dépendant du Moyen-Orient, cette découverte arrive au bon moment. L'Alaska possède alors près d'un tiers des réserves de tout le pays et représentera près de 20% de la production totale des Etats-Unis. En appliquant les nouvelles techniques de récupération secondaire, il sera sans doute possible de doubler l'estimation de l'immense réserve.

(3) Les conditions d'exploitation

Travailler au nord du Cercle polaire arctique n'est pas une chose facile. Le sol est constitué par la toundra, couche de terre de 50cm, dure en hiver, spongieuse en été, avec en-dessous le permafrost, terre gelée en permanence. La circulation en camions est pratiquement impossible, c'est l'hélicoptère que l'on utilise le plus souvent. La technologie des grands froids n'existe pas. Beaucoup d'équipements, d'appareils fonctionnent très mal à très basse température et doivent être étudiés à nouveau. Le personnel doit s'habituer à la vie par grands froids, au blizzard ou à des étés précaires dans la boue et les moustiques.

La mise en exploitation de ce champ se poursuit. Toute la région est explorée, les forages se déplacent vers l'offshore sur la mer de Beaufort dans les zones américaines et canadiennes. Les coûts d'exploitation sont énormes, mais le travail se poursuit sans relâche. Avec la Mer du Nord, c'est la deuxième région découverte ayant des réserves géantes et où la sécurité des approvisionnements est totale. Pour la deuxième fois, le monde du pétrole réalise que si de telles découvertes ont pu être faites puis exploitées, c'est grâce à une technologie de plus en plus sophistiquée. De plus, la technologie des grands froids est très différente de celle de l'off-shore. L'industrie pétrolière ne pourra se maintenir qu'en faisant appel à la science et à la technique moderne.

(4) L'oléoduc

Ce n'est pas tout de trouver le pétrole, il faut pouvoir l'évacuer des lieux de production et le transporter sur de longues distances. Le problème est très complexe en Alaska. On envisage d'abord le transport par sous-marins géants passant sous la banquise puis par de très gros avions-citernes. C'est finalement la seule solution raisonnable qui l'emporte : l'oléoduc. Deux projets s'affrontent : le trajet trans-Alaska et celui trans-Canada. Le premier doit partir de Prudhoe Bay et aboutir à Valdez, port pétrolier sur l'océan Pacifique. Il doit passer par-dessus la chaîne de montagnes de Brooks, culminant à 3000 mètres, traverser des zones sismiques, et être placé dans le permafrost. C'est alors un pétrole chaud qui doit circuler dans une terre glacée qui devient de la boue sous l'effet de la chaleur. A ces difficultés s'ajoutent les obstacles écologistes. Les associations de protection de la nature s'insurgent contre un tel projet de tuyau coupant l'Alaska en deux, obstacle à la migration des grands mammifères. Le deuxième projet prévoit un oléoduc beaucoup plus long, mais pouvant aboutir directement aux zones industrielles du Centre Ouest du Canada, vers Edmonton ou Calgary. Techniquement plus facile à construire, il doit traverser des régions habitées, plusieurs Etats du Canada et nécessiter de multiples autorisations de passage.

Les compagnies américaines en accord avec le gouvernement fédéral finissant par choisir la première solution. Le TAP (Trans Alaskian Pipeline) aboutira à Valdez. De là, chargé sur de gros navires, le pétrole pourra être livré au Japon ou aux raffineries de l'ouest des Etats-Unis. Un consortium de sept compagnies se lance dans cette aventure, c'est-à-dire la pose d'un tuyau de 120 kilomètres de long et 1,20 mètre de diamètre, pouvant transporter plus de 400 millions de barils par an. Pour éviter que la chaleur du pétrole transporté ne dégèle le parmafrost, il est surélevé, ce qui permet également aux animaux, surtout les grands caribous de passer dessous. (4)

Les associations de défense de la nature intentent un procès en 1973 au consortium qui le construit et arrivent à interrompre pendant cinq ans sa mise en service. Les capitaux engagés, près de 1 milliard de dollars sont bloqués pendant ce temps, et l'Etat de l'Alaska est privé des redevances pour plus de 300 millions. L'opinion publique mondiale se souviendra de son existence lors de la grande catastrophe maritime causée par l'EXXON-VALDEZ qui coule en déversant 38000 tonnes de pétrole brut sur 2000 km des côtes du sud de l'Alaska. (5)

c) L'Afrique sub-saharienne

Les grandes sociétés pétrolières commencent dès les années 1950 à s'intéresser aux pays de l'Afrique occidentale, riverains du golfe de Guinée. Trois pays se distinguent : le Nigéria, le Gabon et l'Angola. Ce sont des pays qui malgré leur sous-développement et leur instabilité politique, ont ouvert leurs portes aux Majors et ont accepté des contrats d'exploitation raisonnables. Leurs remous politiques ou leurs guerres civiles ont peu affecté des exploitants occidentaux.

(1) Le Nigéria

Premier pays d'Afrique par sa population (140 millions d'habitants), le Nigéria s'est ouvert à la recherche pétrolière dès 1950. Il est alors une colonie britannique, et des indices de présence d'hydrocarbures sont détectés dans l'immense delta du Niger.

La Shell démarre la prospection en 1952 et obtient ses premiers résultats en 1957 autour de Port Harcourt dans le champ de BOMO ayant près de 500 millions de barils de réserves. L'indépendance du Niger est proclamée en 1960 et les compagnies américaines et françaises en profitent pour s'y installer. Dans les années 1960, la GULF découvre en off-shore le champ d'OKAN, suivi d'ELF-ACQUITAINE pour celui d'OBAGO. Les deux derniers ont la même réserve de 500 millions de barils.

La guerre civile éclate en 1967 entre le Nigéria et sa province riche en pétrole, le Biafra, qui veut faire sécession. Les hostilités durent jusqu'en 1968 et se terminent par l'écrasement du Biafra. La production pétrolière baisse fortement pendant ces deux années puis reprend facilement. En 1990, c'est la

MOBIL qui découvre le gisement d'EDOP de 700 millions de barils, le plus important de ce pays.

Le delta du Niger a une géologie très particulière, on y découvre de nombreux gisements d'une capacité de 40 à 50 millions de barils. Le taux de succès des forages d'exploration y est de 45% alors que partout ailleurs il est de 15%. Il y a donc étalement dans le temps des découvertes majeures.

De nos jours, les réserves totales du pays sont évaluées à 36 milliards de barils. On y trouve également d'importantes réserves de gaz naturel : plus de 5000 milliards de mètres cube. Mais beaucoup de gaz arrive à la surface dissout dans le pétrole. Il ne peut être utilisé dans le pays ou exporté et faute de moyens, il est brûlé à la torche en tête du puits. En 1987, on estimait à 13 milliards de mètres cube la quantité de gaz gaspillée ainsi inutilement.

(2) Gabon

Le Gabon, ancienne colonie française est un pays d'exploration difficile à case du climat tropical, de la forêt vierge, de la faune sauvage. Le travail de recherche important débute dès la fin de la guerre mondiale. C'est la société française ELF-GABON qui entreprend les opérations dans le bassin côtier. Le premier forage commence près de Port Gentil où l'on découvre le champ d'Ozouri suivi d'un autre à Pointe Clairette en 1956. Les campagnes off-shore débutent en 1959 avec des résultats très prometteurs. La recherche à terre se poursuit où l'on trouve le gros gisement de Rabi-Kounda avec une estimation des réserves à 350 millions de barils.

Il n'y a pas eu de découvertes de gisements géants au Gabon, mais de nombreux de taille moyenne, ce qui donne au Gabon une réserve actuelle de près de 2 milliards de barils. Ce pays avec une remarquable stabilité politique pendant des décennies, a permis à l'exploration et à la production de se développer sans entraves.

(3) L'Angola

Ancienne colonie portugaise, l'Angola s'est ouvert à la prospection dès 1952, avec Petrofina, compagnie belge. Les résultats sont modestes. Paradoxalement, la région la plus prometteuse est la petite enclave de Cabinda au nord de l'embouchure du Congo. On y découvre quatre grands gisements, chacun avec près de 700 millions de barils de réserves.

Dans l'Angola, indépendant après 1975, la recherche se poursuit le long du bassin côtier, et a permis d'importantes découvertes vers 1980. Aujourd'hui, ses réserves s'élèvent à près de 9 milliards de barils.

(4) Conclusion (6)

Au total, le centre et le sud de golfe de Guinée, sur plus de 800 kilomètres de long, de part et d'autre de l'Equateur, représente une zone de gisements pétroliers de première grandeur, avec de grandes réserves. Le grand plateau continental qui s'est constitué au débouché des grands fleuves Niger et Congo, est encore peu exploré et pourrait se révéler de grande importance à l'avenir.

3 - La France entre en scène

Dès la fin de la première guerre mondiale, les dirigeants français prennent conscience de l'importance stratégique croissante du pétrole ; le « sang de la terre » comme le déclarait Clémenceau. C'est de cette époque que date la création de la CFP (Compagnie Française des Pétroles). A partir de 1945, tous les gouvernements se donnent comme objectif de trouver de nouvelles sources d'approvisionnement en hydrocarbures en zone Franc ; ils désirent ne plus avoir à acheter le pétrole aux grandes compagnies anglo-américaines à des prix parfois excessifs ou arbitraires. Ils s'intéressent alors aux territoires français d'outre-mer.

a) Le Sahara nouvelle frontière

Les premières études du sous-sol du Sahara datent des années 1930. Interrompues pendant la guerre, elles reprennent en 1945. Les géologues français recensent les possibilités pétrolières du sud de l'Algérie. C'est une région d'accès difficile, en plein désert, torride en été et aucun indice en surface ne laisse espérer l'existence de gisements souterrains.

Dès 1948, des campagnes de gravimétrie débutent, organisées par le Service des Recherches Minières d'Algérie puis en 1950, la SN-REPAL (Société Nationale de Recherches Pétrolières en Algérie) dépose une demande de permis de prospection au nord du Sahara algérien. Les méthodes de recherches géophysiques se perfectionnent. Avec l'aide de la Compagnie Générale de Géophysique (CGG), les résultats sont satisfaisants. On fore quelques puits d'exploration donnant des indices de pétrole et de gaz. Plus au sud, on utilise la nouvelle méthode de photographie aérienne.

Depuis 1944, Pierre Guillaumat est nommé directeur du Bureau des carburants au Ministère de l'industrie. Connaissant l'importance stratégique du pétrole, il se fixe comme objectif d'aboutir à une production pétrolière française équivalente à la consommation intérieure.

b) Les grandes découvertes (7)

Les trois années de 1954 à 1957 seront décisives dans toute la région. On procède, dans la province de l'AHNET, à forer 10 anticlinaux de surface qui donnent du gaz. On continue dans cette province jusqu'en 1959 et on exploitera 14 champs de gaz avec près de 100 milliards de mètres cubes de réserves probables.

Les forages se poursuivent dans le sud aux confins de la Libye. Le premier forage d'exploration est situé à Edjeleh. Il donne d'importants résultats. Il est suivi par la découverte du champ voisin de Tingentourine. Le transport du pétrole brut se fera vers le rivage méditerranéen le plus proche, c'est-à-dire celui de Tunisie. Un oléoduc est construit qui atteint le port de La Skhirra dans le golfe de Gabes.

Dans les régions septentrionales du Sahara algérien, les forages effectués à Djebel Hamra sont décevants malgré les indices encourageants. La région de Touggourt où près de 20 puits sont forés ne donne que de faibles productions de gaz non exploitable commercialement. Mais ces échecs ne tempèrent pas l'ardeur combattive des techniciens sur le terrain.

En septembre 1955, une tour est implantée à Hassi Messaoud (traduisible par le puits de la chance) qui rencontre en juin 1956 une large zone imprégnée d'hydrocarbures. L'espoir renaît, on entrevoit une découverte majeure. Après 7 forages de délimitation du gisement, on peut estimer les réserves à 24 milliards de barils, dont 9 récupérables de suite. C'est un gisement majeur, comparable à ceux du Moyen-Orient. Un oléoduc de 60 centimètres de diamètre et de 660 kilomètres de long, relie ce gisement à la côte algérienne sur la Méditerranée. Il est terminé en 1959.

Au nord-est de cette région, on explore le vaste anticlinal de Hassi R'Mel. Le résultat ne se fait pas attendre. Deux mois après la découverte de Hassi Messaoud, une forte venue de gaz humide, sous forte pression apparaît. C'est un énorme réservoir de gaz de près de 2000 kilomètres carrés contenant 2000 milliards de mètres cubes de gaz et plus de 700 millions de barils de pétrole sous forme de condensats liquides. C'est une découverte majeure faisant de l'Algérie un grand exportateur de gaz. Le problème principal est le transport de ce combustible vers les lieux d'utilisation les plus proches. Un gazoduc de grand calibre est installé, allant du gisement au rivage près d'Oran. Mais le problème majeur est celui de la traversée de la Méditerranée. Un gazoduc sous-marin aboutissant à l'Espagne est envisagé, mais les risques de rupture à grandes profondeurs sont très grands. Finalement la solution adoptée est la liquéfaction du gaz pour obtenir du GNL (Gaz naturel liquéfié à basse température) 600 fois plus dense qu'à l'état naturel. Le liquide obtenu est transporté par des méthaniers, c'est-à-dire des bateaux spécialement conçus pour l'acheminer vers les lieux de réception. Des usines de liquéfaction sont construites au point de départ, celles de gazéification à l'arrivée. C'est à Arziw près d'Oran que la première usine de liquéfaction est installée.

C'est l'euphorie qui règne alors en France. Le général De Gaulle qui a accédé à la présidence de la République est un fervent partisan de l'autonomie pétrolière française, libérée des incertitudes du Moyen-Orient ou des dictats des compagnies anglo-américaines. Il rend visite au Sahara dès 1957 et malgré les troubles suscités par les mouvements d'indépendance algérienne, l'exploitation des ressources du sud algérien se poursuit calmement.

En 1964, le Bureau des Recherches Pétrolières avec la SN-REPAL (Société Nationale de Recherches pétrolières en Algérie) établissent les organismes de financement : FINAREP, GENAREP, REPFRANCE qui rencontrent un grand succès parmi le public.

c) L'indépendance algérienne

L'indépendance est proclamée en Algérie le 1er juillet 1962. Auparavant, les accords d'Evian avaient mis fin à la guerre. Ces accords stipulent que la France, tout en reconnaissant que le Sahara algérien appartient à ce nouvel Etat, garde le contrôle de l'industrie pétrolière de la région.

L'Algérie indépendante crée sa société pétrolière, la SONATRACH qui s'associe aux pétroliers français pour la recherche et l'exploitation du Sahara algérien. Cette association fonctionne correctement jusqu'en 1970. La France avance à l'Algérie 60% des dépenses d'exploration et se rembourse avec le pétrole à produire. De 1966 à 1970, 13 nouveaux champs sont découverts totalisant près de 500 millions de barils de réserves. Mais aucun champ géant n'est apparu, c'est Hassi Messaoud et Hassi R'Mel qui seuls concentrent le gros de la production d'hydrocarbures. La production de brut tombe de 400 millions de barils en 1978 à 200 millions en 1987. L'Algérie sera surtout un grand producteur de gaz naturel.

d) La nationalisation

Après l'indépendance, vers 1962, la France paye peu de taxes et de redevances à l'Etat algérien. Mais le régime politique algérien se radicalise avec l'accession de Boumediene à la présidence de l'Etat. Celui-ci prenant exemple sur les pays du Moyen-Orient demande la révision des accords pour les rendre plus favorables à son pays. Il a pour objectif de « décoloniser le pétrole ». Le gouvernement algérien engage des compagnies américaines pour faire les forages d'exploration, prétextant un moindre coût ; en représailles la France limite l'importation des vins algériens.

Pour s'assurer un meilleur contrôle de l'industrie pétrolière, l'Algérie signe des contrats de service avec SINCLAIR, GETTY et EL PASO. Encouragée par la Libye, l'Algérie décide en février 1971 de nationaliser totalement l'industrie en achetant 51% des actions et exproprie totalement les installations de gaz.

La France réagit avec amertume à cette mesure inéluctable. Le CFP et ERAP rapatrient leurs techniciens, la production de pétrole chute des 2/3 et l'Algérie ferme l'oléoduc aboutissant en Tunisie. La CFP reçoit 37 millions de dollars d'indemnisation.

e) La production métropolitaine

La production d'hydrocarbures sur le sol français mérite d'être évoquée. Très ancienne, elle s'est développée dans plusieurs régions.

(1) Alsace

Le gisement de Pechelbronn est très ancien. Des mines de pétrole étaient exploitées dès l'époque de Louis XIV. Aujourd'hui, le champ est épuisé, il a produit près de 21 millions de barils.

(2) Bassin d'Aquitaine

Plusieurs étapes sont à noter :

-1939, le puits de gaz de St Marcet entre en éruption. La Régie autonome des Pétroles (RAP) est fondée à cette date suivie de la « Société Nationale des Pétroles d'Aquitaine » (SNPA)

-1948, découverte du gisement de Lacq supérieur à 650 mètres de profondeur. Ses réserves sont estimées à 30 millions de barils, il est exploité pendant 30 ans.

-1951, découverte de Lacq profond à 3500 mètres, il entre en éruption. C'est un riche gisement de gaz mais à très forte teneur en soufre. Un grand défi technologique est lancé : pour l'exploiter il faut des équipements en acier anticorrosion. Le soufre présent met hors d'usage tous les tubages, canalisations, vannes en un temps record. La solution sera trouvée et Lacq profond sera un grand producteur de gaz naturel et de soufre industriel.

-1954, EXXON découvre le gisement de Parentis. Toute cette région des Landes a des réserves évaluées à 350 millions de barils.

(3) Bassin de Paris

La région parisienne renferme des structures géologiques intéressantes. La prospection est faite par PETROREP à Coulommiers, dans l'est, le puits foré débite 56 barils par jour. D'autres découvertes sont faites à Chailly, Chateaurenard, au total 15 découvertes représentant 80 millions de barils de réserves. D'autres forages seont réalisés au sud-est de Paris.

Au total, le bassin parisien contient près de 280 millions de barils de réserves.

3 - Le Napoléon italien

a) Historique

Enrico Mattei, né en 1906 en Italie du nord, est le fils d'un policier. Il se rend célèbre pendant la deuxième guerre mondiale par ses prises de position antifascistes. Il devient le chef d'un groupe de partisans, menant la vie dure à l'occupant nazi. A la fin de la guerre, il prend la direction de l'AGIP, la société nationale des pétroles. Elle est totalement inconnue hors d'Italie et Mattei rêve de lui donner une importance internationale.

La chance lui sourit car la vallée du Po contient d'importantes réserves de gaz qu'il faut mettre en valeur. Il s'y attèle avec toute la fougue de sa jeunesse. En 1953, le gouvernement italien réorganise complètement la gestion des ressources pétrolières et crée l'ENI (Ente Nazionale Idrocarburi), conglomérat de toutes les sociétés pétrolières dont l'AGIP. Son président ne peut être que Mattei.

Celui-ci est devenu un héros populaire, antifasciste de la première heure, héros de la résistance, grand bâtisseur, sachant soigner la publicité de son entreprise dans toutes les stations-services par le panneau où l'on voit le célèbre chien à six pattes. C'est un homme à grand charisme, généreux, très énergique, qui réussit tout ce qu'il entreprend.

b) Le pétrole en Italie

La fertile vallée du Po a un sous-sol généreux. Ses réserves de gaz naturel, connues avant la guerre, doivent être exploitées. Mattei se donne comme objectif de pouvoir produire dans son pays tous les hydrocarbures nécessaires à la consommation locale. L'exploitation des réserves de la vallée du Po commence : 1949, le gisement de Cortemaggiore est estimé à 20 milliards de m^3, en 1952, celui de Ravenne en contient autant, en 1966 à Cervia, 15 milliards seront découverts, au total la vallée du Po totalise 250 milliards de m^3.

Les recherches se poursuivent en Sicile où l'on découvre deux gisements de pétrole près de Raguse. Le bilan des réserves s'élève à 700 millions de barils, s'ajoutant aux réserves de gaz du nord de l'Italie.

c) Le défi international

La crise iranienne de 1951 a abouti en 1945 à la création d'un consortium de compagnies anglaises, américaines ainsi que de la CFP français. Par contre, l'ENI italienne n'a pas été invitée à y participer. Mattei, exclu de l'arène internationale se sent vexé et veut prendre se revanche contre les Majors anglo-saxons. C'est lui qui est à l'origine de leur surnom quelque peu péjoratif des « Sept Sœurs ». Il les considère comme des résidus de l'époque coloniale qui doivent inéluctablement capituler devant la poussée des nationalismes.

L'accord entre l'Iran et les Majors reconnaît à l'Iran la propriété de tous les hydrocarbures présents dans son sol, ce qui n'est pas le cas dans tous les pays du Moyen-Orient où chaque compagnie possède ses réserves. Mattei veut profiter de ce point faible dans le dispositif en place pour pouvoir s'y introduire. Il rend visite au Shah en 1957 et lui propose d'établir une société irano-italienne, une union de la NIOC et de l'ENI. Le contrat d'association prévoit que les revenus de cette société seront partagés à 75% par l'Iran et 25% par l'ENI. De plus, cette société aura un président iranien, son conseil d'administration et ses cadres seront à égalité, Iraniens et Italiens, les techniciens et ouvriers à 100% iraniens. Une société est ainsi établie à laquelle le Shah accorde deux concessions.

La nouvelle de cet accord fait grand scandale. Mattei a détruit la règle sacro-sainte du 50/50. En acceptant uniquement 25% de la rente pétrolière, il démontre que les « Sept Sœurs » s'emparent d'une portion scandaleusement élevée de celle-ci. Le consortium iranien refuse de s'aligner, mais la nature se venge, car les deux concessions concédées à Mattei s'avèrent complètement stériles.

Notre super-entrepreneur italien ne se décourage pas, il récidive dans d'autres pays producteurs : Libye, Egypte, Maroc, Nigeria et détruit ainsi complètement la règle du partage égal, cédée avec beaucoup de réticence par les Majors.

Mattei ne s'arrête pas dans sa lutte contre les puissants. Pour diminuer sa dépendance dans l'achat de pétrole brut, il se tourne vers les Russes. En 1959, il se rend à Moscou et il est reçu par Khrouchtchev qui est très hostile aux Américains. Il obtient un contrat d'achat de pétrole brut de 80 millions de barils, au prix de 1,158$ le baril, alors que le prix habituel est de 2,568$, le fait raffiner en Italie et le distribue en Europe. Il oblige ainsi les Majors à baisser de 10% le prix affiché, le célèbre prix « post » servant d'assiette pour le calcul de la rente pétrolière, revenant aux producteurs du Moyen-Orient. Les dirigeants arabes, très en colère, par la diminution de 10% de leurs revenus, imposée sans les consulter, se réunissent alors à Bagdad et décident la création de l'OPEP.

Mattei est ainsi devenu « 'empêcheur de tourner en rond » du monde occidental, on le surnomme le « taon » bourdonnant autour des personnes. Les Majors, ne pouvant s'en débarrasser, décident de l'inviter à négocier. La France lui offre une concession dans le Sahara algérien, Mattei la refuse, ne veut pas participer, dit-il, à une entreprise de type colonial, et prend contact avec le FLN algérien, pour se réserver une entrée dans ce pays après l'indépendance. Il est placé alors sur la liste noire de l'OAS (l'armée clandestine des opposés à l'indépendance), c'est l'homme à abattre.

La Standard Oil, le sachant avide de considération, l'invite à négocier aux Etats-Unis. Il doit être accueilli avec beaucoup d'honneurs, recevoir le titre de docteur Honoris Causa de l'Université de Stanford, puis avoir à Washington un entretien avec le Président Kennedy. Il prend l'avion le 22 octobre 1962, son jet privé, mais le temps est très orageux. Il part malgré le danger et l'avion s'écrase peu après avoir décollé. Ainsi prend fin la carrière de cet homme hors du commun. Sa disparition est accueillie avec un immense soulagement par les pétroliers. La thèse de l'attentat est évoquée, mais n'est pas retenue. Par son action hors des sentiers battus, il a bouleversé les situations acquises et les accords internationaux du monde du pétrole.

QUATRIEME PARTIE
LES CHOCS PETROLIERS
(1970-1990)

CHAPITRE XIII

PREMIER CHOC PETROLIER : LA GUERRE DU KIPPOUR

1 - La préparation au conflit armé

Lorsque Richard Nixon accède en 1969 à la présidence des États-Unis, il trouve le problème du pétrole et de l'énergie à l'ordre du jour. Son pays devenu un importateur à part entière de carburants est très demandeur sur le marché mondial et rejoint ainsi les autres puissances consommatrices. Les cours mondiaux montent en flèche. Alors que pendant 20 ans le prix du marché est resté inférieur à celui affiché (prix « post ») servant de référence pour le calcul de la rente pétrolière, la situation s'inverse et les transactions se font à des prix dépassant le « post », à la grande colère des pays producteurs. Les plus radicaux d'entre eux (Irak, Algérie, Libye) demandent la révision des accords de prix, car ce sont les compagnies qui sont bénéficiaires de ces tendances à la hausse du marché.

Mais la situation présente un avantage pour les producteurs arabes : l'arme du pétrole, utilisée à des fins politiques, qui a été inefficace en 1967, période de surabondance, devient crédible pendant cette époque de tensions entre offre et demande.

a) Anouar El Sadate

À la mort de Nasser en 1970, c'est Sadate qui prend la présidence en Égypte. Il est considéré en occident comme un dirigeant de peu d'envergure. Mais après la faillite du mythe panarabe avec ses guerres désastreuses qui ont ruiné le pays, il veut se consacrer à sa restauration économique.

L'Égypte utilisait alors 20 % de son PIB pour des dépenses militaires ce qui rendait impossible tout progrès matériel. Sadate veut rompre avec le cycle des conflits. Mais il sait que rien n'est possible tant qu'Israël occupe le Sinaï et la rive orientale du Canal de Suez bloqué depuis trois ans.

Il commence par consolider sa position intérieure en se débarrassant des conseillers militaires soviétiques, près de 20000, et les expulse tout en conservant l'URSS comme son principal fournisseur d'armes. Cette mesure est accueillie favorablement par le monde occidental.

Sa deuxième décision très audacieuse, c'est de déclencher, contre Israël, une guerre qu'il est presque sûr de perdre. Il a besoin d'un conflit pour provoquer une crise politique internationale majeure, qui modifierait les attitudes et ouvrirait la voie à des négociations. Son but est beaucoup plus psychologique et diplomatique que militaire. Pour mener à bien son projet, il a besoin d'alliés. Ils sont tout trouvés : la Syrie et l'Arabie saoudite. L'accord avec la Syrie est immédiat, son président Hafez Al Assad est prêt à partir en guerre pour récupérer le plateau du Golan occupé par les Israéliens depuis 1967.

Le roi Fayçal d'Arabie saoudite essaye par tous les moyens d'infléchir la politique des Etats-Unis de soutien à Israël et menace d'expulsion les compagnies du consortium constituant l'ARAMCO et celles-ci font part de leur anxiété au Département d'Etat américain. Fayçal reçoit Sadate en août 1973 et l'assure de son total soutien, c'est-à-dire un demi milliard de dollars d'aide financière ainsi que sa promesse d'utiliser l'arme du pétrole dès le début des hostilités.

b) La tension grandit

En septembre 1973, la tension monte. Le Roi Fayçal essaye d'obtenir de l'administration américaine un simple désaveu de la politique israélienne. Le Président Nixon, poussé par les Compagnies, rend responsables les deux camps et dénonce le pétrole comme « arme essayant de changer sa politique au Moyen-Orient ». L'Allemagne et le Japon, clients du Moyen-Orient s'inquiètent.

Sur les bords du Canal de Suez, le Président Sadate pour tromper l'adversaire simule par deux fois une préparation de la guerre, obligeant les Israéliens à de coûteuses mobilisations de leurs réservistes. Les signes d'une attaque immédiate sont nombreux mais interprétés par les Américains et les Israéliens comme des fanfaronnades. Pour tous, Sadate n'osera pas se lancer dans une aventure totalement folle.

À Vienne, l'OPEP convoque les représentants des grandes compagnies pétrolières pour discuter des révisions à apporter aux contrats. Celles-ci déterminées à faire front commun vis-à-vis des États arabes, demandent auparavant l'autorisation de s'entendre avec le Département de la justice américaine, car elles ne veulent pas risquer de tomber sous le coup de la loi antitrust. Elles reçoivent son accord le 5 octobre et se rendent à Vienne, proposant une augmentation de 15 % du prix affiché, la réponse des pays exportateurs est 100 %.

2 - La guerre du Kippour

Sadate a choisi pour son offensive le 6 octobre 1973, date du Yom Kippour, la fête juive du Grand Pardon. Il veut créer la grande surprise et réussit totalement. Son armée franchit le canal de Suez et attaque les Israéliens qui reculent en désordre. S'ensuit alors une immense confusion dans le Sinaï et les réserves de munitions s'épuisent rapidement de part et d'autre. Le 9 octobre, les Israéliens en situation difficile avertissent Nixon qu'ils risquent l'anéantissement faute de munitions. À partir du 10 octobre, l'URSS réapprovisionnera massivement la Syrie et l'Égypte.

En cette situation de guerre froide, les États-Unis ne peuvent laisser un de leurs alliés se faire battre par des armes soviétiques. Un pont aérien est organisé rapidement entre les États-Unis et Israël avec escale aux Açores. L'engagement américain est total. Les Israéliens arrivent à maîtriser l'offensive égyptienne avant les cols du Sinaï et lancent le 15 octobre une contre-offensive réussie. En même temps, plus au nord, l'avancée syrienne dans le Golan est arrêtée.

Devant ce retournement de situation, l'URSS redouble d'efforts pour approvisionner ses alliés arabes, et Nixon réagit de même vis-à-vis d'Israël. Il apparaît clair à ce moment que cette guerre doit se terminer sans qu'aucun des deux adversaires ne soit en position dominante. Mais vers le 20 octobre, un régiment israélien conduit par un général audacieux, Arik Sharon, franchit le canal de Suez et encercle la IIIe armée égyptienne sur la rive occidentale, prêt à l'anéantir. Les Russes ne peuvent tolérer cette situation critique, d'autant plus que dans le Nord, l'armée israélienne avance vers Damas. Brejnev menace d'intervenir unilatéralement et met en état d'alerte ses troupes aéroportées. À Washington, dans la salle d'opérations de la Maison Blanche, les prises de position soviétiques sont examinées sérieusement. Une intervention directe de l'armée russe est inacceptable. Le 25 octobre 1973, tous les militaires américains dans le monde sont mis en état d'alerte nucléaire. Il y a risque d'affrontement direct US-URSS.

Cette grave crise militaire et politique a donc dépassé l'échelon local, et prend une dimension internationale. Après le blocus de Berlin puis la crise des missiles de Cuba, c'est le troisième choc direct entre les deux super puissances. Malheureusement, elle survient au moment où le Président Nixon, attaqué de toutes parts dans l'affaire du Watergate, lutte pour préserver son honneur et son poste de président. Il n'accorde qu'une faible attention à tous les signaux d'alarme venant du Moyen-Orient. C'est Henry Kissinger qui se charge de toute la politique internationale de son pays à la place du président affaibli. Symbole de l'autorité et de la continuité, il mènera ce combat avec beaucoup de compétence et de diplomatie.

Kissinger s'envole pour Moscou et met au point avec les autorités russes, un plan de cessez-le-feu immédiat. Les deux adversaires sont avertis qu'aucun ne pourra obtenir une victoire totale sur l'autre. Le 26 octobre, les combats cessent et la IIIe armée égyptienne peut être réapprovisionnée. Quelques jours plus tard, des généraux israéliens et égyptiens se rencontrent pour discuter des modalités de l'arrêt des combats. L'Égypte et les États-Unis recommencent à dialoguer mais sur de nouvelles bases. Tel était l'objectif de Sadate.

3 - Embargo arabe sur le pétrole (1)

Pendant ce temps à Vienne, l'OPEP annonce le 14 octobre 1973, l'échec des négociations sur le prix du brut. Les délégués arabes de cette organisation se réunissent le surlendemain à Koweït City et prennent trois décisions :

-Augmenter le prix du baril de 70 %, l'amener à 5,11$

-Diminuer leur production de 5 % tous les mois jusqu'au retrait d'Israël de tous les territoires occupés

-Embargo total des livraisons aux pays adversaires et approvisionnement normal des pays amis

Les pays hostiles aux Arabes sont les Etats-Unis, la Hollande qui livre le pétrole à Israël par Rotterdam et le Portugal qui a autorisé les avions américains transportant des armes à faire escale aux Açores. Il s'y ajoute l'Afrique du Sud et la Rhodésie, pays accusés d'être racistes. Les pays amis sont la Grande-Bretagne, la France qui a refusé aux avions américains de se ravitailler sur son territoire et l'Espagne.

Le 16 octobre 1973, quatre ministres arabes des Affaires étrangères arrivent à Washington, ils remettent au Président Nixon, une lettre du roi Fayçal lui demandant d'arrêter son aide à Israël sous menace d'embargo total. La réponse américaine est claire, cette guerre a dépassé le cadre du Moyen-Orient, elle est devenue un épisode de la guerre froide des Etats-Unis contre le communisme. Le 19 octobre, l'embargo est décrété. L'ARAMCO, consortium de quatre grandes compagnies américaines est dans une situation paradoxale. Elles doivent exécuter les ordres d'embargo contre leur propre pays. L'opinion publique américaine les considère comme un « îlot pro arabe » isolé au milieu de leur pays.

Mais l'embargo ne peut être total. Alors que les pays producteurs arabes baissent leur production de près de 25 %, l'Iran en profite pour augmenter la sienne de plus de 600000 barils par jour. L'Irak qui préconisait des mesures radicales, à court d'argent, se remet lentement à augmenter sa production. Les armateurs sont les premiers à détourner leurs pétroliers en pleine mer, expédiant ceux transportant du pétrole non arabe vers les pays touchés par l'embargo. Ceux-ci font face à la crise : les États-Unis reçoivent davantage de pétrole en provenance du Venezuela et du Mexique, le Portugal est approvisionné par sa colonie, l'Angola, la Hollande reçoit du pétrole du Nigeria produit par la « Royal Dutch Shell ». Les dirigeants hollandais font remarquer à la France que leur pays lui fournit 40% de ses besoins en gaz naturel.

Les producteurs arabes maintiennent leur embargo. Contrairement à celui de l'année 1967 où ils se sont aperçus qu'ils se punissaient eux-mêmes, en 1974 la très forte hausse du prix du baril compense largement la baisse de la production. Mais ils sont inquiets car les prix du marché « spot » sont en pleine effervescence. Alors que le prix officiel a été fixé en octobre à 5,40 $ le baril, en décembre une offre est faite au Japon à 22 $. Aux Etats-Unis, la population est très sensible au prix de l'essence à la pompe. L'opinion publique est très inquiète de voir le pays, super puissance, défié par quelques petites nations. Des queues de voitures apparaissent aux abords des stations-services. Le scandale du Watergate donne l'impression d'être dans un pays sans pilote au gouvernail.

Le Cheikh Yamani est inquiet, il est contre une augmentation irresponsable des prix. Il craint le déclenchement d'une grave crise économique en Occident qui aurait des conséquences néfastes pour tout le Moyen-Orient. En Iran, le Shah propose de fixer le prix à 11,65$ le baril qui serait le prix de revient de carburants de remplacement (essences synthétiques ou huiles extraites des schistes bitumeux). Au-delà de cette limite, les pays industrialisés pourraient mettre en place des politiques de développement de nouvelles formes d'énergie. Ce prix est finalement adopté par tous les producteurs. Si on le compare au prix d'avant 1970, où le baril coûtait à peine 1,8$, on comprend les économistes lorsqu'ils parlent de choc pétrolier en évoquant cette période dramatique.

Mais il faut en finir avec l'embargo et Kissinger s'y emploie. Il redoute les surenchères exigées par des pays radicaux comme la Libye et l'Irak. Le Président Pompidou lui explique que la France a cette époque dépend à 100 % du pétrole arabe et ne peut avoir une autre orientation de sa politique au Moyen-Orient. Fin 1973, la Commission européenne adopte la position pro arabe dans le conflit et la baisse de 5% de la production mensuelle est supprimée, la production reprend normalement au Moyen-Orient.

Les efforts de paix se multiplient. Le Président Sadate informe Kissinger qu'ayant atteint son objectif, il souhaite rétablir la paix et un peu de sérénité dans les conflits au Moyen-Orient. Les désengagements militaires ont lieu en janvier 1974 entre Israël et l'Égypte puis en mai avec la Syrie. Les pays arabes se rendent compte que cet embargo nuit à leur développement économique et décident sa levée en mars 1974.

4 - Les conséquences de la crise

a) À court terme

-Au début 1974, l'incertitude est grande dans le monde occidental. Les prévisions du Club de Rome, insistant sur le caractère limité des ressources de la planète Terre, semblent se réaliser et le monde a l'air d'aller vers la fin de l'ère de l'abondance. Aux États-Unis, le Président Nixon veut rétablir la confiance et s'affranchir de la dépendance vis-à-vis de l'étranger pour les besoins en énergie, mais il refuse catégoriquement l'idée de rationner les carburants. Kissinger gère les événements, pratique ce qu'on appelle la « politique de la navette » entre les États belligérants et leurs alliés et essaye de dissocier la crise du Moyen-Orient de celle du Watergate.

-Les pays consommateurs d'essence commencent à s'habituer aux nouveaux prix des carburants. Mais les grandes compagnies font le silence sur leurs énormes bénéfices. Le quadruplement du prix du brut s'est répercuté immédiatement sur leurs énormes réserves. Elles présentent en fin d'année des bilans reflétant ces plus-values inattendues. Aux économistes ou adversaires politiques qui s'indignent de ces bénéfices non mérités, elles répliquent qu'elles doivent affectées d'énormes ressources à investir pour la recherche de nouveaux gisements en régions d'accès difficile ou pour la mise au point de combustibles de remplacement.

-En Europe, les tentatives de coordination entre États consommateurs ont échoué. Les pays arabes producteurs essayent habilement de les diviser entre Etats amis ou ennemis.

-En Angleterre, le Premier ministre Heath convoque les deux Majors nationaux. : Shell et BP et veut leur fixer pour objectif de maintenir intact le flux pétrolier rentrant. Mais le président de la Shell lui fait remarquer que sa société appartient à 60 % aux Hollandais qui ont été soumis à l'embargo total. Celui de la BP s'oppose à un traitement de faveur envers le gouvernement britannique qui ne détient que 51% des actions de sa société. Cette crise fait donc apparaître de plus en plus, aussi bien en Angleterre qu'aux États-Unis, le refus des Majors de se soumettre aux injonctions de leurs gouvernements et de ne plus être des instruments de leur politique étrangère.

-La France adopte une attitude encore plus radicale. Son ministre des Affaires étrangères, Michel Jobert, prend une position pro arabe et courtise l'OPEP. La France n'a pas subi les conséquences de l'embargo mais a dû accepter un réajustement des distributions de pétrole brut pour éviter les ruptures de stock dans d'autres pays.

-Le Japon n'ayant presque pas de ressources pétrolières locales est affecté par la crise. Le Cheikh Yamani trouve qu'il reste trop neutre. Pour éviter la pénurie, il finit par publier une déclaration pro arabe concernant le conflit, mais refuse de rompre les relations diplomatiques avec Israël.

-L'automobiliste européen accepte avec résignation l'augmentation rapide des prix de l'essence, la considère comme « l'impôt OPEP ». il est préoccupé par l'inflation qui augmente et se traduit par une diminution de son pouvoir d'achat. Mais ce bouleversement économique ne finit pas par une crise économique majeure, comme le craignait le Cheikh Yamani.

b) À long terme

-La crise économique et politique se conclut par un grand succès pour les pays exportateurs de pétrole. Celui-ci devient une denrée chère et c'est la fin du « pétrole colonial » honni par ces pays. Il s'ensuit un énorme flux d'argent vers toute la région du golfe Persique qui fait craindre aux financiers de Wall Street un dérèglement total des transactions monétaires mondiales. Tous ces pays, à faible population, enregistrent alors une énorme entrée de capitaux, très supérieure à leurs possibilités de dépenses immédiates.

-Souvent aidés par des conseillers financiers américains ou anglais, ils lancent des programmes d'urbanisme, de construction d'infrastructures modernes : autoroutes, hôpitaux, universités. À cela s'ajoutent pour la plupart de gros achats d'armements modernes. Mais ils n'arrivent pas à éliminer les gaspillages, la corruption et les dépenses somptuaires démesurées. Ils sont naturellement assaillis par des propositions venant des pays occidentaux : marchands d'armes, entrepreneurs, financiers. Beaucoup commencent à investir en Europe ou aux États-Unis par l'achat d'immeubles, hôtels ou participation dans des sociétés industrielles. Il en résulte que parfois le surplus financier disparaît. Par exemple, en 1974, tous les pays de l'OPEP réunis cumulent un surplus financier de 77 milliards de dollars. Quatre ans plus tard, ils avouent un déficit de 2 milliards (2).

-Les grandes victimes de ces bouleversements économiques sont les pays sous-développés n'ayant aucune ressource pétrolière, surtout en Afrique sub-saharienne. Le renchérissement du pétrole qu'ils doivent acheter au prix du marché paralyse leur économie, fait monter le prix des produits qu'ils exportent et les met au bord de la faillite. Les pays exportateurs arabes se rendent compte de la contradiction existant dans leur politique. Leur lutte anti-impérialiste et anticoloniale, utilisant l'arme du pétrole, conduit à un surcroît de misère dans les pays pauvres. Elle devient un obstacle à leurs tentatives de sortir du sous-développement.

-Les États-Unis réagissent vigoureusement au choc pétrolier. Le gouvernement établit la « Federal Energy Agency » ayant pour but de coordonner l'action dans les domaines d'économie d'énergie, de recherches de combustibles renouvelables, d'investissements. L'objectif initial est de diminuer la consommation des voitures réputées dévoreuses d'essence. Des directives précises sont données aux constructeurs, et les immenses voitures américaines sont rapidement remplacées par des plus modestes, à cylindrées beaucoup plus réduites. L'oléoduc Trans-Alaska, en souffrance depuis 5 ans est relancé, un accord avec les écologistes devenus moins exigeants est trouvé et le pétrole de l'Alaska arrive finalement dans les raffineries de Californie.

-Une dernière remarque s'impose : les pays de l'OPEP n'ont pas tous bénéficié d'un accroissement considérable de leur niveau de vie. Ceux avec faible population comme l'Arabie Saoudite, le Koweït, les Émirats ont largement profité de la manne pétrolière. Par contre, pour d'autres comme le Nigeria peuplé de 80 millions d'habitants ou l'Indonésie avec 130 millions, la rente encaissée ne pouvait accroître énormément le niveau de vie de ces larges populations sous-développées. Les progrès économiques dans ces pays ont été très modérés.

CHAPITRE XIV
LE CONTRE-CHOC PETROLIER

1 - Les réactions des pays industrialisés

a) Fondation de l'Agence Internationale de l'Énergie

Dès la fin des hostilités au Moyen-Orient, suivie de la hausse du prix du baril et de l'arrêt de l'embargo, les pays occidentaux s'interrogent sur les nombreuses conséquences économiques et politiques du drame dont ils ont été spectateurs. Aux États-Unis, Henry Kissinger craint la multiplication d'accords bilatéraux entre pays producteurs et consommateurs ainsi qu'une surenchère due à la panique. Il faut le plus rapidement possible mettre en place une action coordonnée des pays industrialisés.

Le gouvernement américain convoque pour février 1974 une conférence sur l'énergie, à Washington. Treize pays consommateurs sont invités : États-Unis, Canada, Grande-Bretagne, France, RFA, Danemark, Italie, Pays-Bas, Belgique, Irlande, Japon, Luxembourg. Le but est d'aboutir à une coordination des actions en cas de nouvelles crises, d'organiser des mécanismes d'urgence pour répartir les hydrocarbures en cas de pénurie et finalement de contrôler les prix.

La délégation française, conduite par Michel Jobert, ministre des Affaires étrangères, surprend par son intransigeance, sa position nettement pro arabe. L'accord se fait entre les douze autres et aboutit en novembre 1974 à la création de l'Agence Internationale de l'Énergie (AIE), organisme d'études économiques, de coordination, de consultation. Il est placé sous la tutelle de l'OCDE (Organisation de Coopération et de Développement Économique). La Turquie, l'Espagne, l'Autriche et la Suède rejoignent rapidement l'AIE, la France reste à l'écart, n'y prendra sa place qu'en 1991. Il sera basé à Paris, pas loin du siège de l'OCDE.

La création de l'AIE suscite immédiatement des réactions hostiles de la part des pays producteurs, qui perçoivent cette agence comme un contre cartel des pays industrialisés s'opposant à l'OPEP. Le Cheikh Yamani déclare :

« *S'ils veulent la guerre, ils l'auront. Mais ils ne pourront que perdre à cette confrontation* » (1)

Dès l'origine, le front uni des consommateurs est mal accepté et l'OPEP refuse le dialogue avec l'AIE. Il est difficile de faire admettre aux pays du golfe Persique qu'il ne s'agit pas d'une machine de guerre dirigée contre eux. La pratique le prouvera, l'Agence jusqu'à nos jours est un forum d'études, d'analyses et de collecte d'informations concernant l'énergie. C'est un organisme de concertations sans pouvoir de décision. Par ses études de scénarios à moyen et long terme, il peut mettre en garde producteurs et consommateurs contre les conséquences futures de pratiques actuelles et de suggérer les moyens d'éviter des situations de crise. Le mérite de Kissinger qui est à l'origine de cette création est d'avoir obtenu ainsi la réunion et le dialogue des principaux pays, victimes du choc pétrolier, les empêchant de réagir en ordre dispersé. Aucun pays n'a manqué de pétrole pendant et après les combats, grâce à la souplesse et aux rapides réactions des principaux acteurs. (2)

b) Aux États-Unis

Les sénateurs et représentants américains discutent de la crise de l'énergie dès 1974. Une commission d'enquête du Sénat, présidée par Henry Jackson, auditionne les présidents des sept grandes compagnies pétrolières. L'investigation porte sur le fonctionnement et les bénéfices de leurs sociétés. Jackson attaque les présidents qui essayent de se défendre tant bien que mal. Avec beaucoup de virulence, il les accuse de faire des « bénéfices indécents ». Il est le porte-parole d'une majorité d'Américains très en colère contre ces compagnies soupçonnées d'avoir planifié la crise pour augmenter leurs bénéfices. Après la lutte âpre et cruelle qu'elles ont menée contre les pays producteurs, les accusant de s'enrichir à leur détriment, ce sont maintenant les pays consommateurs qui les attaquent.

Les passions empêchent l'opinion publique de voir la réalité. L'enrichissement des sociétés ne se fait pas au détriment du consommateur américain, il est dû à des facteurs externes. Un pétrole acheté au prix de 2,90$ la baril, puis stocké est revendu à 11,65$, soit plus de 4 fois son prix, quelques mois plus tard. C'est un bénéfice énorme dans l'absolu. Mais l'étude comptable du taux de rentabilité des entreprises montre qu'elles se situent dans la moyenne de toutes les autres activités industrielles du pays. Les compagnies clament haut et fort que cet argent sera investi dans les recherches de pétrole non conventionnelles (forages en eau très profonde ou dans les zones arctiques). Le supplément de prix payé par le citoyen américain à la pompe à essence ira à cette activité indispensable pour lui maintenir son niveau de vie.

C'est Gérald Ford, le Vice-président qui, en 1974, remplace Nixon démissionnaire de la présidence. Il poursuit la même politique visant à l'indépendance énergétique et lance un programme étalé sur 10 ans de construction de centrales nucléaires, de centrales électriques au charbon. L'ironie de l'histoire, c'est que son vice-président : Nelson Rockefeller, petit-fils du fondateur de la Standard Oil, lance un programme de fabrication de carburants synthétiques. Deux réalisations sont à mettre au crédit de ce mandat présidentiel : d'une part le lancement de l'oléoduc de l'Alaska en surmontant les objections des écologistes, au prix de 10 milliards de dollars, de l'autre la réglementation de l'usage des carburants dans la construction automobile, obligation de baisser la consommation d'essence par voiture de 20 litres aux 100 kilomètres, à 10 litres.

En 1978, c'est Jimmy Carter qui succède à Ford à la présidence. Il nomme James Schlesinger, sénateur, responsable des problèmes de l'énergie. Comme son président, il trouve inadmissible que les États-Unis soient à la merci de quelque État du Moyen-Orient.

En avril 1974, il présente son programme énergétique lors d'un discours à la nation, comprenant des mesures pour économiser l'énergie et pour réduire la facture de pétrole importé du Moyen-Orient. Pour Schlesinger, le pays est confronté à un « problème national majeur et à long terme ».

L'administration Carter se donne pour objectif de réveiller son voisin et ami du sud, le Mexique qui, malgré ses grandes possibilités, se contente de produire uniquement pour satisfaire les besoins domestiques et parfois d'importer du pétrole brut en cachette. La PEMEX lance un vaste programme de forages amenant aux grandes découvertes au Tabasco des gisements « Reforma » puis « Campeche ». Le nouveau président du Mexique, José Lopez Portillo, met en œuvre cette nouvelle richesse pour assainir sa situation financière, lance d'énormes emprunts internationaux et investit en masse, aidé par les Américains. Il veut faire de son pays un contrepoids à l'OPEP où il refuse d'entrer. La production par jour passe de 0,5 million de barils en 1972, à 2 millions en 1982.

Vers la fin de 1977, le président Carter, en visite aux Indes décide de réveillonner au Nouvel An à Téhéran, en compagnie du Shah et de l'impératrice. Il est très impressionné par le Shah, ardent promoteur de la libéralisation de son pays. Carter le soutient pleinement, lui rend un chaleureux hommage et salue plein d'espoir l'arrivée de l'année 1978.

Pour lui, l'Iran est un pays pivot dans la région, sûr et stable sur qui on peut compter pour la fourniture du pétrole. Jamais espérance d'un chef d'État ne sera plus cruellement déçue !

c) La France

Une fois l'embargo déclenché, la France se dissocie des Etats-Unis et le Président Pompidou adopte des positions favorables aux Arabes. Le Cheikh

Yamani en tournée en Europe pousse les Européens à s'opposer aux Américains. Il arrive à modifier petit à petit leur politique et les pousse au dialogue et à la coopération avec l'OPEP. Français et Anglais ont des positions similaires, c'est la revanche sur les Américains qui les ont exclus du Moyen-Orient et d'Algérie avec la crise de Suez.

Mais en France Jean Blancard, délégué général à l'Énergie au ministère de l'Industrie qui coordonne la politique du gouvernement avec celle des entreprises fournissant l'énergie déclare :

« *Il n'est pas raisonnable pour un pays comme le nôtre de rester suspendu aux décisions des pays arabes.* » (3)

Il poursuit la politique de diversification des ressources en accord avec le Président Pompidou. Elle se définit par trois chapitres :

1- développement de la puissance nucléaire

2- retour au charbon

3- économie d'énergie

Après le décès de Georges Pompidou en 1974, Valéry Giscard d'Estaing qui lui succède poursuit le même programme. En octobre 1974, la France lance un appel à une conférence entre pays consommateurs et pays producteurs de pétrole pour trouver des solutions à ces problèmes par le dialogue plutôt que par la confrontation. Cette initiative est mal reçue par les États-Unis qui y voient une tentative de dévaloriser l'AIE. Les pays de l'OPEP sont réticents car ils désirent une réunion dépassant les problèmes de l'énergie et examinent ceux des pays sous-développés.

La France propose de commencer par l'énergie et organise une concertation préparatoire en avril 1975. Elle s'achève par un échec qui déçoit fortement le Président Giscard d'Estaing. Finalement en octobre 1975, un agenda de travail est mis au point pour la « Conférence internationale sur la coopération économique » intitulée plus brièvement « Dialogue Nord-Sud ». Trente-cinq pays sont convoqués. Après deux ans de travaux au Centre de Conférences Internationales de l'avenue Kleber à Paris, et des millions d'heures de réunion, le dialogue prend fin sans résultats.

La France, sans tenir compte des protestations des associations écologistes, se lance alors dans un audacieux programme de construction de centrales nucléaires. En quelques décennies, elle distance tous les autres pays dans ce domaine. À la fin du XXe siècle, l'énergie électrique consommée sur le territoire métropolitain est à 79 % d'origine nucléaire. Pendant ce temps en Allemagne, l'électricité d'origine nucléaire n'est qu'à 40 % du total produit, au Japon elle est de 27 %, aux États-Unis de 22 %. Sous la pression des Verts, l'Allemagne est contrainte d'abandonner son programme de construction de centrales nucléaires. Elle essaye à grand-peine de la reprendre aujourd'hui. La France devient ainsi la « première de la classe » dans le domaine énergétique en

Europe, diminue fortement ses émissions de CO_2 et améliore sensiblement sa balance commerciale.

2 - Les réactions des pays exportateurs de pétrole

a) La gestion des flux monétaires

L'énorme afflux de dollars dans les pays arabes du golfe Persique, peu peuplés, est générateur de multiples tensions dues à de nombreuses contradictions.

- Contradiction entre les dépenses somptueuses des classes dirigeantes ainsi que de la bourgeoisie aisée et le bas niveau de vie des classes laborieuses et surtout des travailleurs immigrés. Ceux-ci, arrivés en grand nombre, attirés par l'appât du gain, vivent dans des quartiers séparés, dans des conditions d'hygiène discutables et n'ont aucun moyen de s'intégrer au sein de la population locale.
- Contradiction entre le désir de hausser le niveau culturel de la bourgeoisie dont les fils fréquentent les meilleures universités d'Europe et des États-Unis, et la difficulté de les maintenir dociles, ne contestant pas les vieux dirigeants aux méthodes autocratiques.
- Contradiction entre le désir d'utiliser rationnellement les pétrodollars pour préparer l'avenir « après-pétrole » et l'impossibilité de tout dépenser. Il en découle la nécessité de placer des réserves monétaires considérables dans les pays occidentaux. Elles sont affectées à des participations dans des entreprises industrielles ou commerciales ou directement dans les Fonds de l'État. Cette inversion d'une partie du flux monétaire est alors favorablement accueillie en Europe, car elle donne un élan supplémentaire à l'économie déjà affectée par la crise. Par contre, les Orientaux estiment avoir été piégés une fois de plus par l'Occident.

b) L'OPEP et le tiers-monde

Le sentiment de frustration des pays sous-développés est énorme. L'OPEP adopte alors une position politique militante, se présente comme le fer de lance du Tiers-monde et par ce moyen essaye d'atténuer la tension existante entre les riches pays producteurs et les autres sans ressources minières qui doivent supporter pleinement le quadruplement du prix du baril.

L'OPEP voudrait aider les pays pauvres, mais sans leur accorder un tarif préférentiel, sans changer le prix officiel. Des instruments financiers se mettent en place : Fonds saoudien, Fonds islamique, Banque Arabe pour l'Afrique, Fonds koweïtien avec des prêts à taux d'intérêt de 0,75 % à 4 %. C'est alors que Houari Boumediene devenu président en Algérie intervient. À son avis, les relations de l'OPEP avec le Tiers monde ne doivent pas se limiter à des flux financiers. Il faut aussi créer un front uni contre le « Nord ». Il lance l'idée d'une conférence au sommet de l'OPEP pour définir son rôle dans le cadre des relations Nord-Sud et ainsi atteler le Tiers monde à la locomotive OPEP.

La réunion se tient en mars 1975 à Alger sous le slogan « OPEP bouclier du Tiers monde ». Des milliers de délégués sont présents, la réunion est grandiose et l'Algérie soumet sept projets de résolution dans tous les domaines. Tout ceci se solde finalement par un échec. Beaucoup de délégués ne veulent pas que l'OPEP dépasse son rôle d'alliance corporatiste.

Il ne restera rien des réunions de l'avenue Kleber et d'Alger. L'OPEP ne reviendra pas sur son rôle initial de réunion de défense d'intérêts des pays pétroliers. Lors des cérémonies de son 20e anniversaire à Bagdad en 1980, on ne parlera pas de la conférence d'Alger. La tentative de Boumediene de prendre la direction de cet organisme échoue et c'est l'Arabie Saoudite qui impose son autorité sur l'OPEP. Elle est basée sur l'énorme poids de ses réserves pétrolières et le grand volume de sa production quotidienne. L'Arabie Saoudite gardera son rôle de régulateur de la production et de modérateur des prix du baril.

L'OPEP devient donc la cible de choix des groupements extrémistes qui l'accusent d'être trop complaisante vis-à-vis de l'Occident, de n'être qu'un cartel d'intérêts de pays riches. Le 20 décembre 1975, alors qu'elle tient sa 46e conférence à Vienne, elle est attaquée par un groupe de terroristes dirigé par Ilich Ramirez Sanchez, connu mondialement sous le nom de Carlos, activiste d'origine vénézuélienne en relation avec les groupements terroristes allemands ou du Moyen-Orient. Il prend en otage 33 personnes dont Yamani, Amouzegar le délégué iranien, Abdelsalam le ministre algérien. Tous craignent pour leur vie. Ils sont embarqués dans un avion qui, après un long périple en Méditerranée, aboutit à Alger où tous les otages sont libérés et les terroristes relâchés sans être inquiétés. Cet épisode qui aurait pu avoir une fin tragique est un sérieux avertissement pour l'OPEP, et surtout pour ceux de ses membres qui veulent en faire le fer de lance du combat des pays sous-développés.

c) La nationalisation

À partir du choc pétrolier de 1973, il devient évident pour les grandes compagnies que le système des concessions tombe en désuétude. De plus, il est humiliant pour les pays qui les concèdent et n'offre aucune garantie de stabilité pour les opérateurs. Déjà les accords de participation préconisés par le Cheikh

Yamani et appliqués dans tous les pays, étaient considérés comme le prélude à la prise de possession totale par chaque pays de ses ressources pétrolières.

Les concessions ont disparu en Iran dès la crise de 1951 provoquée par Mosadegh, de même en Irak en 1972. Le Koweït dès 1974 rachète 60% des actions de la Koweït Oil C° et proclame en mars 1975 son intention d'en acquérir les 40% restants. Les discussions s'engagent avec la BP et la GULF et aboutirent à un accord en décembre 1975. Moyennant une indemnisation de 50 millions de dollars, ces deux compagnies se retirent et le Koweït se refuse à leur accorder le moindre traitement préférentiel après tant d'années de bons et loyaux services. Elles se disent cruellement déçues par tant d'ingratitude et le Koweït réplique en les accusant de l'avoir traité avec une condescendance très humiliante.

Le Venezuela suit. Il a promulgué une loi dite de « réversion » en 1971 stipulant que toute concession arrivant à échéance devenait propriété de l'État. Les compagnies en place, voyant arriver la fin de leur activité, cessent dès lors d'investir dans de nouveaux forages, compromettant ainsi l'avenir pétrolier du pays. Il faut donc sortir de ce cercle vicieux et engager les négociations avec les opérateurs : EXXON, SHELL, et GULF. Les victoires de l'OPEP, dont le Venezuela fait partie, donnent de l'assurance aux négociateurs du gouvernement. Les compagnies pour conserver l'accès au pétrole négocient des contrats de service et de transfert de technologie. De plus, comme la compagnie n'a pas de réseau commercial à l'étranger, ce sont les autres qui s'en chargent. Concernant l'organisation interne de l'industrie des hydrocarbures, la solution adoptée sera celle d'un holding d'État « Petroleos de Venezuela » (PDVSA) pour la gestion, prévision, coordination et contrôlant un certain nombre de compagnies indépendantes de tailles moyennes.

Reste l'ARAMCO, le gigantesque ensemble. Suivant le plan Yamani, l'État saoudien prend en juin 1974, 60 % des actions puis demande 100% pour la fin de l'année. La négociation avec les 4 compagnies en place dure jusqu'en 1976. L'accord signé consacre alors la fin d'une époque. Il n'y pas de rupture. L'État prend possession de tous les actifs, l'ARAMCO garde le rang d'opérateur, fournisseur de services sous contrat et commercialisant 80 % de la production du pays et achetant à prix réduit le pétrole découvert.

C'est ce genre d'arrangement qui s'étend à tous les pays du Moyen-Orient, appliqué par la société ELF en Iran puis en Irak. La souveraineté du pays hôte est donc pleinement reconnue et les compagnies étrangères gardent la maîtrise technique. De plus, chaque État ayant constitué une compagnie nationale, celles-ci songent rapidement à étendre leurs activités en amont vers le forage et la production, en aval vers le raffinage puis la commercialisation. N'ayant pas le plus souvent les cadres compétents pour maintenir leurs activités aux normes internationales, elles doivent faire appel à des compagnies de services parapétroliers, ainsi qu'à leurs anciens opérateurs.

CHAPITRE XV
DEUXIEME CHOC PETROLIER : LA REVOLUTION IRANIENNE

1 - La grève des travailleurs du pétrole

Dès 1975, il devient évident que l'Iran, comme la plupart des pays du golfe Persique, ne peut absorber utilement toute la rente pétrolière.

Il s'en suit des dépenses extravagantes en réarmement militaire à outrance, en fêtes somptueuses, en projets pharaoniques. Pendant ce temps, les infrastructures du pays demeurent très insuffisantes en chemin de fer, routes, écoles et hôpitaux. La tension sociale devient très vive, aggravée par un exode rural des paysans miséreux venant s'entasser dans des bidonvilles insalubres.

A ce tableau déplorable s'ajoute la maladie du Shah, il est atteint d'une leucémie, diagnostiquée en 1974 en France. Soigné dans le plus grand secret, il lui est difficile de prendre avec lucidité les décisions qui s'imposent pour résoudre ces problèmes importants. La gravité de la situation échappe totalement à l'administration américaine. Pour le Département d'État, l'Iran, son meilleur allié, est le gendarme du golfe Persique. Il fait tout pour soutenir le Shah économiquement et militairement, ce qui suscite cette amère réflexion du Cheikh Yamani, le seul homme lucide de la région :

« *Ces discours d'éternelle amitié entre l'Iran et les États-Unis sont écœurants pour moi et pour d'autres Saoudiens.* »

à laquelle s'ajoute cet avertissement prophétique :

« *Si le Shah quitte la scène, nous pourrons voir apparaître un régime violent, et anti-américain à Téhéran.* » (1)

Le chef de l'opposition iranienne est un prêtre chiite : l'Ayatollah Rohallah Khomeiny. Né en 1900, ayant fait des études religieuses, il fait preuve dès l'âge de 60 ans, d'une intransigeance totale dans les domaines du dogme et des mœurs, s'oppose à l'entrée des femmes dans les assemblées locales, au partage entre les paysans des immenses propriétés du clergé chiite.

De son exil en Irak, il lance des attaques violentes contre le régime en place. Opposant virulent du Shah, dans des cassettes circulant clandestinement, il lance des appels au sang et à la violence. C'est l'affrontement sans merci entre les forces séculaires et religieuses.

Le gouvernement du Shah répond à ces attaques par la répression. La police politique, la SAVAC, cruelle et arbitraire est omniprésente. Le pays s'éloigne de plus en plus de la « Grande Civilisation » faisant entrer l'Iran dans la modernité, le rêve ambitieux du Shah pour son pays.

En janvier 1978, un journal d'opinion proche du gouvernement publie un article dans lequel il ridiculise Khomeiny, le traite de faux dévot. Il provoque dans la ville sainte « Qom » de violentes émeutes, qui sont écrasées par une sanglante répression. Le clergé chiite décrète alors 40 jours de deuil. La situation demeure explosive et en août 1978, la foule en délire incendie six salles de cinéma projetant des films supposés indécents et provoquent la mort de 500 personnes brûlées vives.

Le mois d'octobre 1978 marque un tournant dans ce combat. Khomeiny, expulsé d'Irak à la demande du Shah, s'installe en France, à Neauphle-le-Château, dans la région parisienne. La France l'accueille et lui fournit un accès téléphonique international, le mettant en communication directe avec tous ses partisans. Pendant ce temps, l'industrie pétrolière est en plein chaos, les grèves se multiplient à Masjid-i-Suleiman le gisement géant et se poursuivent dans la ville d'Ahwaz. Les ouvriers viennent occuper les bureaux de la direction et s'y installent jusqu'en novembre. La production de pétrole baisse considérablement et à la fin du mois, plus de 30 navires pétroliers attendent d'être chargés, au large de Kharg Island, le port d'embarquement.

La grève se répand partout, près de 70 000 ouvriers du pétrole arrêtent le travail, avec des revendications multiples : hausse des salaires, libération des prisonniers politiques, dissolution de la SAVAC. Le gouvernement iranien répond d'abord en lâchant du lest : il lance un vaste programme de démocratisation concernant l'université, la liberté de la presse et celle d'association. À part quelques universitaires qui l'accueillent favorablement, cette mesure ne rencontre que peu d'échos dans la population, qui reste indifférente à la modernité.

Le Shah veut alors briser la grève, établit un gouvernement militaire et ordonne la réquisition des ouvriers. Il parvient à faire redémarrer la production. Khomeiny de son petit pavillon de banlieue parisienne lance le 3 décembre son mot d'ordre :

« *La grève dans le secteur pétrolier est un acte d'obéissance à Dieu.* » (2)

La grève reprend, malgré la réquisition, la production s'arrête complètement en décembre. Les compagnies pétrolières commencent à évacuer leur personnel, près de 1200 personnes avec leurs familles. Sur le marché international, le prix du baril augmente de 10 %, et l'Arabie Saoudite réagit en augmentant sa production pour éviter la panique des acheteurs. Le gouvernement américain, surpris, inquiet et finalement prenant la mesure de la gravité de la situation, commence à prendre ses distances vis-à-vis du Shah qui n'est plus l'homme capable de ramener le calme.

A Téhéran, le 1e janvier 1979, le premier ministre du gouvernement militaire, le général Aghari démissionne, il est remplacé par Chahpour Bakhtiar, un opposant modéré. Mais au même moment, Khomeiny, de son refuge parisien annonce la création d'un « Conseil de la Révolution Islamique ».

Le dénouement se prépare : les États-Unis annoncent que le Shah va quitter l'Iran pour se soigner pendant une période indéterminée et invite l'armée à soutenir Bakhtiar. Le Shah, avec sa famille en larmes, quitte l'Iran le 16 janvier 1979 pour ne plus y revenir. Le 23 du même mois, sur un avion d'Air France, Khomeiny débarque à Téhéran accueilli par des millions de partisans.

2 - Le prix du baril

Le nouveau régime a du mal à se mettre en place. Le Conseil révolutionnaire dirigé par Mehdi Bazargan, adversaire du Shah de longue date, doit calmer l'effervescence de la rue et remettre le pays au travail et avant tout, refaire démarrer le complexe industriel d'Abadan.

Dans la région pétrolière, tout le personnel étranger est parti. Il ne reste plus qu'un jeune ingénieur irlandais Jeremy Gilbert, malade à l'hôpital. Il est pris pour un Américain, battu puis autorisé à partir pour l'Irak où il arrive à grand-peine. La raffinerie d'Abadan et tout le centre de production sont gérés par un comité de travailleurs militants, choisis pour leur enthousiasme révolutionnaire.

L'Iran a cessé d'exporter son pétrole au début 1979. Sa capacité de production était de 5 millions de barils par jour. L'Arabie saoudite réagit de suite et augmente la sienne de 2 millions de barils. D'autres légères augmentations ont lieu au Venezuela et ailleurs, ce qui réduit la pénurie à 2 millions de barils par jour. La demande mondiale fin 1978 se chiffrant à 50 millions, la pénurie sur le marché international n'est que de 4%. Ce n'est pas une situation catastrophique et qui devrait facilement être maîtrisée par quelque économie. Mais la panique est générale dans tout le monde occidental et se répand à toute allure, incontrôlée, irrationnelle et absurde. Elle est provoquée par de multiples causes :

-La pénurie survient à un moment de demande croissante. Les mesures d'économie d'énergie décidées par le Président Carter n'ont pas encore réduit les besoins.

- La défection iranienne a détruit les flux habituels de pétrole, régulés par des contrats et chacun se bat pour récupérer ce qui lui manque.

-Les pays consommateurs agissent sans aucune concertation, certains achètent le pétrole à n'importe quel prix.

-Pour les pays exportateurs radicaux, l'occasion est belle pour décider à qui livrer, combien et à quel prix.

-La fin lamentable de l'Empire iranien crée une émotion et anxiété en Occident. On craint une extension de la révolution dans tout le Moyen-Orient, va-t-elle atteindre le Koweït, l'Égypte, l'Arabie Saoudite ? On réalise que cette révolution est tout simplement un rejet du monde occidental, de la civilisation moderne.

Les acheteurs aggravent la pénurie en constituant des réserves supplémentaires. Les compagnies en temps normal ont besoin de stocks pour lisser les pics et les creux de la demande, mais les réduisant au minimum car leur maintien est très coûteux. Avec la crise, la réaction des acheteurs est alors de se procurer le maximum de pétrole tout de suite, avant que les prix ne grimpent de façon vertigineuse et ce faisant, ils contribuent sans s'en rendre compte à la hausse des prix. La panique est contagieuse, elle atteint l'automobiliste qui se rue sur la première pompe à essence et remplit son réservoir.

L'exemple le plus typique est celui du Japon, ne produisant pas de pétrole et achetant 20% de ses carburants en Iran. L'arrêt brutal des livraisons compromet gravement sa politique d'expansion industrielle en cours. Ses acheteurs parcourent le monde entier à la recherche du moindre baril de pétrole.

À cette situation peu enviable, s'ajoute le 28 mars 1979, l'accident du réacteur nucléaire de Three Miles Island en Pennsylvanie, de l'eau radioactive est relâchée, source de dangers pour la population. Le réacteur est arrêté, beaucoup de gens émettent des doutes sur la possibilité d'utiliser l'énergie nucléaire en remplacement des hydrocarbures.

Fin mars 1979, l'OPEP se réunit pour étudier la situation et décide de ne rien réglementer, laissant à chaque pays la liberté de fixer son prix de vente, c'est-à-dire s'aligner sur le marché « spot » obéissant à la loi de l'offre et de la demande. Le prix affiché (post price) servant de base au calcul des redevances est totalement oublié car il est largement dépassé. Il se produit alors un jeu pervers de « saute-mouton », chaque pays producteur renchérissant son prix sur celui du voisin, accompagné de la bousculade des acheteurs sollicitant quelques barils.

Le seul à garder le sens de la mesure est le Cheikh Yamani. Il annonce à l'OPEP que son pays maintient le prix officiel et défend aux quatre compagnies formant l'ARAMCO de le dépasser. Il craint que les gains énormes réalisés aujourd'hui ne se traduisent par d'énormes pertes le lendemain. Ce n'est que vers la fin 1979 qu'il réduira la production de son pays de 10,5 millions de barils par jour, à 8,5 millions c'est-à-dire sa production normale.

Pendant l'été 1979, les prix du marché « spot » au comptant, qui étaient montés jusqu'à 40$ le baril, recommencent à baisser légèrement. L'Ian a repris sa production d'hydrocarbures de moindre qualité qu'avant la crise mais qui trouve sa place dans le marché. Le déclin est également dû aux économies d'énergie conséquences directes de la hausse irraisonnée des prix de carburants. L'OPEP qui se réunit en fin d'année constate la situation avec le prix du brut oscillant entre 28$ le baril et 38$, il était de 12$ en 1978.

3 - La crise des otages américains

a) Le calvaire du Shah

Le Shah quitte l'Iran en janvier 1979 pour un long périple international. Il est rejeté de partout. Il s'adresse à l'Égypte, au Maroc, au Mexique, aux Bermudes, demande asile et se heurte partout à des refus embarrassés. Aucun État ne désire lui offrir un asile politique dans ces temps d'incertitudes et de grande tourmente pétrolière. Une campagne de presse est alors déclenchée aux États-Unis par Henry Kissinger, encouragée par David Rockefeller, président de la Chaise Manhattan Bank et petit-fils du fondateur de la Standard Oil. Elle a pour but de porter secours à ce souverain déchu, à la santé déclinante. Finalement, le Président Carter accepte de l'accueillir sur le territoire américain pour être soigné. Après huit mois d'errances, il arrive à New York le 23 octobre 1979 où il est admis au Cornell Medical Center. Il est ensuite transféré, dans un état désespéré, en Égypte où il expire en juillet 1980, 18 mois après son départ d'Iran.

Quelques jours après l'arrivée du Shah en Amérique, le conseiller pour la Sécurité nationale auprès du Président Carter : Zbigniew Brzezinski, rencontre à Alger Mehdi Bazargan le nouveau premier ministre iranien pour essayer de prendre contact avec le nouveau gouvernement issu de la révolution. Celui-ci d'emblée proteste contre l'admission du Shah aux États-Unis et demande que son état de santé soit évalué par un médecin iranien. Cette attitude agressive n'est que le reflet de l'inquiétude des extrémistes iraniens, craignant la répétition par les Américains de l'éviction en 1953 de Mossadegh et une deuxième restauration du Shah. D'ailleurs, l'entourage de l'Ayatollah Khomeiny trouve que Bazargan est trop pro occidental, discute trop avec le « grand Satan américain » et fera tout pour l'écarter du pouvoir. Pour les radicaux iraniens, l'admission du Shah, leur ennemi numéro 1, aux États unis ainsi que les prises de contact de Bazargan avec l'ennemi constituent l'occasion rêvée de lancer une grande offensive contre l'Occident.

b) L'assaut contre l'ambassade

Le 4 novembre 1979, à 3 heures du matin, l'ambassade US à Téhéran appelle le Centre des Opérations du Département d'État à Washington. Une foule excitée d'Iraniens a pénétré de force dans les jardins et cerne le bâtiment principal. Une heure après, elle annonce que les attaquants ont mis le feu puis lance un dernier message « nous sombrons ».

Ce jour-là, seulement 63 ressortissants américains sont présents à l'ambassade, le reste du personnel, près de 1400 fonctionnaires, a déjà été rapatriée. Tous sont pris en otages et cinquante restent en captivité. La manifestation a dégénéré en occupation des bâtiments puis en enlèvement de masse. Encouragée par Khomeiny, elle est le signe de la radicalisation totale du régime. Tous les dirigeants du pays, les États-Unis ainsi que tout le monde occidental, sont sur le déclin, sur la défensive et il importe à toutes les populations du Moyen-Orient de lutter pour se libérer de leur tutelle.

D'autres incidents vont suivre. Le 20 novembre 1979, plusieurs centaines d'intégristes envahissent la Grande Mosquée de La Mecque, un des lieux saints de l'Islam et l'occupent en signe de protestation contre la politique de collaboration avec les États-Unis, menés par la famille royale saoudite. Le gouvernement réagit de suite et envoie ses troupes monter à l'assaut de la mosquée. L'affrontement sanglant se terminera par plus de 200 morts.

Quelques semaines plus tard, l'URSS profitant du désarroi général, envahit l'Afghanistan. Sous prétexte de mettre de l'ordre dans ce pays instable, elle essaye de prendre position au Moyen-Orient, de se rapprocher du golfe Persique et récupérer ainsi une partie de l'or noir de cette région. Les dirigeants soviétiques pensaient pouvoir se rendre maîtres de ce pays au bout de quelques semaines, ce qui prouve leur méconnaissance totale des conditions de vie et des réactions possibles des habitants.

Le Président Carter réagit énergiquement à toutes ces menaces. En janvier 1980, il prend position très clairement contre l'initiative soviétique et déclare : « Toute tentative pour prendre le contrôle du golfe Persique sera considérée comme une agression contre les intérêts vitaux des Etats-Unis. » Concernant la prise des otages de l'ambassade qui a l'air de durer, il déclare l'embargo sur l'importation du pétrole iranien aux États-Unis, ainsi que le gel de tous les avoirs iraniens dans les banques américaines. C'est cette décision financière qui va toucher durement les Iraniens, car leurs dépôts d'argent aux États-Unis sont considérables. L'embargo sur le pétrole nécessitera une réorganisation des approvisionnements à l'échelle internationale, mais semble avoir moins inquiété les autorités iraniennes.

Quelques mois plus tard, en avril 1980, la séquestration des otages semble se poursuivre indéfiniment. Ils sont malmenés, présentés à la foule en délire et maintenus dans des conditions précaires dans les locaux de l'ambassade. Le Président Carter tente une opération militaire pour les délivrer, s'inspirant de l'action entreprise par les militaires israéliens pour délivrer les passagers d'un avion d'Air France, détenus à l'aéroport d'Entebbe en Ouganda. Elle avait parfaitement réussi, malgré les grandes difficultés d'exécution. Mais cette fois-ci hélas, l'opération se solde par un échec. Deux des huit hélicoptères expédiés sur place s'abattent dans le désert et un troisième prend feu, Carter est obligé d'annuler la mission avant qu'elle ne finisse par un désastre encore plus grand. Les Iraniens, surpris et étonnés par cette aventure ratée prennent alors la décision de disperser les otages dans plusieurs lieux détenus secrets pour dissuader ainsi toute nouvelle tentative. C'est finalement après plus d'un an de détention, en janvier 1981, à la fin du mandat de Carter que les otages seront relâchés. Cette affaire sera ressentie comme une immense humiliation par tout le peuple américain.

c) Le rôle de l'Arabie saoudite

L'Arabie saoudite s'inquiète de cette tourmente, elle sent qu'elle perd le contrôle de l'économie du pétrole qui passe entre les mains d'extrémistes. Avec le prix du baril qui dépasse les 30 dollars, le monde occidental réalise qu'il n'a plus aucun moyen de peser sur ce prix et que les pays producteurs ont pris en main la commercialisation de leur pétrole. L'Arabie saoudite reste cependant un partenaire privilégié des pays industrialisés pour plusieurs raisons : ses réserves de brut sont considérables, leur exploitation est aisée, c'est un pays à faible population ayant donc des besoins financiers réduits pour se moderniser. Mais étant le plus grand producteur de l'OPEP, il occupe une position de leader sur toute cette organisation.

L'Arabie saoudite reste cependant un pays à structures politiques « médiévales » gouverné par une immense famille royale (de près de 10000 membres), excessivement riche et qui lutte pour sa survie et la conservation de ses privilèges. Elle se sent menacée pour plusieurs raisons. D'une part, elle fait face à de nombreuses luttes internes (allant jusqu'à l'assassinat en 1964 du Roi Fayçal). Les jeunes princes de cette famille poussent les anciens à adopter une politique plus radicale, moins favorable aux Etats-Unis. D'autre part, elle est parfaitement consciente de l'influence corrosive de la richesse, amenant corruption, gaspillage et train de vie scandaleux. Les menaces extérieures sont bien présentes, le sanglant raid terroriste à la Grande Mosquée de La Mecque est là pour les rappeler. Elle est donc poussée à prendre ses distances vis-à-vis de l'occident, à être plus indulgente avec les radicaux et à pratiquer une politique de repli sur soi-même en acceptant moins d'immigrés et en évitant de placer trop de capitaux à l'étranger, ce qui la mettrait en situation de dépendance économique.

Le Cheikh Yamani reste le chef d'orchestre de l'OPEP, Il défend la stabilité des prix, craint un dérapage incontrôlé provoquant une grande crise économique dans le monde occidental, avec de fâcheuses répercussions au Moyen-Orient. L'Arabie saoudite augmente sa production pour freiner la hausse, mais le drame des otages de l'ambassade à Téhéran affole les marchés et les prix s'envolent.

En décembre 1979, l'OPEP se réunit à Caracas, à l'hôtel Tamanaco qui prend l'allure d'une forteresse assiégée. L'objectif officiel est d'unifier les prix du baril de pétrole brut qui oscille entre $18 et $50. Yamani propose un prix unique de 18+6 soit, $24. Mas le délégué iranien répond par 24+5, soit $29. Au bout de 11 heures d'âpres discussions, aucun accord n'est trouvé. Il semble à Yamani que la plupart des délégués ont perdu le contact avec la réalité, c'est-à-dire que la demande est en train de baisser, plusieurs pays consommateurs ayant reconstitué leurs stocks.

En juin 1980, l'OPEP se réunit à nouveau à Alger. Le prix moyen du baril est de $32, c'est-à-dire qu'il a triplé en 18 mois ! Yamani a alors cette réflexion : « *Ils sont trop cupides, ils sont trop cupides, ils le paieront !* » Déjà le marché est en train de fléchir, à cause de la récession économique et l'ampleur des stocks. Ce sont alors les acheteurs qui résilient leurs contrats. L'OPEP réagit en préparant les cérémonies de son vingtième anniversaire. C'est un colosse de l'économie mondiale qui prépare une fête grandiose devant avoir lieu à Bagdad, lieu de sa naissance. Plus de 1500 journalistes sont invités à participer à cet événement. Le matin du 22 septembre 1980, les ministres du Pétrole de l'OPEP se réunissent à Vienne pour mettre au point les derniers détails de cette « fête du pétrole ». Quelques minutes après l'ouverture de la séance, un cataclysme surprend tous les participants : on vient d'apprendre que ce même matin des escadrilles irakiennes ont bombardé près d'une douzaine d'objectifs en Iran. Les troupes irakiennes pénètrent en Iran sur un large front, précédées par un gros barrage d'artillerie lourde.

3 - La guerre irako-iranienne

a) Origines lointaines du conflit

L'hostilité entre ces deux pays est fort ancienne. Depuis l'antiquité, les peuplades de la Mésopotamie et celles de la Perse sont en état de guerre permanente pour diverses raisons : rivalités ethniques ou religieuses, luttes pour le partage des terres fertiles, compétition entre les souverains pour la suprématie autour des rivages du golfe Persique. Fidèle à cette tradition, le Shah a dû affronter de façon quasi permanente tous les dirigeants successifs de l'Irak dont le dernier, au pouvoir depuis 1968 est Saddam Hussein.

Ce conflit se focalise sur le Chatt-el-Arab, large couloir d'eau douce, confluent des deux fleuves le Tigre et l'Euphrate qui fertilisent toute la région. Le Chatt-el-Arab forme la frontière entre les deux pays, l'Iran occupant sa rive orientale et l'Irak l'occidentale. Pour l'Iran qui possède la raffinerie d'Abadan, une des plus grandes du monde, c'est une artère vitale par où se font toutes les exportations d'hydrocarbures. Pour l'Irak, pays continental, c'est sa seule voie d'accès à la mer. Ce pays n'a que 43 kilomètres de rivages sur le golfe Persique et sa grande ville portuaire Basra est située à 80km de l'embouchure du Chatt-el-Arab.

Il n'est donc pas étonnant que cette région, d'importance primordiale pour les deux pays, ait été une source continuelle de tensions. Un accord précaire est obtenu en 1975 à Alger. L'Irak renonce à sa prétention de posséder la rive orientale du Chatt-el-Arab, et la frontière définitivement reconnue et fixée au milieu du fleuve comme le demande l'Iran. En échange, le Shah s'engage à arrêter l'aide considérable qu'il accorde aux Kurdes d'Irak, dont la province, très riche en gisements pétroliers, est en état de rébellion permanente contre le pouvoir à Bagdad. A la suite de cet accord, jugé non satisfaisant par Saddam Hussein, celui-ci en profite pour « faire le ménage » dans son pays, écrase la résistance kurde dans le nord, et expulse l'Ayatollah Khomeiny vivant en exil en Irak depuis 14 ans et poussant à la rébellion la minorité chiite au sud-est du pays.

L'Irak est dirigé par Saddam Hussein, dictateur, chef du parti Baas aux tendances antioccidentales, au panarabisme militant, poussant à l'utilisation de la violence pour atteindre ses objectifs. Ce grand parti comprend deux branches : la syrienne et l'irakienne. Saddam Hussein est le chef incontesté de cette dernière. C'est un homme dur, impitoyable, rusé qui n'hésite pas à utiliser l'assassinat comme procédé pour se débarrasser d'adversaires gênants. Il dirige l'Irak avec l'aide du clan des Takritis, celui de sa ville de naissance : Takrit.

Revenu en Iran, le Guide Suprême de la Révolution : l'ayatollah Khomeiny est l'ennemi implacable du parti Baas composé en majorité de sunnites. Saddam Hussein est hostile à Khomeiny à cause de son influence sur la minorité chiite irakienne. C'est pour cette raison qu'il a profité de l'accalmie diplomatique de 1975 pour l'expulser et ensuite pour faire assassiner tous les chefs religieux chiites d'Irak, les ayatollahs, qui encadrent la population du sud-est de l'Irak.

b) L'offensive irakienne

Pour l'Irak le moment semble propice, l'Iran semble désorganisé et chaotique, l'armée iranienne est totalement démoralisée après une purge sanglante. Dès le départ du Shah, Saddam Hussein prépare cette guerre. Il veut écraser l'Iran, annexer Abadan et Khoramshar sur la rive orientale du Chatt-el-Arab. Renversant Khomeiny, il aura alors la possibilité de « libérer » puis annexer le Kurdistan iranien. Le « gendarme du golfe », le Shah n'étant plus là, c'est lui Saddam Hussein qui prendra sa place, devenant alors le leader du monde arabo-musulman. Il baptise cette guerre « la deuxième bataille de Kadisiyah » du nom de cette célèbre victoire des Arabes contre les Perses en l'an 636. L'Iran qui ne croit pas à la menace irakienne, a concentré ses troupes vers le nord dans la crainte d'une invasion de l'Azerbaïdjan iranien par l'URSS.

L'offensive dirigée contre Ahwaz et Abadan ne doit durer que quelques semaines. Mais les guerres ne sont jamais gagnées à l'avance. Les Iraniens, d'abord surpris, reculent en désordre ; la raffinerie d'Abadan est bombardée. L'avance irakienne est rapide dans le triangle Ahwaz, Abadan, Khorramchahr. Mais l'état-major irakien a sous-estimé la capacité de résistance du peuple iranien. Il lui faudra plus de deux semaines pour s'emparer de Khorramchahr. Le coût est très élevé en pertes humaines et les troupes avancent difficilement. L'armée iranienne inexistante est remplacée par les Pasdaran, milice armé menant des combats de rues très meurtriers. Khomeiny qui a consolidé son pouvoir, mobilise la population, lance contre les assaillants des vagues humaines, souvent des enfants, qui cherchent le martyre. Il arrive ainsi à stabiliser le front et se prépare à la contre-offensive.

c) Les répercussions sur le marché pétrolier

Beaucoup de pays dissimulent mal leur satisfaction de voir « les loups se dévorer entre eux ». Les États-Unis ont tout à gagner à l'affaiblissement de l'Iran qui détient toujours les 50 otages. L'Arabie saoudite, les Émirats arabes sont satisfaits de cette situation qui a abouti à une neutralisation mutuelle des deux adversaires. Le Koweït, le Qatar soutiennent financièrement l'Irak, Israël sent le danger s'éloigner à l'est.

L'arrêt total des livraisons de pétrole brut par les deux belligérants retire du marché mondial 4 millions de baril par jour. La répercussion sur les prix est immédiate, le baril monte à $42. Mais il n'y aura pas de troisième choc pétrolier. La demande faiblit car cette hausse pousse les gens à l'économie. L'Agence Internationale pour l'Energie (AIE) rassure les consommateurs : il ne faut pas acheter le pétrole à n'importe quel prix. Il est absurde d'acheter très cher un produit que l'on va stocker. À Tokyo, le MITI, le célèbre office de régulation industrielle réagit de suite et conseille la modération, la réduction des achats.

En décembre 1980, l'OPEP se réunit d'urgence à Bali, fixe le prix du baril à $36, mais l'Arabie saoudite maintient le sien à $32. Il se stabilise finalement à $34 malgré la guerre. L'Arabie saoudite augmente sa production, suivie par le

Mexique, la Mer du Nord et l'Alaska. La prophétie de Yamani se réalise, en 1981 la production totale des pays de l'OPEP a baissé de 27 % par rapport à ce qu'elle était en 1976. Le manque de modération, les prises de position intransigeantes et irrationnelles se retournent contre ceux qui en sont les auteurs. La réunion de décembre de l'OPEP entérine finalement le prix de $34 pour tout le monde, soit seulement 6 % d'augmentation par rapport à 1979.

Un épisode tragi-comique détend l'atmosphère à la réunion de Bali. En novembre 1980, un communique de l'état-major irakien affirme que Mohamed Tondguyan, ministre iranien du pétrole a été fait prisonnier au cours des combats. Le 15 décembre à Bali, lors de la séance inaugurale, alors que les délégations des deux pays belligérants échangent des torrents d'invectives, les Iraniens placent un grand portrait de leur ministre du pétrole absent sur le fauteuil qui lui était destiné. (3)

CHAPITRE XVI

LA FIN AGITEÉ DU XXe SIÈCLE

1 - Les conséquences de la guerre

La guerre irako-iranienne, déclenchée par un autocrate mégalomane, qui est en train de s'enliser agit comme un révélateur. Elle prouve au monde entier que la dictature de l'OPEP sur l'approvisionnement du marché et sur les prix n'a plus sa raison d'être. Le troisième choc pétrolier n'a pas eu lieu et les sources d'hydrocarbures en dehors du Moyen-Orient sont importantes et fiables.

a) L'effondrement des prix

L'OPEP se trouve devant un dilemme : soit soutenir un prix élevé du baril de brut et en faire ainsi profiter les nouveaux pays exportateurs, leur donner les moyens d'investir davantage dans cette industrie, soit de laisser les prix baisser, et diminuer ainsi les revenus de tous ces États.

Parmi ceux-ci l'Arabie saoudite ne joue plus son rôle de compensateur, maîtrisant et modérant la hausse des prix en « ouvrant les vannes » du pétrole brut. D'autres régions peuvent jouer ce rôle : Nigeria, Alaska, Mexique. Sa position d'arbitre lui coûtait très cher, ses revenus pétroliers passent de 119 milliards de dollars en 1981 à 26 milliards en 1985, alors qu'elle lance un vaste programme d'investissements dans des infrastructures qui lui font cruellement défaut.

Yamani est parfaitement conscient de la perte de l'influence et de prestige de son pays vis-à-vis des autres membres de l'OPEP. Il déclare :

« *Nous souffrons à présent de la faiblesse du pouvoir politique arabe fondé sur le pétrole.* »

En juin 1985, lors de la réunion de l'OPEP, les délégués se rendent compte que Yamani a fait volte-face. Il adopte une politique de restriction de la production pour soutenir les prix. La production de l'Arabie saoudite tombe en dessous de celle de la Mer du Nord. Le paradoxe est que l'Arabie saoudite soutient des prix élevés, ce qui permet aux Anglais de faire de copieux bénéfices et d'investir. Il n'y a plus de prix OPEP, ni de prix saoudien, les transactions se font de gré à gré, aux prix du marché spot. (1)

Malgré ces efforts de soutien des prix, ceux-ci s'effondrent. C'est un nouveau choc pétrolier qui s'installe et fin 1984 le baril de brut passe de 32$ à 10$. Pourtant l'excédent de production à l'échelle mondiale ne dépasse pas les 3%, mais cela suffit pour créer la panique. Pourquoi acheter au prix d'aujourd'hui alors que demain il sera inférieur ?

Pour la première fois, on assiste à une inversion des rôles : ce sont les pays exportateurs qui se battent pour trouver des débouchés à des prix de plus en plus bas. Un nouveau concept apparaît : celui de la sécurité de la demande, exigée par les exportateurs, remplaçant celui de la sécurité des approvisionnements des pays consommateurs. Les producteurs commencent à s'intéresser aux opérations en aval de l'extradition du brut, c'est-à-dire investissent dans des raffineries et tentent de se constituer des réseaux commerciaux.

La panique s'étend aux États-Unis, les compagnies américaines réduisent considérablement leurs dépenses de prospection, production et distribution. C'est alors la guerre des prix dans les stations-service. Les automobilistes se réjouissent. Une station ESSO à Austin affiche un matin le prix de zéro dollar le gallon, ce qui provoque une queue de 10km de voitures.

b) Georges Bush père intervient

George Bush s'installe au Texas en 1947, à Midland, au centre du pays. Il exerce alors de menus travaux puis fonde avec de jeunes associés une compagnie pétrolière : la Zapata Oil C° (du nom du film *Viva Zapata,* interprété par Marlon Brando). Cette entreprise prospère, d'abord par des forages dans la région puis se spécialise dans la prospection off-shore au large dans le golfe du Mexique. Ayant amassé une fortune, il abandonne le pétrole pour se lancer dans la politique et adhère au Parti républicain. Elu à la Chambre des Représentants du Congrès, il défend à Washington les intérêts des pétroliers du Texas. Son parcours politique est classique, d'ambassadeur auprès des Nations unies jusqu'à la vice-présidence des États unis qui lui est offerte par Ronald Reagan en 1980.

À ce poste, il fait une tournée au Moyen-Orient pour apporter le soutien des Etats-Unis aux pays arabes modérés. Il rencontre Yamani puis le Roi Fahd d'Arabie saoudite et leur explique que si les prix du baril restent trop bas, son pays sera obligé d'établir des droits de douane pour protéger les producteurs américains, en position désespérée. Ce faisant, il allait à l'encontre de la position du président Reagan, partisan de la liberté des prix et pensant que le marché finirait par se réguler tout seul. Devant la confusion totale qui règne, c'est le Venezuela qui sauve la situation, fixe le prix du baril à 18$, qui est raisonnable, équivalent en tenant compte de l'inflation, à celui de 1970. En mai 1986, six ministres du pétrole réunis en Arabie saoudite confirment leur soutien à ce prix qui est accepté par les Etats-Unis, renonçant à établir une barrière douanière. L'OPEP transformé en véritable cartel entérine cette décision, qui est acceptée également par les producteurs ne faisant pas partir de l'OPEP.

c) Chute de Yamani

En septembre 1986, l'université de Harvard, fondée par un émigrant anglais John Harvard, fête son tricentenaire par une imposante cérémonie. Après le discours d'introduction par le prince Charles d'Angleterre, c'est le Cheikh Zaki Yamani, ancien élève, qui prend la parole.

Dans un discours très dense, il évoque ses batailles pour les prix raisonnables du pétrole, il exprime le souhait du retour à la stabilité. Il laisse entendre qu'il y a contradiction à désirer un volume de ventes très élevé et en même temps un prix plus important. Il prend alors position contre la politique énoncée par son roi concernant les ventes.

De retour à Riyad, il apprend par la télévision que le roi Fahd l'a relevé de son poste de ministre du Pétrole ; il est congédié brutalement après 24 années de services. Il avait été nommé à ce poste par le souverain précédent, le roi Fayçal qui l'avait en très haute estime. Son successeur Fahd, voulant être le seul décideur en matière pétrolière, ne pouvait tolérer ce ministre totalement indépendant, n'hésitant pas à critiquer ses prises de position. Il profite de cet incident à Harvard pour s'en débarrasser et le remplacer par un ministre plus docile. C'est ainsi que finit cette brillante carrière, d'un personnage hors du commun qui joua un rôle remarquable de modérateur des passions et de conciliateur des oppositions dans ce tumultueux Moyen-Orient. Yamani, rendu à la vie privée s'occupe à gérer sa grande fortune.

d) Fin d'une guerre absurde

En 1987, la guerre Iran-Irak entre dans sa septième année. L'Iran a repris l'offensive lançant des enfants-soldats, munis de la « clé du Paradis » sur les champs de mines. Il arrive à reprendre Khorramchahr en faisant 13000 prisonniers, puis en accord avec la Syrie, coupe l'oléoduc transportant le pétrole irakien à la Méditerranée. Il s'empare de la péninsule de Fao et menace Basra, le port pétrolier irakien. Mais l'armée s'enlise dans les marécages et n'avance plus.

Les Irakiens mènent une guerre maritime, attaquent les navires iraniens dans le golfe Persique. Les Iraniens réagissent en coulant des navires de l'ennemi puis s'en prennent aux bateaux du Koweït qui soutient financièrement l'Irak.

Affolés, les Koweitiens demandent aux États-Unis la protection de leur flotte commerciale. Tous les pays européens intéressés participent alors à une opération de maintien de l'ordre et de la sécurité de navigation dans le golfe.

Au printemps 1988, l'Irak reprend l'offensive, utilise des armes chimiques puis bombarde Téhéran à coup de missiles. Dans cette ville, Khomeiny, vieux et malade, laisse gouverner son prétendant Ali Rafsandjani qui désire mettre fin à cette guerre que son pays ne peut gagner. Il craint une confrontation majeure avec les États-Unis, présents dans le golfe Persique. En juillet 1988, un destroyer américain abat un airbus iranien transportant 190 passagers. Pour les Iraniens, isolés diplomatiquement, c'est un signal de prochaine entrée en guerre. Mais Rafsandjani se heurte à Khomeiny qui réclame « la tête de Saddam Hussein » selon une pratique médiévale. Finalement la voix de la raison se fait entendre et un armistice est signé en août 1988 après 8 ans de guerre et 150000 morts du côté irakien.

e) Conséquences de la paix précaire

Avec la fin des hostilités, les exportations de pétrole reprennent en Iran et Irak mais les prix restent stables. La décennie de crises (1980-1990) pousse les pays consommateurs et producteurs à réviser leurs stratégies concernant le pétrole.

Pour les pays consommateurs européens, la hausse brutale des prix du brut dérègle sérieusement les économies. Par exemple en France, malgré la prépondérance du nucléaire, la facture pétrolière passe de 15 milliards de francs en 1973 à 140 milliards en 1980, c'est une ponction inacceptable d'une partie du revenu national, génératrice d'inflation et de chômage. Tous les pays poussent à l'économie d'énergie et à la diversification des sources par l'utilisation du charbon, du gaz naturel, des turbines éoliennes ou les panneaux solaires. (2)

Les grandes compagnies pétrolières dont l'emprise sur les pays producteurs s'amoindrit, se tournent vers la diversification de leurs activités, recherchent des technologies nouvelles pour avoir accès à des gisements de plus en plus difficiles à exploiter. D'autres se diversifient dans les industries chimiques ou nucléaires. Elles font toutes preuve de remarquables facultés d'adaptation et de souplesse. Pour pouvoir continuer à faire face à la demande, elles devront dès maintenant investir massivement dans de nouvelles technologies.

Les pays producteurs disposent de revenus considérables, mais de façon très irrégulière. Ils essayent d'investir dans la construction de raffineries ou en prenant des participations dans des compagnies pétrolières occidentales. Par exemple, lorsque Margaret Thatcher, premier ministre de Grande-Bretagne, décide de mettre en vente les 51 % de la BP détenus par son gouvernement, le Koweït en achète de suite 22 %. L'ironie de la situation, c'est que c'est la BP avec la GULF qui ont fondé l'industrie pétrolière koweïtienne. C'est l'enfant de la BP qui achète son fondateur ! Cependant ces pays investissent à l'étranger avec beaucoup de prudence, craignant les crises économiques et les dévaluations, mettant en danger leur patrimoine. Beaucoup préfèrent actuellement mettre leur argent dans les infrastructures locales, les grands projets immobiliers, les compagnies aériennes.

2 - La fin de l'histoire ?

a) Le règne de l'euphorie

Avec la fin des hostilités entre l'Iran et l'Irak en août 1988, une courte période paix et de tranquillité règne dans le monde du pétrole. L'Iran et l'Irak pansent leurs plaies et recommencent à produire. Les pays exportateurs songent à diversifier leurs activités.

Au Venezuela, la compagnie nationale PETROVEN distille son pétrole puis commence à commercialiser son essence. Le Koweït qui a acheté des raffineries en Occident crée ses stations-service sous la marque « Q-8 ». L'Arabie saoudite, en accord avec la Texaco, fonde une entreprise commune de ventes d'hydrocarbures. Aux États-Unis, c'est George Bush « le père » qui remplace Ronald Reagan en janvier 1989.

L'année 1989 sera « l'année miracle » avec la chute du Mur de Berlin, la réunification de l'Allemagne, l'implosion de l'URSS replacée par la Russie. Le philosophe américain Fukuyama, d'origine japonaise, associe à la fin de la guerre froide la « fin de l'histoire ». Dans le domaine de l'économie pétrolière, et la reprise de la production au Moyen-Orient, les experts calculent qu'à dollars constants, le litre d'essence coûte moins cher en 1990 qu'en 1950. Mais la dépendance des pays consommateurs vis-à-vis des producteurs du golfe Persique demeure importante.

b) Coup de théâtre au Koweït

Le 2 août 1990, 100000 soldats irakiens envahissent le Koweït. La famille régnante de ce pays s'enfuit en toute hâte vers l'Arabie saoudite. Saddam Hussein, malgré son échec en Iran, n'a pas renoncé à ses rêves délirants. Il a abandonné ses ambitions nucléaires depuis que son réacteur en construction a été détruit en 1981 par l'aviation israélienne. Il se tourne vers le sud et veut dominer le golfe Persique.

Son argument est simpliste : le Koweït a été une province de l'Irak, son accession à l'indépendance n'est qu'une manœuvre politique des puissances coloniales. Il veut donc mettre les démocraties occidentales devant le fait accompli et ainsi satisfaire ses ambitions militaires et économiques. Pour le monde du pétrole, le danger est énorme. La fusion des industries pétrolières Irak-Koweït fera du dictateur le premier producteur mondial possédant les plus grandes réserves d'hydrocarbures et pouvant dicter sa loi à tous les consommateurs. Avec une telle puissance financière, il pourra rapidement se doter de l'arme nucléaire.

Mais Saddam Hussein fait de nouveau une erreur de calcul. Il ne s'attendait pas à l'opposition unanime internationale, y compris dans le monde arabe. George Bush lance une brillante offensive diplomatique. L'ONU décrète l'embargo sur les exportations de pétrole d'origine irakienne ou koweïtienne. Les États-Unis craignant l'occupation par l'Irak des champs de pétrole d'Arabie saoudite, situés à près de 300 kilomètres dans le sud, envoient ses forces dans la région puis prennent la tête d'une coalition militaire comprenant de nombreux pays.

La prise de position américaine est très forte moralement. Il n'est pas possible de tolérer l'agression d'un pays membre de l'ONU contre un autre pays souverain, membre lui aussi. Toutes les faiblesses et toutes tendances au compromis sont impensables. Dans les années 1930, la politique tolérante et pacifique de l'occident vis-à-vis de l'Allemagne nazie a coûté au monde 50 millions de morts. Ne pas réagir contre cette agression, laisser le dictateur sanguinaire conquérir une telle puissance économique et plus tard nucléaire serait impardonnable. La coalition dirigée par les États-Unis se prépare à l'offensive.

c) Crise pétrolière ?

L'embargo décrété prive le monde de 4 millions de barils par jour. L'OPEP réagit de suite et décide d'accroître sa production. Saddam Hussein riposte en menaçant de détruire les installations pétrolières saoudiennes protégées par les forces armées de la coalition. Le marché réagit et le prix du baril grimpe à 40$. Mais dès décembre 1990, le déficit de production est compensé. L'Arabie saoudite a augmenté la sienne de 3 millions de barils et les États-Unis ont libéré leurs réserves stratégiques. Fin 1990, l'équilibre est rétabli entre l'offre et la demande et le prix du baril revient à des valeurs normales. Il n'y aura pas de 3e choc pétrolier !

d) La contre-offensive

Le dictateur irakien refuse de se retirer du Koweït, il veut gagner du temps et pense pouvoir faire éclater la coalition. Par contre, George Bush sent que le temps travaille contre lui, il ne faut pas laisser s'éterniser le fait accompli. Il double les forces présentes en Arabie saoudite et nomme à leur tête le général Schwarzkopf, un vétéran de la guerre du Vietnam. Le Conseil de sécurité de l'ONU lance un ultimatum à l'Irak, lui donne jusqu'au 15 janvier 1991 pour se retirer du Koweït. Commence alors un défilé de personnalités à Bagdad, essayant de faire prendre conscience à Saddam Hussein des conséquences de son fol entêtement. Celui-ci les écoute, persiste dans son attitude, très flatté d'être au « centre du monde ». Il reste inflexible jusqu'au bout.

Le 17 janvier 1991, l'offensive aérienne commence et dure un mois. Le marché pétrolier réagit, le bail monte à 30$ puis 40$ puis redescend à 20$. L'Irak tente de répondre à la guerre aérienne, son armée lance des missiles Scud contre les villes israéliennes, essayant de transformer cette guerre en conflit israélo-arabe. Le gouvernement israélien ne réagit pas à cette attaque qui d'ailleurs fait peu de victimes. D'autres missiles sont dirigés contre l'Arabie saoudite mais sans faire de gros dégâts.

En février, le général Schwarzkopf lance une offensive terrestre, commence alors un mouvement d'encerclement des armées irakiennes stationnées au Koweït. L'armée irakienne se retire complètement du Koweït, mais au préalable incendie près de 600 puits de pétrole où vont brûler plusieurs millions de barils par jour en pure perte. Dès la libération totale du Koweït, le président Bush, ses objectifs politiques étant atteints, décrète le cessez-le-feu et laisse le champ libre aux pompiers américains pour éteindre ces incendies et arrêter ce gaspillage insensé des ressources naturelles.

Saddam Hussein battu, mais pas renversé, se cramponne à son pouvoir vacillant. Il doit faire face à des rébellions kurdes au nord et chiites au sud et il les réprime sauvagement.

e) Les conséquences (3)

Il est important de noter que cette crise politique majeure n'a eu que de faibles répercussions dans le domaine pétrolier. Le troisième choc pétrolier attendu a été remplacé par quelques hausses de prix rapidement amorties. Par rapport aux crises précédentes, nous remarquerons que celle-ci n'est pas due à l'origine à l'Irak mais aux consommateurs qui avec l'ONU ont imposé un embargo pétrolier pour punir le dictateur. Il n'y a pas eu de gros déséquilibres globaux, mais quelques-uns très faibles, dus à la difficulté de remplacer rapidement les pétroles bruts légers d'Irak et du Koweït par les pétroles lourds du Venezuela. Ces déséquilibres ont eu également pour cause l'impossibilité pour les techniciens d'augmenter instantanément les débits de leurs puits.

Il faut cependant garder en mémoire que le marché pétrolier réagit toujours de façon excessive aux crises politiques ou militaires, à la hausse comme à la baisse. Cela va demeurer toujours un des handicaps majeurs de la gestion des transactions sur le marché des hydrocarbures.

3 - Évolution économique et sociale du monde du pétrole (4)

L'industrie pétrolière mondiale a beaucoup souffert pendant la deuxième moitié du XXe siècle des fortes perturbations politiques et sociales, succédant aux deux guerres mondiales. Une forte instabilité économique en a résulté avec de très fortes fluctuations des prix des hydrocarbures. Mais les entreprises de production et transformation du pétrole ont réagi avec beaucoup de souplesse et d'efficacité à cet environnement défavorable. Le monde du pétrole s'est ainsi beaucoup transformé depuis sa naissance, il y a 150 ans. Des tours de forage de la Pennsylvanie de 1950 aux grandes plateformes off-shore actuelles, le changement est énorme. Aucune industrie n'a autant évolué et progressé techniquement, financièrement et humainement. Il importe donc d'en faire actuellement le bilan non exhaustif en distinguant trois catégories de pays :

-Pays producteurs à forte rente pétrolière
-Pays industriels importateurs
-Pays en développement consommateurs

a) Pays producteurs à forte rente pétrolière

Être un pays qui exporte de grandes quantités de pétrole brut n'est pas une garantie de succès, de prospérité économique, d'éradication de la pauvreté et de diminution des écarts de revenus. Dans les pays originellement sous-développés, l'apparition de cette rente inattendue peut avoir de nombreux effets pervers que nous pouvons citer :

1- La richesse issue de sous terre s'oppose à la richesse créée par l'activité humaine. Cet afflux massif d'argent cause beaucoup de torts à la main-d'œuvre locale. Celle-ci abandonne ses activités traditionnelles et se fait engager par les compagnies pétrolières aux salaires de loin plus élevés. Des pans entiers d'activités artisanales ou agricoles sont délaissés. L'exemple le plus frappant est celui du Venezuela qui a vu disparaître au milieu du XXe siècle une grande partie de son agriculture et doit importer sa nourriture de base, son blé et ses salades, des pays voisins. Ses ventes traditionnelles de café et de cacao d'excellentes qualités mondialement reconnues se sont totalement effondrées.

2- L'appât des hauts salaires a pour conséquence l'arrivée massive de main-d'œuvre étrangère dans tous les domaines. Elle est mal acceptée par la population locale qui la relègue dans des ghettos insalubres. Sachant qu'ils peuvent être expulsés à n'importe quel moment, ces travailleurs immigrés n'essayent pas de s'intégrer et forment des îlots communautaires générateurs d'explosions sociales.

3- L'État recevant la totalité de la rente est le seul gestionnaire de l'industrie pétrolière par l'intermédiaire de son « Ministre des ressources minières ». Dans beaucoup de cas, les sommes d'argent qu'il reçoit annuellement dépassent ce qu'il peut dépenser rationnellement pour le bien public. Il se transforme alors en État providence pour s'assurer le soutien de la population autochtone. Mais il est bien conscient que ses ressources ne sont pas dues, dans leur écrasante majorité, à l'impôt généré par l'activité publique, mais à la rente qui est souvent capricieuse. Il est fort tenté d'utiliser ces ressources supplémentaires pour des dépenses de prestige (gratte-ciel somptueux ou rivieras paradisiaques) ainsi qu'à des dépenses en armements sophistiqués, difficiles à entretenir, pour accroître son influence internationale.

4- L'afflux des richesses a une dimension sociale importante. L'accroissement de la consommation locale en est la conséquence. Tous profitent de la rente pétrolière mais dans des conditions très inégales et de façon souvent maladroite. Il s'ensuit des tensions à tous les niveaux de la société qui sont exacerbées s'il y a des gaspillages et des trains de vie scandaleux dans les classes dirigeantes. Souvent, le haut niveau de vie donne accès à la modernité, aux comportements occidentaux, ce qui crée des chocs entre traditions anciennes et mœurs actuelles.

5- Beaucoup de pays producteurs à forte rente pétrolière font partie de l'OPEP. Celle-ci a prouvé qu'elle a une influence incontestable, modératrice, arrêtent les projets d'orientation économique irresponsable et défendant les États producteurs dans leurs rapports avec les grandes compagnies pétrolières. Mais son rôle de cartel reste réduit en cette fin de XXe siècle, pour plusieurs raisons :

-De grands États producteurs n'en font pas partie : États-Unis, Mexique, Russie, ce qui fait que l'OPEP ne peut contrôler que 40% de la production pétrolière mondiale et ne peut plus établir les prix de vente du brut. En 150 ans, le prix du baril a été fixé par de nombreux organismes qui se sont succédé :

Standard Oil, Texas Railroad Commission, grandes compagnies pétrolières, OPEP, marché libre spot. Aujourd'hui, c'est ce dernier qui sert de base, cela explique ses nombreuses fluctuations mal contrôlées. Le prix du baril de référence utilisé dans le monde entier est américain, « West Texas Intermediate » qui remplace le pétrole « light » arabe.

-Des divergences d'intérêts irréductibles existent entre États membres. Ceux qui ont de très grandes réserves comme l'Arabie saoudite ou le Koweït préfèrent allonger la vie de leurs gisements avec une production modérée. D'autres à plus faibles potentialités comme l'Algérie se lancent dans une exploration rapide pour en tirer le maximum de revenus nécessaires à leur modernisation.

-Il est peu probable que l'OPEP disparaisse. Son rôle de coordinateur entre les pays membres est indispensable. Elle est également une source d'études, de renseignements, de statistiques indispensables pour les compagnies nationales de tous les pays membres. Elle fait face à un inévitable problème majeur : comment dans chaque pays remplacer le capital actuellement disponible sous terre mais en quantité finie, par un autre à la surface, productif de revenus et diversifié dans de nombreuses industries.

b) Pays industrialisés importateurs

Les pays industrialisés n'ayant que peu de ressources naturelles en hydrocarbures essayent depuis le 1er choc pétrolier de surmonter leur dépendance pétrolière. Ils mettent en place une coopération multilatérale et des politiques énergétiques nationales. La coopération a commencé dans la Communauté Économique Européenne, c'est-à-dire l'Europe de l'Énergie siégeant à Bruxelles et à Strasbourg. La coopération au sommet existe aussi dans les conférences dites du G7 réunissant les dirigeants des grandes puissances industrielles. Elle a lieu également de façon permanente dans l'AIE (Agence Internationale de l'Énergie), qui joue le rôle de forum, centre d'études et d'analyses, qui participe activement à la mise en place de politiques énergétiques à long terme. L'AIE reste un organisme de concertation sans pouvoir de décision.

Trois exemples économiques importants sont à signaler : Les États-Unis, le Japon, l'Europe.

(1)- Les États-Unis qui ont fourni le pétrole à tous les alliés pendant la Deuxième Guerre mondiale, ne sont plus actuellement un État exportateur. Le pétrole contenu dans leur sous-sol constitue la réserve stratégique à utiliser en cas de conflit majeur. Vers la fin du XXe siècle, les États-Unis deviennent les plus grands importateurs de pétrole du monde, et la croyance populaire en un pétrole éternellement bon marché a depuis longtemps disparu.

Il est cependant difficile d'y établir une politique volontariste d'économies d'énergie, car la démocratie américaine laisse beaucoup de place aux intérêts particuliers. Tout projet de quelque envergure suscite de multiples débats, intervention des lobbys, qui le vident de son contenu lorsqu'il est débattu au Congrès. Les projets d'exploration, de développement de la production locale pour dépendre moins de l'étranger se heurtent aux groupements écologistes et défenseurs de l'environnement, surtout en Alaska. L'objectif actuel de tous les présidents : revenir à l'indépendance énergétique en vigueur jusqu'en 1950, sera très difficile à réaliser, il faudra beaucoup de persévérance et la coopération de toute la population pour y parvenir.

(2)- Le Japon reste très vulnérable aux chocs pétroliers, car la production locale est faible. Il importe près de 95 % de ses besoins principalement du Moyen-Orient et d'Indonésie. Mais la part du pétrole dans sa consommation d'énergie total est inférieure à 60 % car il a su développer l'énergie nucléaire comme en France. Le Japon est l'exemple le plus frappant de forte croissance économique d'un pays pauvre en matières premières. Il semble que l'absence de ressources naturelles pousse la population à augmenter son efficacité. L'ensemble des problèmes énergétiques est contrôlé par le MITI (ministère du Commerce et de l'Industrie) organisme tout-puissant et très actif qui pousse aux économies d'énergie et gère les importations du Moyen-Orient par une diplomatie active.

(3)-En Europe, tous les pays ont répondu en ordre dispersé aux chocs pétroliers, en essayant de faire des accords bilatéraux avec les pays de l'OPEP. Ils ont eu deux versions opposées sur la politique énergétique :

-Vision régulatrice par intervention des pouvoirs publics (France, Italie, Espagne, Pays-Bas)

-Vision libérale du laisser-faire (Allemagne, Grande-Bretagne)

Les premiers pays ont été les plus volontaristes. C'est la France qui a eu la politique énergétique la plus cohérente en développant l'énergie nucléaire malgré tous les obstacles dressés pour des raisons écologiques. Mais la question reste posée : la dépendance vis-à-vis du pétrole sera-t-elle remplacée par celle concernant l'uranium ? Parmi les seconds pays adeptes du laisser-faire, c'est la Grande-Bretagne qui a eu les meilleurs résultats, devenant indépendante en énergie grâce à son gros effort de recherche et d'exploration dans la Mer du Nord.

La coopération entre les États européens dans le domaine de l'énergie se développe empiriquement. La commission européenne cherche à harmoniser les politiques nationales par un compromis entre sécurité et concurrence tout en préservant l'environnement.

c) Pays en développement importateurs

Principalement en Afrique, ces pays sont les plus vulnérables. Les hausses de prix des hydrocarbures ne sont pas compensées par des hausses des matières premières qu'ils exportent. Ce qui fait qu'ils s'endettent sans pouvoir enrayer la crise.

Deux pays sont en train de sortir de cette situation : la Chine et l'Inde. Tous les deux avec des populations dépassant le milliard d'habitants se heurtant au problème des énormes besoins de cette multitude humaine au très faible niveau de vie. L'industrialisation y fait de grands progrès mais les besoins sont immenses. Pour de nombreux économistes, ces deux pays seront les principaux acteurs de la scène internationale au XXIe siècle.

d) Fusion et restructuration des Majors

De nouvelles tendances apparaissent sur le marché « spot ». Le pétrole étant vendu à des prix instables, à grosses variations, les acheteurs ont tendance à minimiser les risques en faisant des achats « « à terme ». C'est-à-dire que le client se procure sa marchandise livrable dans plusieurs mois mais à un prix déjà fixé, cela permet au raffineur de stabiliser son prix de vente. Ce système est introduit dès 1983 pour le pétrole brut par le NYMEX (New York Mercantile Exange), la bourse aux matières premières, en majorité agricoles. Cette pratique est gérée par une nouvelle catégorie de cadres commerciaux : les « traders » qui manipulent ainsi d'énormes quantités de pétrole brut, uniquement virtuelles sur le papier ou l'écran de leur ordinateur, sans jamais les voir et en prenant parfois d'énormes risques.

Il devient intéressant pour une grande compagnie de racheter une petite en difficulté, mais ayant des réserves prouvées sous terre et ainsi d'augmenter ses stocks de pétrole sans avoir à forer un seul puits, uniquement pas des tractations financières. C'est la baisse du prix du baril, ainsi que l'éviction par les pays producteurs des grandes sociétés internationales au profit de leurs sociétés locales qui décourage ces majors à autofinancer leurs investissements d'exploration et les pousse à accroître leurs revenus par l'achat d'un concurrent.

Il y a donc en cette fin de XXe siècle, et au début du suivant, une restructuration complète de l'industrie pétrolière. Les sept Majors du monde occidental, qui possédaient vers 1950 presque toutes les réserves du Moyen-Orient et d'ailleurs, n'en contrôlant plus que 15 %. Elles se regroupent rapidement :

-1998 : Fusion d'EXXON et MOBIL, anciennes compagnies de la Standard Oil fondée par Rockefeller pour devenir EXXON-MOBIL

-1999 : BP rachète AMOCO et demeure BP

-1999 : Fusion de TOTAL avec PETROFINA puis ELF sous le nom TOTAL

-1999 : REPSOL la compagnie espagnole et YPF, d'Argentine donnent naissance à la REPSOL-YPF

-2000 : Fusion de CHEVRON et TEXACO sous le nom CHEVRON-TEXACO

-2002 : CONOCO et PHILLIPS PETROLEUM regroupent leurs activités

Les Sept Sœurs ne sont plus que cinq au début du XXIe siècle :
EXXON-MOBIL, CHEVRON-TEXACO, BP, SHELL, TOTAL

La Compagnie française TOTAL, la cinquième, rentre parmi les géants du pétrole (5).

4 - Les problèmes de l'environnement

Durant les dernières années du XXe siècle, l'opinion publique a été de plus en plus sensibilisée aux problèmes de l'environnement, surtout dans trois domaines :

-les tendances au réchauffement climatique

-les pollutions dues à l'industrie du pétrole

-la pollution de l'air des grandes villes

Les grandes compagnies pétrolières ont été parmi les premières à être mises en cause, ce qui les a conduits à investir en masse dans les techniques de protection de l'environnement ainsi que des populations. Il importe donc de passer en revue les risques encourus et les mesures adoptées pour y porter remède.

a) Réchauffement climatique (6)

Le réchauffement climatique constaté actuellement et qui doit augmenter considérablement dans les années à venir semble dû aux émissions incontrôlées de gaz carbonique, le CO_2 déversé dans l'atmosphère par les combustions des hydrocarbures, charbons et produits végétaux. La principale émission proviendrait des centrales thermiques à production d'électricité, utilisant comme combustible le charbon ou le pétrole. D'après le rapport de l'Agence Internationale de l'Énergie, intitulé « World Energy Outlook 2006 », les émissions de CO_2 vont croître de 55 % entre 2004 et 2030 dues principalement aux centrales thermiques au charbon.

Après les deux chocs pétroliers des années 1970, la tendance à utiliser le charbon comme combustible s'est accrue, surtout dans les pays en voie de développement, préférant utiliser les ressources locales plutôt qu'acheter du pétrole dont les prix renchérissent sans cesse. La Chine serait le plus grand émetteur de CO_2, dépasserait même les États-Unis dans ce domaine vers 2010.

De nombreux scénarios alternatifs sont étudiés à l'échelle internationale, allant de l'incitation financière par des pénalités aux pollueurs à des récompenses aux pays qui ne le sont pas. D'autres solutions sont envisagées, comme l'utilisation à grande échelle des centrales nucléaires sans émissions de CO_2 mais mal acceptées par l'opinion publique. Les études sur les énergies renouvelables sont à l'ordre du jour. Les compagnies pétrolières préconisent l'utilisation massive du gaz naturel dans les centrales thermiques, très abondant et beaucoup moins émetteur de CO_2 que le charbon, ou le pétrole.

Ce problème restera probablement à l'ordre du jour pendant une grande partie du XXIe siècle.

b) Pollutions dues à l'industrie du pétrole

Ces pollutions ont trois origines : les forages, le transport, le raffinage.

-Durant les forages, surtout dans les puits d'exploration, il se produit parfois des éruptions dues à un mauvais contrôle des paramètres du puits. Certaines éruptions sont spectaculaires, ont duré des mois, polluant tout l'environnement et gaspillant des milliers de barils de pétrole brut. Les éruptions les plus difficiles à maîtriser sont celles se produisant en off-shore ou bien celles où l'éruption se complique d'un incendie.

Les dégâts résultants sont considérables dans la flore et la faune du voisinage. Aujourd'hui, on arrive à mieux les éviter en munissant les puits dès les débuts des forages d'une vanne de sécurité (Blow-out preventer) et par un meilleur contrôle des boues de forage dont la pression hydrostatique doit être supérieure à celle du gisement.

-Les pollutions en cours de transport maritime sont les plus nombreuses et ce sont celles qui engendrent la réprobation publique par leur côté spectaculaire. Avec la croissance de ce trafic qui occupe aujourd'hui près de 40 % du commerce total par mer, ces accidents ont été fréquents, dans la deuxième moitié du XXe siècle. Nous pouvons en citer les principaux :

- 18 mars 1967, Torrey Canyon au large du Pays de Galles polluant 250km en Angleterre et 100 km en France
- 16 mars 1978, Amoco Cadiz au large de la Bretagne sur 400 km de côte
- 24 mars 1989, Exxon Valdez en Alaska où 200000 barils de pétrole ont été déversés dans la mer
- 12 décembre 1999, Erika dans le golfe de Gascogne, 400 km de Bretagne et Vendée
- 19 novembre 2002, Prestige en Galicie et sud-ouest en France

Les conséquences financières de ces catastrophes ont été prises en charge par les grandes compagnies pétrolières, mais il a fallu de nombreuses années de procès pour y aboutir. Par exemple, la Compagnie EXXON a dû payer près de 2 milliards de dollars d'indemnités pour la marée noire en Alaska.

Cette pollution due principalement à des erreurs humaines de navigation ou à l'état de vétusté des navires mal entretenus par les armateurs, est en régression. Les pays importateurs de pétrole ont tous pris des mesures de surveillance de l'état des navires qui tous maintenant doivent être équipés d'une double coque. Le trafic, surtout le long des côtes est maintenu dans des chenaux bien définis.

De plus, le contrôle maritime et aérien, fait surtout pour réprimer le « déballastage » malveillant en pleine mer des résidus pétroliers, est souvent dissuasif.

Le trafic maritime du pétrole est toujours très important de nos jours. Les accidents restent tout de même peu fréquents lorsque l'on réalise que près de 20 milliards de barils de pétrole sont transportés par mer tous les ans.

-Les pollutions dues au raffinage sont aujourd'hui bien maîtrisées. Elles sont principalement dues aux émissions de SO_2 gaz qui se dégage lors de la désulfurisation de pétroles ayant une forte teneur en soufre.

Un autre problème est celui des torchères qui brûlent en permanence des résidus gazeux pendant le raffinage ou bien lors du pompage du pétrole dans les puits. Cette pollution atmosphérique, qui est également un grand gaspillage d'énergie a eu lieu surtout dans les pays en cours de développement n'ayant pas d'utilisation locale de ce gaz. Aujourd'hui, il est possible de le récupérer et de l'utiliser.

c) Pollution dans les grandes villes

Les grandes villes modernes sont presque toutes victimes de forte pollution atmosphérique, surtout par temps de grosses chaleurs, dues à la circulation automobile. Le chauffage des maisons en hiver contribue lui aussi à augmenter le CO_2 dans l'air que l'on respire. Les compagnies pétrolières en étaient en partie responsables, à cause de la qualité des carburants, leur teneur en plomb déversé dans l'atmosphère. Les raffineurs ont beaucoup travaillé à l'amélioration de leurs essences de façon à diminuer ces inconvénients et les constructeurs automobiles les ont aidés par le montage de pots d'échappement catalytiques dans les voitures. D'autre part, le chauffage urbain évolue progressivement, le fioul domestique étant maintenant remplacé par le gaz naturel beaucoup moins polluant en attendant la mise au point de l'utilisation des panneaux solaires.

CINQUIÈME PARTIE
LE PETROLE AU XXIE SIÈCLE
(1990-2030)

CHAPITRE XVII

LE NOUVEAU PAYSAGE PETROLIER

En ce début de XXIe siècle, le pétrole, encore la principale force motrice de notre civilisation industrielle, demeure un symbole de puissance économique et sert toujours de moyen de pression pour obtenir des avantages politiques. Mais le panorama mondial de l'industrie pétrolière est radicalement différent de celui que l'on pouvait observer il y a juste quelques décennies. Il est donc hasardeux d'esquisser une prévision de ce que sera le monde du pétrole au courant de ce nouveau siècle. D'autant plus que l'histoire du pétrole nous a appris, comme le remarque ironiquement Daniel Yergin « à nous attendre à l'inattendu ». (1)

Nous ne pouvons donc que faire une description aussi proche que possible de la situation actuelle et signaler les tendances, les orientations vers lesquelles se dirige cette industrie. On constate d'abord l'apparition, à l'échelle internationale de nouveaux géants de la production et de la consommation des produits pétroliers, ainsi que de la consolidation de la présence de certains autres du siècle passé. Il importe donc d'en faire une étude :

1 - Les Géants Producteurs

Les deux principaux producteurs et exportateurs d'hydrocarbures, situés dans des secteurs géographiques bien distincts sont la Russie et les États du golfe Persique. Quant aux États-Unis, ils occupent une place à part comme géant à la fois producteur et consommateur.

a) La Russie

Vers la fin du XIXe siècle, l'exploitation désordonnée des riches gisements de la région de Bakou dans le Caucase, a permis à la Russie de briser le monopole mondial du pétrole détenu par John Rockefeller, à la tête de la

Standard Oil. Mais l'instabilité politique suivie par les 76 années d'existence de l'URSS, et les destructions de la Deuxième Guerre mondiale ont empêché l'industrie pétrolière de ce pays de prendre la place qui aurait dû être la sienne.

Aujourd'hui les exportations de pétrole et de gaz sont pour la Russie d'une importance vitale, représentant plus de 60 % de ses rentrées de devises. Mais encore aujourd'hui cette industrie souffre de son inefficacité, de sa faible productivité et du gaspillage, cause de stagnation et de déclin. Par exemple, lors du grand effondrement économique des années 1980 provoquant l'implosion du régime communiste en 1989, la production a baissé de plus de 45 %, passant au total de 41,5 milliards de barils en 1987 à 2,5 milliards en 1996. Elle remonte régulièrement depuis. (2)

À l'heure actuelle, l'objectif des dirigeants est d'introduire dans le pays des capitaux et la technologie du monde occidental afin d'aligner cette industrie vitale au même niveau technique que celui des grandes multinationales américaines ou européennes. L'ironie de la situation est que les autorités russes reprennent après 80 ans, la politique de la NEP (Nouvelle politique économique) des années 1920, voulue par Lénine, pour éviter l'effondrement total de l'économie après la révolution soviétique. Mais le principal obstacle à l'implantation des entreprises occidentales n'est pas politique mais bureaucratique, les cadres occidentaux en mission ayant du mal à vaincre l'immobilisme et le manque de dynamisme des entreprises locales.

Malgré toutes ces difficultés, la Russie a progressé rapidement, devenant un géant du pétrole : premier producteur mondial de gaz naturel, il est appelé à le devenir également pour le pétrole brut et l'on peut citer les principales zones de production, en cours d'exploitation :

(1) Région Volga-Oural

L'exploitation de cette région a commencé au milieu du XXe siècle avec les gisements de Maïkop et Grozny au nord du Caucase. Les Russes ont été des pionniers dans l'utilisation du turbo forage : le trépan est actionné par une turbine descendue dans le puits au bout du train de tiges. En 1942, lors de l'avance allemande vers le Caucase, ce matériel a été replié sur la Volga où il a donné d'excellents résultats dans les terrains très durs. Entre la Volga et l'Oural ainsi qu'en Tatarie, de nombreux gisements de dimensions moyennes ont été découverts évalués à près de 17 milliards de barils.

(2) Sibérie occidentale

C'est dans les grandes plaines du fleuve Obi que d'importants gisements ont été décelés, dans des conditions de travail difficiles : sol gelé en hiver, marécages infestés de moustiques en été. Malgré le climat hostile, ils se sont multipliés dans la deuxième moitié du XXe siècle, aussi bien pour le pétrole que pour le gaz naturel. Aujourd'hui cette province est la première au monde pour les réserves de gaz : le seul gisement d'Urengoï contient 6.200 milliards de mètres cubes de gaz et dépasse à lui seul la totalité des réserves des Etats-

Unis. Cette région totalise près de 70 milliards de barils de pétrole et 25000 milliards de mètres cubes de gaz avec 10 champs qualifiés de super géants. Le site de Yambourg totalise à lui seul 3000 milliards de mètres cubes.
La Sibérie occidentale possède l'avantage de pouvoir être reliée par gazoducs jusqu'au réseau européen, par voie terrestre uniquement. Aujourd'hui, le gaz russe irrigue toute l'Europe, depuis l'Ukraine et la Pologne jusqu'à la France. La compagnie géante GAZPROM gère tout cet ensemble et constitue une arme politique redoutable pour le gouvernement russe actuel. Il n'a pas manqué de l'utiliser pour faire pression sur les pays proches : Ukraine, Biélorussie, lorsqu'ils manifestaient trop tendance à s'écarter de leur grand voisin.
(3) Mer Caspienne
L'exploration qui se poursuit en Azerbaïdjan, en off-shore, en eau profonde a abouti à d'intéressantes découvertes de réserves de près de 1.2 milliard de barils, s'ajoutant à celles en déclin dans la région de Bakou. Les deux autres républiques riveraines de la Mer Caspienne : le Turkménistan au sud et le Kazakhstan au nord ont mené d'actives recherches puis la mise en service de nombreux gisements de pétrole et de gaz.
Plus à l'est, c'est en Ouzbékistan qu'un gisement géant de gaz de près de 1000 milliards de mètres cubes a été détecté. Toute cette région est maintenant reliée par oléoducs et gazoducs à la Russie.
(4) Sibérie orientale
La région autour de la capitale Irkoutsk s'étant révélée peu prolifique, l'exploitation s'est plutôt orientée vers la côte Pacifique de la Sibérie et se développe actuellement sur le nord de l'île de Sakhaline où d'importants gisements de gaz et de pétrole ont été détectés ainsi que dans la péninsule du Kamtchatka.
(5) Autres régions à explorer
Les régions de Bakou, de la Volga, les plus anciennes, sont actuellement sur le déclin, mais la Sibérie occidentale, la Mer Caspienne et la côte Pacifique sont encore en phase d'exploration et peuvent encore nous ménager des surprises.
D'autres zones sont encore inexplorées dont l'énorme plateau continental du Nord de la Sibérie. Cette immense région s'étalant sous la mer jusqu'au pôle nord sera la Nouvelle Frontière pour la Russie. Mais les Russes sont bien conscients que les conditions d'exploration et de mise en valeur seront très difficiles et très coûteuses. Ils devront faire appel à la technologie occidentale, mise au point par les Américains en Alaska. Il est fort probable que ces régions désolées recèlent de grands trésors, très difficiles à atteindre.
La Russie reste le pays possédant le plus de domaines inexplorés qui n'attendent que d'être mis en valeur. L'arrivée d'importantes multinationales américaines, françaises ou anglaises, ainsi que des sociétés de services

pétroliers ne pourra que favoriser leur développement. Le risque de remous politiques reste bien plus improbable qu'au Moyen-Orient.

b) Le golfe Persique

Les pays du golfe Persique, reconnus géants producteurs depuis la deuxième moitié du XXe siècle, se maintiendront dans cette position pendant une bonne partie du siècle actuel et pourront même la consolider. Il s'agit de l'ensemble des cinq pays riverains du golfe Persique, gros exportateurs de pétrole, dont l'importance est disproportionnée par rapport à celle des autres pays de la région :

Arabie saoudite
Irak
Émirats Arabes Unis
Koweït
Iran

Toutes les réserves prouvées de pétrole brut du monde entier sont évaluées actuellement à près de 1.200 milliards de barils. Près de 63 % de ce chiffre, soit environ 750 milliards, existent dans le golfe Persique, en majorité dans ces cinq pays, dans les proportions suivantes : (3) (4)

Arabie saoudite :	25.2 %
Irak :	10.7 %
Émirats arabes unis :	9.3 %
Koweït :	9.2 %
Iran :	8.6 %

L'Arabie saoudite possédant plus du quart des réserves de la région, occupe une place prépondérante. Elle a pu ainsi durant les crises pétrolières passées influencer grandement les prises de position au sein de l'OPEP et elle pourra continuer dans ce sens durant ce siècle.

Cette énorme concentration des réserves de pétrole que le monde occidental n'est pas parvenu à équilibrer par d'autres découvertes géantes, comporte de multiples avantages et inconvénients pour ces pays qu'il importe d'analyser.

(1) Avantages

- L'exploitation est aisée dans des plaines alluviales, avec des gisements situés à faible profondeur. Alors que le débit moyen d'un puits aux États-Unis est de 15 barils par jour, certains puits de la région en produisent plus de 10000 et souvent cet énorme débit est causé par la pression naturelle du réservoir sans qu'il soit nécessaire de pomper le pétrole. Il n'est donc pas nécessaire de forer de très nombreux puits pour satisfaire la demande. Il s'ensuit que le coût d'extraction du baril est nettement plus bas dans ces pays que dans le reste du monde, ce qui donne beaucoup de souplesse dans la fixation des prix de vente. Il est possible de déconnecter totalement celui-ci du prix de revient.

- Le déclin inéluctable de la production de ces puits d'où l'on extrait un combustible fossile, est en général beaucoup plus faible dans les gisements géants que dans les petits. C'est une constatation faite par tous les géologues, le débit d'un puits est très stable lorsque la réserve est importante. Alors que le déclin des puits du Moyen-Orient est de l'ordre de 4 % par an, il est de 10 % en Amérique du Nord, 12 % en Europe. (5)
- Trois de ces pays sont faiblement peuplés par rapport à leur superficie : le Koweït : 2.6 millions d'habitants, les Émirats avec 4.5 et l'Arabie saoudite avec 23. La rente pétrolière permet de satisfaire facilement les besoins de base de la population et son excédent peut être utilisé pour des investissements. Ce n'est pas le cas pour l'Indonésie peuplée de 223 millions ou le Nigeria avec 144 millions où la rente reste faible à partager.
- Il est important de noter la position privilégiée de l'Arabie saoudite comme producteur et régulateur de toute la région. Alors que ce pays est le seul ayant une capacité de production de 10 millions de barils par jour, il se limite à n'extraire de son sol que 8 millions.

Il a pu ainsi faire office d'amortisseur des fluctuations de prix par baisse ou augmentation du débit de ses puits. Il peut réagir également en cas de problème politique grave.

Autre élément rassurant de ce pays : si le rythme actuel de production se maintient, ses réserves prouvées pourront alimenter le marché mondial pendant environ 100 ans.

(2) Inconvénients

- L'instabilité politique du golfe Persique est le principal élément préoccupant de cette région. L'Iran et l'Irak en conflit ne produisent pas au maximum de leurs capacités. L'Iran est partiellement paralysé par les sanctions économiques qu'il subit et doit importer son essence. L'Irak en guerre contre les groupes extrémistes recommence faiblement à produire. Toute cette région ne prendra sa place dans l'économie mondiale que si elle parvient à apaiser ces tensions internes.
- Les trois autres pays : Arabie saoudite, Koweït, Émirats sont gouvernés par des familles régnantes qui maintiennent leur unité et font régner l'ordre. Mais ce sont souvent des familles très nombreuses, faisant de grandes ponctions dans les budgets des États et qui sont parfois déchirées par des querelles internes, surtout dans les périodes où le trône est vacant. Les

excédents monétaires poussent parfois à la corruption ou aux dépenses extravagantes créant des jalousies et des tensions. C'est pour cela que ces familles sont toutes exposées aux risques de coups d'État qui porteraient au pouvoir des éléments radicaux.

- Le principal danger actuel, concernant surtout l'Arabie saoudite, c'est de voir ce pays se replier sur lui-même et décider de garder son pétrole sous terre au bénéfice de ses arrière-petits-enfants. Il prendrait ainsi ses distances vis-à-vis des pays consommateurs, ne jouant plus le rôle de gendarme économique au Proche-Orient. Ainsi pour beaucoup de ses dirigeants, il vaudrait mieux garder le pétrole sous terre plutôt que de le convertir en milliards de dollars, déposés dans les barques occidentales où ils seraient rongés par l'inflation. La tendance serait alors d'investir le moins possible dans l'exploration et la recherche de nouveaux gisements pour maintenir les réserves actuelles ainsi que leur capacité de production.

(3) Le pays des super géants (6)

D'après le vocabulaire employé par les pétroliers, un gisement est considéré comme important s'il contient plus de 100 millions de barils, il est géant avec plus de 500 millions et super géant avec plus de 5 milliards. Des statistiques récentes nous permettent de comparer la taille et l'emplacement des 20 réservoirs les plus grands du monde : 13 sont situés dans les États du golfe Persique dont 5 en Arabie saoudite.

(3) Le plus grand des super géants (7)

Il est intéressant, pour avoir une idée des capacités de production actuelles de l'Arabie saoudite, de faire une courte description du champ de Ghawar, le plus grand du monde, découvert en 1948 dans l'est de ce pays et dont la production débuta en 1951.

Le réservoir se situe sur un large anticlinal de 280 kilomètres de long et 25 de large, d'une épaisseur de 50 mètres de sables imprégnés de pétrole. Le total de l'huile en place est estimé à 250 milliards de barils dont 140 considérés récupérables. Comme on en a extrait depuis 1951 près de 66 milliards, il en reste 74. Avec un début moyen de 5 millions de barils par jour, les réserves actuelles permettent de le maintenir en production pendant plus de 40 ans. En employant des méthodes de récupération secondaire, on pourra extraire une large partie des 110 milliards de barils demeurant dans le sol et qu'il n'est pas possible de faire remonter à la surface par des méthodes classiques.

2 - Les Géants consommateurs (8)

Nous assistons en ce début de XXIe siècle à l'évolution de la consommation énergétique mondiale vers les pays en voie de développement. Les trois quarts de la croissance de la demande d'énergie primaire (destinée principalement à la production d'électricité) proviennent de chez eux. Cette demande se focalise pour 84 % sur les combustibles fossiles, c'est-à-dire le pétrole, le gaz naturel et le charbon. Il faut noter cependant que la part des énergies renouvelables, c'est-à-dire principalement l'hydraulique ou le nucléaire va en croissant. Mais ces sources d'énergie réclament des investissements considérables.

Les deux principaux pays devenant de gros consommateurs d'énergie sont la Chine et l'Inde. Leur politique de lutte contre la pauvreté et pour l'amélioration des conditions de vie des populations les amène à demander de plus en plus de ressources énergétiques en cette première moitié du XXIe siècle.

a) La Chine (9)

La République Populaire de Chine, connue communément comme la Chine continentale est un énorme pays de plus d'un milliard et trois cent millions d'habitants. Le taux de croissance interne par habitant est incertain. Par contre ce qui est connu c'est que le besoin d'énergie primaire doublera d'ici à 2030, dépassant celui des Etats-Unis. Mais ce qui est préoccupant c'est que c'est surtout le pétrole et le charbon qui seront utilisés.

La demande en pétrole brut, d'après les estimations de l'Agence Internationale de l'Énergie quadruplera d'ici 2030, passant de 3.5 millions de barils par jour à 13.2 millions. La production nationale d'hydrocarbures, autour de 4 millions de barils par jour, est déclinante, et peu de découvertes sont venues compenser la chute de production, les investissements en recherches de nouveaux gisements dans ce vaste pays n'étant pas à la hauteur des besoins. Aussi, la Chine importe massivement son pétrole du Moyen-Orient.

Concernant le charbon, la Chine est actuellement le plus grand producteur mondial dans les provinces intérieures du pays alors que les régions industrielles consommatrices sont sur la côte orientale. Le transport par voie ferroviaire est lent et coûteux. Le charbon est surtout utilisé pour alimenter les centrales électriques dont la plupart sont vétustes et à mauvais rendement. Près de 20 % du charbon est ainsi gaspillé. Malgré sa position de grand producteur, la Chine doit donc importer du charbon. Elle a lancé un grand programme d'électrification du pays, basé sur la construction de centrales modernes fonctionnant au charbon et de grands barrages.

b) L'Inde

Ce vaste pays d'un milliard cent millions d'habitants est en période d'expansion rapide. La demande d'énergie croît de 3.6 % par an. Elle devra donc doubler d'ici 2030. Le charbon reste le combustible principal pour la production d'électricité. La consommation d'énergie pour le transport va en croissant. L'importation de pétrole brut passera de 2 millions de barils par jour actuellement à 6 millions en 2030. L'Inde importe également de grandes quantités de NGL (Natural Gas Liquefied).

Malgré le sous-développement de nombreuses régions, ce pays a adopté une politique d'industrialisation très poussée dans la sidérurgie et l'électronique qui en fait un grand demandeur de toutes formes d'énergie.

Remarques

Ces immenses besoins en produits énergétiques des populations à la recherche de bien-être auront de grandes répercussions sur l'économie mondiale et surtout dans le domaine des hydrocarbures. Nous pouvons en citer les principales.

(1) Environnement (10)

La Chine est en train de devenir le plus grand pollueur de la planète et l'Inde la suit. Avec ses centrales électriques au charbon, elle va dépasser les États-Unis pour les émissions de CO_2 déversées dans l'atmosphère. Il faut cependant remarquer qu'en pollution cumulée depuis le début du XXe siècle, ce sont les États-Unis qui demeurent les plus grands pollueurs totalisant plus de 25 % du CO_2 émis, suivis de l'Europe avec 18 %, la Chine 16 % et l'Inde 4 %.

Cette émission à grande échelle de gaz à effet de serre contribue grandement au réchauffement de la planète dont la température augmentera probablement de plus de 6 degrés d'ici 2050. Peu de mesures ont été prises jusqu'à présent pour l'amoindrir alors que la technologie nécessaire pour la diminuer existe, elle consiste à séparer le CO_2 émis par les centrales thermiques et à le stocker sous terre. Elle n'est pas encore utilisée en Chine ou en Inde.

(2) Modèle économique occidental

Si la Chine se fixe comme objectif d'atteindre pour chaque habitant autant d'automobiles qu'en Europe, sa demande de pétrole brut passerait de 3.5 millions de barils par jour à 17 millions, donc accaparerait toute la production du Moyen-Orient. C'est donc un scénario catastrophe à l'échelle mondiale.

Si l'utilisation du pétrole par habitant atteignait en Chine+Inde le même niveau que celui des États-Unis, la demande mondiale en hydrocarbures passerait de 80 millions de barils par jour actuel à 160 millions. Les réserves mondiales prouvées de pétrole seraient épuisées au bout de 15 ans. Cela signifie que le modèle économique occidental n'est pas applicable tel quel dans le monde extrême-oriental. Les voies de croissance, de lutte contre la pauvreté devraient être radicalement différentes de celles utilisées aux États-Unis et en Europe. La Chine et l'Inde reconnaissent la nécessité d'imaginer de nouvelles formes de développement. Cela ne pourrait se faire que par la coopération entre ces deux pays et le monde occidental pour mettre en place un nouveau « style de vie » adapté à ces régions (11).

(3) Sécurité des approvisionnements

Les importations d'hydrocarbures de la Chine et de l'Inde se feront principalement à partir du Moyen-Orient en utilisant le trafic pétrolier maritime international. Il s'ensuivra inévitablement une concurrence de plus en plus vive sur les achats et le transport, d'où tendance à la hausse des prix. C'est la raison pour laquelle, les prévisions de prix du pétrole brut vers l'année 2030 se chiffrent à plus de 100 dollars le baril (en dollars 2009)

(4) Aspects positifs

L'expansion économique en Chine, en Inde et dans tous les pays d'Extrême-Orient, crée de grandes possibilités d'exportation de produits à haute valeur technique du monde occidental. Ces pays auront des besoins urgents et massifs d'équipements de transport, de télé communications, d'appareillages médicaux ainsi que de cadres techniques compétents pour former les leurs.

Les États-Unis et l'Europe occidentale seront les premiers à bénéficier de cette demande pouvant contribuer à l'amélioration de leurs situations économique.

3 - Les États-Unis, pays producteur et consommateur

Les États-Unis, pays fondateur de l'industrie pétrolière au milieu du XIXe siècle, occupent une place à part parmi les géants du pétrole dans les deux domaines de la production et de la consommation. Il garde toujours une situation prépondérante dans cette industrie et reste le leader mondial des techniques de pointe. Ses entreprises pétrolières continuent à apporter leur technologie dans le monde entier avec leur savoir-faire.

a) Production

La production aux États-Unis plafonne autour de 14 millions de barils par jour. Les industries américaines luttent contre la décroissance inévitable dans les anciens gisements. Les régions exploitées sont le Texas, la Californie, l'Alaska, le golfe du Mexique. L'Alaska contient près de 1/3 des réserves totales américaines et participe pour 20 % à la production totale des Etats-Unis. Depuis la mise en service du TAPS (Trans Alaskian Pipe-line System) la production des gisements du Nord s'écoule librement par les ports de l'Océan Pacifique.

La politique pétrolière de l'administration fédérale est soumise à des contraintes opposées : d'une part elle veut maintenir dans le sous-sol des réserves stratégiques à n'utiliser qu'en cas de conflit majeur, de l'autre elle doit développer la production pour rendre le pays indépendant sur le plan énergétique. Pour cela, il faut qu'elle favorise l'exploration en off-shore profond dans le golfe du Mexique et qu'elle adopte une politique de liberté des prix pour encourager la recherche de nouveaux gisements. Les prix élevés du baril facilitent l'utilisation des procédés de récupérations secondaires, souvent coûteux, dans des puits depuis longtemps abandonnés car non rentables.

b) Consommation

La demande actuelle se chiffre autour de 20 millions de barils par jour, ce qui nécessite l'importation de 6 millions de barils. Les principaux fournisseurs sont l'Arabie saoudite, le Mexique, le Venezuela. De premiers exportateurs de pétrole jusqu'au milieu du XXe siècle, les États-Unis sont devenus actuellement dépendants de sources extérieures. Toutes les administrations fédérales, depuis les chocs pétroliers des années 1970, ont eu comme objectif de rendre à leur pays son indépendance énergétique, mais cette politique s'avère difficile d'application. Elle se poursuit actuellement dans plusieurs domaines :

-Les économies d'énergie, surtout dans les transports routiers, en faisant pression sur les fabricants d'automobiles pour qu'ils réduisent la consommation de leurs nouveaux véhicules. Elle se poursuit dans le domaine de l'habitation et de la grosse industrie.

-Le développement des énergies renouvelables : biocarburants, énergie éolienne ou photovoltaïque.

-Gros programme de construction de centrales nucléaires, longtemps freiné par les écologistes après la catastrophe de Three Miles Island.

c) Le gaz naturel

Les États-Unis restent un gros producteur de gaz naturel. D'après le *World Energy Outlook* de 2008, édité par l'International Energy Agency, la production actuelle dépasse les 500 milliards de mètres cubes (Table 4-2 page 115) et se maintiendra ainsi jusqu'en 2030. Par contre, la demande se chiffre autour de 600 milliards de mètres cubes (Table 4-1 page 110).

La différence est comblée par des importations de gaz au Canada, du Mexique ou du Venezuela par gazoduc ou sous forme de NGL (Natural Gas Liquefied). La consommation de ce gaz est favorisée par l'existence d'un énorme réseau de gazoducs sur tout le territoire, faisant parvenir le combustible jusqu'au client.

La consommation de gaz naturel est encouragée car sa combustion dégage beaucoup moins de CO_2 que le fuel ou le charbon.

Une nouvelle technologie prometteuse commence à être utilisée aux États-Unis pour combler le déficit entre offre et demande de gaz. C'est celle de l'exploitation du gaz de schiste (shale gas). Les schistes sont des formations géologiques riches en méthane, mais celui-ci est difficile à extraire car ces roches sont peu perméables. En forant un puits horizontal de 1000 à 2000 mètres de longueur, où l'on fracture régulièrement la roche en de nombreux endroits, on augmente considérablement la surface de drainage et on arrive ainsi à extraire le gaz. De nombreux puits à « shale gas » sont actuellement en exploitation aux États-Unis et au Canada. (*World Energy Outlook 2009*, pages 400 à 412)

4 - L'OPEP (Organisation des Pays Exportateurs de Pétrole)

L'OPEP fondée en 1960 à Bagdad aura bientôt un demi-siècle d'existence. Cet organisme dont les experts pétroliers américains prévoyaient l'effondrement rapide est toujours bien vivant. Il est composé de 13 pays producteurs et exportateurs, en majorité situés au Moyen-Orient et a gardé Vienne comme siège social.

Son poids économique est considérable, sortant du sous-sol près de 44 % du pétrole mondial. Étant le principal fournisseur des pays asiatiques très demandeurs d'hydrocarbures, il est fort possible que sa participation passe à 50 % de la production mondiale d'ici 2030. Ses réserves prouvées de pétrole conventionnel sont abondantes et suffisantes pour plusieurs décennies. L'OPEP est un des rares cartels pétroliers dont la capacité de production excède ses exportations. L'Arabie saoudite reste le principal leader de ce cartel, arbitre des conflits et demeure le grand amortisseur des tensions à l'échelle internationale.

La principale difficulté qui se présente pour les pays importateurs, c'est que ces pays de l'OPEP à réserves surabondantes ont actuellement peu d'incitations à investir dans la recherche de nouveaux gisements ou dans la croissance de la production. Ils ont suffisamment de réserves monétaires et n'éprouvent pas le besoin de les placer en Europe ou aux Etats-Unis. Mais dans cette industrie un investissement met toujours de nombreuses années avant de produire et de devenir rentable. Ne pas décider d'investir au bon moment, risque de créer des baisses de production quelques années plus tard et contribuer à une augmentation incontrôlée des prix. Un cercle vicieux risque de se former : prix du pétrole en hausse, donc revenus en hausse dans les pays du Moyen-Orient, moindre désir d'investir, pénurie et nouvelle hausse des prix.

La deuxième difficulté provient de l'instabilité politique et des conflits qui paralysent l'industrie pétrolière. L'Irak est loin d'avoir retrouvé son niveau de production de la fin du XXe siècle et l'Iran, quatrième producteur mondial de pétrole est obligé d'importer l'essence sans laquelle ses voitures cesseront de circuler. Le Koweït a mis beaucoup de temps pour remettre en marche ses puits de pétrole incendiés par les Irakiens en 1991. Il est important de remarquer que l'OPEP a cessé de jouer le rôle d'arme politique que voulaient lui donner certains de ses membres au nationalisme intransigeant. L'OPEP n'est plus cette « épée » de Damoclès menaçant les économies d'Europe occidentale lors des chocs pétroliers des années 1970. Le paradoxe réside dans le fait que cette influence politique est en baisse alors que sa participation à l'industrie pétrolière mondiale va en croissant. Deux raisons l'expliquent : d'une part les puissances industrielles occidentales ont pris leurs dispositions pour diversifier leurs sources d'énergie et sont donc moins dépendantes de l'OPEP, de l'autre, les pays de l'OPEP n'ont pas intérêt à déclencher une crise économique majeure en occident. Ils perdraient leurs parts de marché et leurs placements financiers en Europe et aux États-Unis seraient fortement menacés.

L'OPEP est donc revenue actuellement au rôle que lui avaient assigné ses fondateurs, c'est-à-dire un cartel gérant les intérêts financiers de ses membres et pleinement consciente de ses responsabilités économiques mondiales. Il coordonne autant que possible la production de ses adhérents souvent très indisciplinés et surveille les prix. De plus, il est devenu un lieu d'études économiques, d'informations sur l'évolution des marchés d'hydrocarbures et d'anticipations. Pour la plupart de ses membres qui auparavant ne pouvaient compter que sur les documents américains, il est une source de données économiques irremplaçable. Il est actuellement un des acteurs importants sur la scène économique mondiale.

5 - Les nouvelles technologies (12)

Depuis les années 1970 et les deux chocs pétroliers qui ont eu pour conséquence la hausse des prix du baril de pétrole brut à partir de 2 dollars jusqu'à atteindre près de 150, les grandes compagnies de pétrole ont essayé de diversifier leurs sources d'approvisionnement et ainsi de moins dépendre du Moyen-Orient. Leurs services techniques ont multiplié les recherches dans tous les domaines de la production, les prix élevés du pétrole favorisaient l'adoption de méthodes ou de procédés parfois coûteux et totalement impensables avec un baril de pétrole coûtant moins de 10 dollars. Ce fut l'âge d'or de la recherche scientifique et technique dans toutes les étapes de ce processus industriel. Le résultat est spectaculaire. Peu d'industries ont réalisé des progrès techniques aussi importants, en si peu de temps. Il importe donc d'en dresser un tableau évidemment non exhaustif et constamment en évolution.

a) Prospection de surface

La recherche des structures favorables à l'implantation des trous de forage a fait d'énormes progrès. La méthode sismique couplée à l'informatique donne une véritable échographie du sous-sol par mesure du temps de parcours par les ondes sismiques réfléchies. Le volume considérable d'informations obtenues, traité par ordinateur donne de nos jours une vision du sous-sol en trois dimensions permettant d'établir une localisation précise des zones intéressantes et réduisant ainsi le nombre de forages non productifs entrepris par manque de données précises.

Pour les gisements découverts et exploités, cette méthode dite 3D a pour complément la sismique 4D (avec la quatrième dimension : le temps). La répétition périodique des mesures sur le même gisement permet de suivre le déplacement des fluides à l'intérieur du réservoir et d'optimiser sa gestion.

La sismique s'est étendue au domaine maritime à l'aide de bateaux spécialisés, remorquant les sources d'ondes ainsi que le matériel de capture et d'enregistrement des signaux réfléchis.

b) Forages

(1) Forages à terre

Les techniques de forage se sont considérablement améliorées, le foreur a actuellement une parfaite maîtrise de la direction du trépan permettant ainsi de faire des forages déviés ou des forages à multi branches. Il est donc possible à partir d'un seul puits d'accéder à plusieurs formations superposées. Par des forages en bouquet à partir d'un seul trou, on accède à plusieurs zones d'une même formation importante et on peut ainsi multiplier la production du puits.

La technique du forage horizontal a fait d'énormes progrès. Il est donc possible de forer dans un gisement un trou horizontal de grande longueur, dans la formation imprégnée de pétrole et ainsi d'augmenter considérablement le débit du puits. De plus, à partir d'une tour placé à terre, on peut atteindre une formation située off-shore. C'est ainsi qu'en 1999, TOTAL par un forage horizontal de plus de 10000 mètres a pu atteindre en Terre de Feu le gisement d'Ara situé en pleine mer.

Cette technique du forage directionnel n'est possible que grâce à la conduite assistée de l'opération à l'aide de capteurs permanents situés près du trépan qui permettent de suivre le bon déroulement de l'opération, en corrigeant en temps réel toutes les déviations pouvant survenir.

(2)Forages off-shore

Toutes ces techniques de forages déviés sont naturellement applicables en pleine mer. Elles permettent à partir d'une plateforme off-shore d'atteindre plusieurs zones productrices sans qu'il soit nécessaire de la déplacer, ce qui serait très coûteux.

On distingue trois types de forages off-shore :
*en mer peu profonde jusqu'à 500 mètres d'eau
*en mer profonde allant à 1500 mètres
*en mer ultra profonde jusqu'à 3000 mètres

- Les forages en mer peu profonde existent depuis le début du XXe siècle, et aujourd'hui plus de 30 % de la production mondiale de pétrole provient de ces zones côtières ou de lacs comme celui de Maracaibo au Venezuela. Les plateformes de forage sont dites auto évaluatrices, avec des pieds reposant au fond de la mer et qu'on remonte lorsqu'il faut déplacer l'ensemble. On les utilise jusqu'à 400 mètres de profondeur, au-delà c'est le règne des plateformes semi-submersibles ancrées au fond ou des bateaux de forage à positionnement dynamique.
- Au-delà de 500 mètres, il s'agit de l'off-shore profond. Le domaine d'exploration possible par cette méthode s'étend à 30 millions de kilomètres carrés sous la mer. C'est un espace encore vierge, équivalant en superficie à la totalité des terres sédimentaires à exploiter sur la terre ferme. Il est susceptible de contenir des gisements géants, à exploiter durant ce siècle.
- Au-delà de 1500 mètres, c'est le forage ultra profond qui commence à être prospecté par Petrobras, la compagnie nationale brésilienne opérant sur le champ de MARLIM en Atlantique, sous 1700 mètres d'eau de

mer ou celui de CAMDEM dans le golfe du Mexique et entrepris par Marathon, creusant le sol atteint sous 2200 mètres d'eau.

(3) Forages en zone Arctique

Ce sont des forages à terre ou en off-shore peu profond réalisés dans des conditions climatiques extrêmes sur les rives de l'Océan glacial arctique. Les pionniers sont les Américains avec leurs exploitations de Prudhoe Bay au nord de l'Alaska. Les conditions de travail sont très difficiles avec des températures hivernales de -50 °C et des étés très courts dans des marécages ou sur un sol de boue dégelée. Le matériel de forage ainsi que les instruments de mesure sont spécialement étudiés pour pouvoir fonctionner dans ce milieu hostile. Les Russes sont en train de suivre les Américains en développant les gisements du Kamtchatka. La grande difficulté de l'exploitation de ces régions réside dans l'évacuation du pétrole sorti de terre par oléoduc conçu spécialement pour ce climat ou par bateaux précédés de brise-glaces. Cette immense zone arctique très prometteuse sera l'enjeu des rivalités entre États-Unis, Canada et Russie.

c) Production

Lorsqu'un gisement a été découvert, bien délimité et qu'on a bien évalué ses réserves, il est mis en production. Celle-ci n'est pas constante. À la période de croissance initiale suit en général une autre de débit régulier durant le plus souvent de nombreuses années, auxquelles succède finalement la période de déclin. Le puits est fermé lorsque sa production devenue insignifiante ne compense pas ses frais d'entretien.

Ce qu'il est important de souligner et qui n'est pas souvent expliqué, c'est que l'on a pu extraire de ce puits (en récupération primaire) que 15 à 20 % de la contenance totale du gisement. Le reste est abandonné sous terre faute de moyens et de méthodes pour le récupérer. Cela signifie que les dizaines de milliers de puits forés aux États-Unis, qui ont produit du pétrole avant d'être fermés contiennent toujours inutilisés près des trois quarts des hydrocarbures découverts.

Les techniciens du pétrole, conscients de ce problème ont mis au point des procédés dits de récupération secondaire ou de récupération assistée.

La récupération secondaire se fait par injection d'eau sous pression à la partie inférieure de la formation géologique de façon à « pousser » les hydrocarbures vers la sortie. Il est possible également d'injecter du gaz (en général celui récupéré à la tête du puits ou du CO_2) à la partie supérieure du gisement. Ces deux méthodes très souvent utilisées actuellement permettent de faire passer le taux de récupération à 30 ou 35 % du total.

La récupération assistée, plus complexe, consiste à injecter de la vapeur à haute température et haute pression de façon à compléter l'effet mécanique par un effet thermique. La haute température rend plus fluide le pétrole brut et facilite son drainage. Elle donne d'excellents résultats dans les formations contenant des hydrocarbures lourds et visqueux. Le taux de récupération peut alors atteindre 50 %.

La technique des forages horizontaux, évoquée déjà permet d'améliorer la récupération des hydrocarbures très lourds. En effectuant un trou cylindrique horizontal au milieu de la zone productrice, on augmente considérablement la surface de drainage du pétrole. Combinée avec l'injection de vapeur à haute température, la récupération peut atteindre 65 %. (13)

d) Pétrochimie

(1) Raffinage

Les raffineries modernes sont devenues d'énormes complexes industriels où de nombreux ingénieurs chimistes travaillent à améliorer les méthodes de traitement des hydrocarbures et à mettre au point des produits nouveaux.

À la distillation en continu du pétrole brut pour en extraire les produits légers (essence auto) sont venues s'ajouter de nouvelles techniques très performantes comme celle de la désulfurisation des pétroles ou le craquage catalytique permettant de briser sous haute température et pression les molécules lourdes et ainsi plus que doubler la production d'essence par baril de pétrole.

De nouvelles techniques dites de conversion profonde, souvent coûteuse, sont mises au point pour transformer les produits extra lourds, résidus du raffinage en distillats moyens (kérosène, fuel domestique) ou légers (naphta ou essence). Elles sont utilisées pour le traitement des huiles très lourdes et difficilement commercialisables.

(2) Matières plastiques

Les matières plastiques issues du pétrole se sont beaucoup diversifiées durant le XXe siècle, leurs applications sont de plus en plus nombreuses. Cependant leur industrie n'utilise que 6 à 7% de la production mondiale d'hydrocarbures. C'est le craquage des molécules lourdes qui produit des hydrocarbures légers dont le principal est l'éthylène conduisant au polyéthylène, principale matière plastique aux applications multiples.

La production de matières plastiques se développe de plus en plus au Moyen-Orient où la matière première de base : le pétrole brut léger est bon marché, ce qui permet de réaliser une plus-value importante lors de la vente des produits finis. Elle se développe également aux États-Unis à partir du gaz naturel facilement accessible dans tout le pays par le réseau très dense de gazoducs. Le caoutchouc synthétique, largement utilisé pour la fabrication des pneus sort également de ces usines.

6 - Nouvelle organisation mondiale de l'industrie pétrolière

Le paysage industriel pétrolier établi à la fin de la Deuxième Guerre mondiale a complètement été bouleversé durant les cinquante années qui ont suivi. En ce début du XXIe siècle, trois catégories d'acteurs animent cette industrie, ce sont les nouvelles multinationales résultant de l'évolution des anciennes, les compagnies nationales de tous les États producteurs et les Compagnies de Services pétroliers. Il importe donc d'analyser le rôle joué par chacun de ces opérateurs.

a) Les Multinationales

A la fin de l'ère de domination quasi absolue de cette industrie par John D. Rockefeller et Henry Deterding, a commencé la période dite des Sept Sœurs, ainsi nommée par Enrico Mattei. Comme nous l'avons déjà mentionné, elles étaient : EXXON, MOBIL, CHEVRON, TEXACO, GULF, BP, ROYAL-DUTCH-SHELL avec les cinq premières américaines (dont EXXON, MOBIL et CHEVRON issus de la Standard Oil), la BP anglaise et la Shell anglo-hollandaise.

Très puissante dans les années 1950, elles ont commencé une lente mais inexorable perte d'influence avec la fin de l'ère coloniale et avec les luttes politiques qui suivirent. Deux raisons expliquent leur évolution : d'une part des Compagnies Nationales sont apparues dans tous les pays exportateurs de pétrole et les ont évincées en nationalisant leur industrie pétrolière ainsi que les gisements de leur sous-sol. De l'autre, cette industrie devenant de plus en plus complexe, réclamant des investissements très importants et comportant beaucoup de risques, les compagnies ont eu tendance à se regrouper par rachats ou fusions.

À l'heure actuelle, cinq grandes compagnies dominent le marché mondial : EXXON-MOBIL, CHEVRON-TEXACO, BP, SHELL, TOTAL, s'ajoutent quelques indépendants qui résistent toujours. En 1998, c'est EXXON et MOBIL qui fusionnent, suivis en l'an 2000 par CHEVRON et TEXACO. Pendant ce temps, BP achetait AMOCO et ARCO et TOTAL reprenait PETROFINA et ELF.

Il est important de noter que ces 5 grands ne contrôlaient plus que 2% des réserves mondiales prouvées, elles ont dû céder toutes leurs activités de prospection et production aux Compagnies nationales. Elles ont redéfini leur rôle dans deux secteurs.

-le secteur aval : raffinage, pétrochimie, commercialisation

-Expertise technique et administration auprès des compagnies nationales Elles sont ainsi les maîtres d'œuvre sous contrat des compagnies nationales qui le désirent.

b) Les Compagnies nationales

Tous les grands pays producteurs ont maintenant leur compagnie après nationalisation de toute l'industrie et des gisements. Après avoir conquis leur indépendance, la plupart de ces pays ont rompu leurs liens avec les entreprises étrangères. Ils partaient de la conviction qu'une compagnie nationale servirait mieux leurs intérêts qu'une société étrangère. Le réflexe nationaliste les poussait même à préférer une mauvaise gestion par la compagnie locale qu'une bonne administration par des étrangers. En ce moment, les sociétés nationales des pays de l'OPEP contrôlent près de 70% des réserves mondiales.

Les plus connues de ces sociétés sont : SAUDI-ARAMCO, PETROVEN (Venezuela) PEMEX (Mexique) KPC (Koweït) INOC (Iran) PETRABRAS (Brésil) STATOIL (Norvège).

Le degré de compétences est très variable selon les sociétés. Il est très difficile de former des techniciens expérimentés dans des pays en cours de développement. Certaines sont au niveau de compétence international comme la STATOIL, PETROBRAS. Beaucoup d'autres ont recours aux contrats de services, d'assistance technique à différents niveaux depuis l'exploration jusqu'à la vente du pétrole brut. L'État reste toujours propriétaire des gisements découverts ou à découvrir. Elles font alors appel à l'une des multinationales, aux compagnies indépendantes ou aux compagnies de service.

c) Les Compagnies de service

La situation présente est favorable à la croissance d'activité des compagnies de services pour plusieurs raisons. Le centre de gravité de la prospection et production se situe actuellement du côté du Moyen-Orient, de la Russie, de l'Asie centrale. Les multinationales ont perdu la grosse majorité de leur activité dans ces régions au profit des compagnies nationales. La plupart des puits de ce pays, en service depuis plus de 30 ans ont une production déclinante alors qu'une forte demande est à prévoir dans les prochaines décennies. Les sociétés de services à haut niveau technologique peuvent jouer un rôle considérable et contribuer à améliorer la situation. Elles ont en sont toutes bien conscientes, et réagissant en augmentant leurs champs d'activité, investissant dans la recherche scientifique et technique et en se regroupant par achats et fusions. C'est ainsi que Schlumberger a pris le contrôle de plusieurs sociétés dont Western Geco, CAMCO, Geosystems et Easten Echo. Halliburton s'est uni à

Dresser et Baker Hugues avec Western Attas. Ces sociétés renforcées opèrent dans une industrie, souffrant d'abord du manque d'investissements dans la prospection et la production et surtout d'une pénurie de main-d'œuvre hautement qualifiée.

Comme le soulignait Andrew Gould, président de Schlumberger lors de la « Howard Weil Energy Conference » du 7 avril 2008 :

« *Ce qui manque le plus, ce sont les professionnels compétents dans presque toutes les parties de cette industrie. Des années de retard à investir dans de nouveaux talents nous ont amenés à ne disposer que d'un nombre limité de travailleurs âgés et expérimentés. Leur remplacement ne peut se faire du jour au lendemain. Alors que l'industrie a recommencé à recruter en quantités considérables, il faut du temps pour former les nouvelles recrues. Il n'y a aucun doute que le manque actuel de techniciens de talent est la principale cause du ralentissement de l'investissement chez nos clients.* » (14)

Plusieurs facteurs favorables poussent les Compagnies de services à intervenir auprès des Compagnies nationales.

-1- Elles sont bien accueillies dans les pays en voie de développement, où les Multinationales ayant eu la réputation d'être liées aux puissances coloniales, ne sont pas les bienvenues. Ces sociétés, de plus petites dimensions et parfois comme Schlumberger n'ayant pas une nationalité apparente, peuvent proposer et négocier leur collaboration sans aucune arrière-pensée de part et d'autre.

-2- Ces compagnies vendent uniquement des services sous contrat, ne sont pas intéressées par la commercialisation du pétrole ou par la possession de réserves sous terre. Les travaux proposés sont ceux, indispensables, que la compagnie cliente ne peut entreprendre par ses propres moyens.

-3- Les Compagnies de services participent à la formation des futurs cadres techniques de leurs clients par recrutement d'ingénieur sur place, par la création d'écoles de formation ainsi que de centres de recherches.

-4- La Compagnie de services peut étendre son activité à tout l'ensemble du projet de son client. C'est ainsi que Schlumberger par son « Integrated Project Management » (IPM) a mis en place une structure administrative et technique parfaitement adaptée aux pays où il faut prospecter et forer avec peu de ressources humaines. Par le contrat, IPM peut offrir à son client un service « clés en main » comprenant la prospection sismique, le forage d'exploration, les expertises géophysiques en surface et profondeur et la mise en production.

Un exemple nous est cité dans l'article du BUSINESS WEEK du 3 janvier 2008, intitulé « The Stealth Oil Grant ». Le géant pétrolier russe ROSNEF ayant acquis une concession en Algérie mais n'ayant aucune expérience des conditions de travail dans ce pays fit appel à la société Schlumberger, opérant dans le Maghreb depuis 30 ans. Celle-ci après l'exploration sismique, arriva à louer une tour de forage, construisit dans cette région désertique une piste pour avions et après deux forages d'exploration découvrit un gisement de gaz pour la ROSNEFT. (15)

7 - Le problème écologique

Le mouvement écologique mondial est passé par trois étapes :

a) Dans les années 1960

Les militants de cette mouvance luttaient pour la pureté de l'eau et de l'air. Ils soulignaient la nocivité de l'utilisation intensive du charbon dans l'industrie, les transports et le chauffage urbain. Ils ont contribué au passage du charbon au mazout, moins polluant dans l'atmosphère et rejetant moins de CO_2. L'entrée dans l'ère de l'utilisation presque exclusive des hydrocarbures a rendu plus aiguës les crises économiques dues aux deux chocs pétroliers.

b) Après 1970

La réaction du monde occidental à l'accroissement démesuré des prix du baril de pétrole a été de se tourner vers l'énergie nucléaire pour la production d'électricité. Ce fut en France le lancement du vaste programme de construction de centrales nucléaires, initié par les présidents Pompidou et Giscard d'Estaing, libérant le pays de la menace d'une pénurie de combustibles. Les écologistes menaient alors campagne contre cette énergie qui avait l'inconvénient de créer des déchets dont la radioactivité se maintenait pendant des milliers d'années. On leur doit l'arrêt du programme nucléaire allemand et le ralentissement de la construction de centrales nucléaires dans la plupart des pays d'Europe et d'Amérique.

c) Après 1980

Les catastrophes de la centrale nucléaire Tchernobyl en Ukraine et celle du pétrolier Exxon Valdez en Alaska ont démontré au monde entier qu'aucun régime politique (socialiste ou capitaliste), aucune industrie énergétique n'était à l'abri de graves accidents. L'utilisation intensive du pétrole pousse les écologistes à le rendre l'unique responsable des fortes émissions de CO_2 et du réchauffement de la planète.

Aujourd'hui, la tendance est de remplacer le fuel utilisé comme combustible domestique ou industriel par le gaz naturel, plus propre, moins émetteur de CO_2 et plus abondant que le pétrole. Il reste cependant que de grands pollueurs de l'atmosphère de notre planète demeurent toujours principalement les États-Unis et la Chine. Les pays en voie de développement, de plus en plus demandeurs d'énergie vont contribuer à augmenter cette émission.

Sans percée importante dans les domaines de l'énergie nucléaire, solaire, éolienne ou autre énergie renouvelable, l'utilisation du pétrole, du gaz naturel et du charbon continuera pendant les prochaines décennies. Le monde est toujours à la recherche d'un équilibre entre deux tendances contradictoires : développement économique et valeurs écologiques et doit résoudre ce dilemme : à quoi faudrait-il renoncer aujourd'hui pour améliorer les conditions de vie de nos arrière-petits-enfants ?

CHAPITRE XVIII

LES ENERGIES DE SUBSTITUTION

Actuellement, dans l'opinion publique, la prise de conscience est de plus en plus grande sur les inconvénients et les dangers de l'utilisation massive du pétrole comme source principale d'énergie. Cette inquiétude a deux raisons principales.

-La croissance incontrôlée de la pollution atmosphérique par le CO_2, résidu de la combustion des hydrocarbures, avec pour conséquence le réchauffement climatique responsable de la fonte des glaciers, des banquises et de la hausse inexorable du niveau des mers. Les médias se sont longuement penchés sur la description des scénarios catastrophes pouvant résulter de ce phénomène.

-La constatation que le pétrole est un produit fossile, extrait du sol, résultats de transformations chimiques ayant duré des millions d'années. Il est donc présent en quantités finies dont une bonne partie a déjà été extraite et brûlée.

Il en résulte la nécessité :

- de limiter autant que possible la consommation de pétrole pour augmenter la durée des ressources existantes.
- de le remplacer partiellement par d'autres combustibles fossiles dont les réserves prouvées sont égales ou supérieures à celles du pétrole (charbon, gaz).
- de développer les sources d'énergies renouvelables basées sur la combustion (biomasse) ou d'autres phénomènes physiques (nucléaire, solaire, éolien).

Il importe donc de passer en revue ces différentes énergies de substitution dont le rôle ira sûrement en croissant durant ce siècle.

1 - Les économies d'énergie

Tout le monde connaît ce vieil adage : « on augmente ses revenus en dépensant moins ». Appliqué à l'industrie pétrolière, il donne : plus le baril de pétrole augmente de prix, plus on gagne en l'économisant. Il en résulte de nos jours que l'efficacité énergétique dans tous les domaines et surtout dans la consommation de pétrole devient la première des énergies se substitution.

D'après le World Energy Outlook 2006, de l'Agence Internationale de l'Énergie, cité par l'article de Hervé KEMPF dans le journal *Le Monde* du 9 juin 2008, les gains d'efficacité énergétique pourront compter d'ici 2030, pour 65% des progrès obtenus dans la réduction des émissions de CO_2 et donc dans ceux de la consommation d'hydrocarbures. Mais cela suppose que d'importantes mesures soient prises au niveau des gouvernements et des collectivités locales (1)

Nous pouvons citer de manière non-exhaustive les principales dispositions à prendre :

-réduire les gaspillages : ils ont nombreux dans le domaine du chauffage domestique, de l'éclairage, dans l'appareillage électrique.

-réduire la consommation durant le transport. C'est une des activités où les économies de carburants peuvent être considérables par deux mesures à prendre :

a/ obligation pour les constructeurs automobiles de concevoir des véhicules ne dépassant pas un niveau imposé de consommation. C'est sous l'administration Carter aux États-Unis que les premières mesures limitant la consommation kilométrique ont été prises. À l'heure actuelle, les voitures américaines ne sont plus ces énormes gouffres à essence circulant durant les années 1950.

b/ limitation de la vitesse sur routes et autoroutes, la consommation croissant considérablement lorsque celle-ci augmente.

-éco-conception architecturale pour les habitations individuelles et collectives ainsi que pour les bâtiments industriels et administratifs. Choix judicieux des orientations, des matériaux et des équipements.

-réduction de la consommation de fuel dans les centrales électriques, les cimenteries, les raffineries. La plupart des centrales électriques européennes fonctionnant au fuel sont anciennes et pourront être remplacées dans les 10 ou 20 prochaines années par d'autres moins gourmandes en combustibles.

a) Action gouvernementale

La plupart des gouvernements d'Europe et d'Amérique sont informés de l'importance de ce problème, mais hésitent à prendre des mesures impératives car l'économie d'énergie reste peu populaire. L'usager n'aime pas « se serrer la ceinture », les restrictions sévères de consommation lui rappellent de mauvais souvenirs. Il supporte mal d'avoir à se chauffer à 19° en plein hiver ou à limiter sa vitesse en voiture. Toutes les mesures à prendre doivent être précédées de longues périodes d'information et d'explications. Une action pédagogique est indispensable.

b) Modification des comportements

Il est difficile de faire admettre au public que le concept de croissance continue et illimitée comme source de prospérité n'est plus acceptable. Dans un monde où l'on réalise que les ressources naturelles sont limitées, un compromis doit être trouvé entre demande et offre, en fonction des possibilités.

Le consommateur doit progressivement être amené à modifier son comportement lors de ses choix de dépenses, c'est-à-dire tenir compte de la consommation énergétique avant de décider l'achat d'un appareil. Il doit également accepter d'investir dans un équipement coûteux (panneaux solaires, voitures hybrides) dont les bénéfices ne seront perçus qu'à long terme.

Les médias doivent lancer l'idée de « citoyen consommateur » conscient du danger couru par notre planète et prêt à faire quelques sacrifices pour le bien de tous.

2 - Le charbon

a) Historique (2)

Le monde occidental redécouvre le charbon après le I^{e} choc pétrolier de 1973. Sa production et sa consommation avaient fortement décliné depuis la disparition des locomotives à vapeur. Il avait été remplacé par le fuel beaucoup plus commode à utiliser aussi bien pour la traction ferroviaire que dans la marine ou pour le chauffage urbain.

C'est le Président Carter aux États-Unis qui remarque que le charbon constitue près de 90 % des réserves énergétiques nationales alors qu'il n'est utilisé qu'à 18 % pour la production de cette énergie. Il lance un plan d'utilisation de ce combustible avec pour objectif de diminuer l'importation de pétrole de 2 millions de barils par jour.

Mais les États-Unis constatent rapidement que l'utilisation massive du charbon n'est pas très aisée.

b) Problèmes liés à l'utilisation du charbon

-L'utilisation du charbon dans les centrales thermiques est source de nombreuses nuisances : émission de gaz sulfureux retombant en pluies acides, grosse production de CO_2 lancée dans l'atmosphère, projection de poussières retombant au gré des vents.

-Les mines de charbon étant situées en majorité à l'ouest des États-Unis, il est nécessaire de la transporter vers les centres industriels de l'est. L'opération se fait par péniche lorsque les voies fluviales sont proches ou par voie ferroviaire dans les trains de près de 100 wagons. Les frais de transport sont importants.

-L'industrie minière du charbon exige une main-d'œuvre importante qui travaille dans des conditions difficiles, dangereuses et éprouvantes pour la santé des mineurs. Les conflits sociaux sont très nombreux et très violents. Peu de mines ont été modernisées aux États-Unis par manque de capitaux acceptant de s'engager dans cette voie dont l'avenir semblait incertain.

c) Solutions envisagées

Malgré ces sérieux handicaps, l'utilisation du charbon est en pleine croissance actuellement aux États-Unis pour plusieurs motifs.

-La concentration des sources de pétrole au Moyen-Orient, théâtre de nombreux conflits, a poussé de nombreuses compagnies à base solide à s'intéresser au charbon. Les premières ont été les compagnies pétrolières. C'est ainsi que Continental Oïl C°, a acheté Consolidated Coal C°, suivie de la Standard Oïl of Ohio. EXXON prend des concessions dans le Wyoming et crée Monterey Coal C°. Parallèlement, l'United States Stell C° s'intéresse au « charbon-vapeur » (steam coal) pour la production d'électricité, qu'elle produit parallèlement au charbon métallurgique pour la sidérurgie.

-De nouvelles technologies se mettent en place : extraction en continu, combustion sur coussin d'air dans les centrales électriques, diminuant l'émission de gaz sulfureux. Dans les gisements très profonds (à plus de 1000 mètres sous terre) donc peu rentables car le coût d'extraction est trop élevé, récupération du gaz naturel contenu dans le charbon (le grisou) par injection de CO_2.

-Le commerce du charbon-vapeur augmente dans le monde. Les États-Unis deviennent les premiers exportateurs du monde, passant de 60 millions de tonnes en 1979 à 112 millions en 1981. Pour la production, ils ne sont dépassés que par la Chine, mais celle-ci restera en retard dans les méthodes d'extraction avec de nombreux accidents et dans l'utilisation de ce charbon dans des centrales vétustes. La Chine premier producteur mondial est obligée d'en importer.

d) L'avenir de cette industrie (3) (4)

Le charbon continue à avoir mauvaise réputation, c'est le combustible « sale », responsable de 1/3 des émissions mondiales annuelles de CO_2. Mais la demande va continuer à croître de 2 % par an, atteignant vers 2030 plus de 60 % d'augmentation de la consommation actuelle.

C'est le combustible fossile le plus important dont les réserves mondiales évaluées en 2005 se chiffraient à 909 milliards de tonnes soit 164 années de production.

De plus, la majorité des gisements sont situés dans des pays politiquement stables. Il est normal que les industriels soucieux de la sécurité de leurs approvisionnements se soient retournés vers cette ancienne source d'énergie malgré ses multiples inconvénients. En Europe, en Allemagne et en Pologne, la majorité des centrales électriques fonctionnent au charbon. Il y en aura de plus en plus dans de grands pays d'Asie comme la Chine et l'Inde qui ont lancé des programmes d'électrification de tous leurs villages et disposent de vastes réserves de ce combustible.

e) Innovations technologiques

Cette utilisation massive du charbon, pour ne pas devenir la cause des catastrophes écologiques, nécessitera la mise en place d'importantes innovations technologiques.

Nous en citerons les deux principales :

-Technologie CCS (Charbon Capture and Storage) très prometteuse, permettant de capter plus de 85% du CO_2 émis par les centrales. Il est ensuite compressé et transporté par gazoduc dans des structures géologiques étanches. Quatre installations expérimentales fonctionnent actuellement : deux en Norvège, une au Canada et une en Algérie. Plus de 20 projets sont à l'étude dans le monde. Cela reste cependant une technologie demandant des investissements coûteux et il faudra des incitations financières pour pousser les compagnies à mettre en œuvre ce procédé. Toutes les futures centrales électriques au charbon devraient être équipées dès leur construction d'une installation CCS.

-Technologie CTL (Carbon to Liquid) ou procédé Fisher Tropsch, utilisé pendant la seconde guerre mondiale par les Allemands pour faire voler leur aviation militaire, puis par l'Afrique du Sud pour ses besoins en essence lors de sanctions économiques qu'elle a subies. C'est un investissement coûteux, acceptable en temps de crise aiguë, mais qui jusqu'à nos jours était fort cher comparé au prix du baril de pétrole. Aujourd'hui, il est probable qu'on puisse produire du combustible par ce procédé à 50 dollars le baril, ce qui pourrait le rendre acceptable. Ce serait un excellent débouché pour libérer les pays européens de leur dépendance vis-à-vis des pétroles du Moyen-Orient.

f) Conclusion

Le charbon, malgré ses multiples inconvénients, restera toujours une importante source d'énergie durant ce siècle. Mais des progrès techniques importants sont à mettre en place pour diminuer les menaces qu'il fait peser sur l'écologie de notre planète.

3 - Le gaz naturel

a) Description

Le gaz naturel est un mélange d'hydrocarbures de la famille du pétrole existant en phase gazeuse dans des gisements souterrains accompagnés ou non par du pétrole liquide. Les industriels ont commencé à s'y intéresser à partir de 1960, auparavant il était considéré comme un résidu sans importance de la production des puits de pétrole, car le plus souvent les lieux où il aurait pu être utilisé étaient situés fort loin des zones de production. Il était donc brûlé avec des torchères placées à la tête du puits. Il n'était pas tolérable de le laisser s'échapper dans l'atmosphère car le risque d'explosions devenait important.

Le gaspillage à la source prenait des proportions énormes, inquiétant fortement les gouvernements des pays producteurs reprochant leur « laisser-faire » aux compagnies exploitantes ne s'intéressant qu'à l'extraction du pétrole.

Il atteignait en 1973 à l'échelle mondiale près de 200 milliards de m^3. Il était dû au fait que l'industrie du gaz se confond en amont avec celle du pétrole pour les opérations de prospection de surface et de forage d'exploration. En effet, tant qu'on n'avait pas fini de forer, il était difficile de savoir si l'on allait trouver du pétrole ou du gaz et celui-ci le plus souvent n'était pas le bienvenu.

Actuellement, il y a trois types de gaz extraits du sous-sol :

-Le gaz dit sec, dans des gisements de grande profondeur, non associé au pétrole, parfois avec des produits gazeux plus lourds : butane et propane, parfois avec du gaz sulfureux qu'il faut séparer et qui donne du soufre comme sous-produit.

-Le gaz humide dit de couverture situé dans le réservoir au-dessus du pétrole.

-Le gaz dissous dans le pétrole et qui apparaît lorsque celui-ci remonte à l'air libre, il faut alors le séparer et le traiter car il est possible d'en extraire des condensats, hydrocarbures liquides très légers.

Les développements de toutes ces industries du gaz ont été retardés par manque de moyens de transport, souvent très coûteux. Il se fait actuellement par gazoduc lorsque les centres de production et de consommation sont sur le même continent. Les gazoducs ont parfois plusieurs milliers de kilomètres comme ceux amenant le gaz de Sibérie occidentale jusqu'en Europe. Parfois, ils passent sous la mer dans des golfes ou détroits.

Lorsque le transport doit se faire d'un continent à l'autre, le gaz est liquéfié à -160°, c'est la technique LNG (Liquefied Natural Gas), ce qui a l'avantage de contracter de 600 fois l'espace qu'il occupe. (1m^3 de gaz liquéfié donne 600 m^3 de gaz à la pression atmosphérique). Il est donc nécessaire de construire au bord de la mer une usine de liquéfaction. Le produit liquéfié est transporté par des bateaux appelés méthaniers, contenant des réservoirs calorifugés ouverts à l'air libre, le gaz qui s'évapore est utilisé pour faire marcher les turbines de ces bateaux. À l'arrivée, le gaz liquéfié est déchargé dans une usine de regazéification puis transporté par gazoduc vers les centres de consommation.

L'utilisation du gaz est souvent sujette à de fortes fluctuations saisonnières lorsqu'il sert au chauffage urbain. En Europe occidentale, sa consommation est souvent quatre fois plus élevée en hiver qu'en été. Il faut donc le conserver. Le stockage dans de grands réservoirs cylindriques appelés gazomètres a été abandonné car très coûteux et dangereux. Il est remplacé par le stockage sous terre dans des formations géologiques étanches.

b) Les réserves

Les réserves mondiales sont très importantes, équivalentes en énergie à celles du pétrole. En 2008, les réserves prouvées montaient à 100000 milliards de m3, soit 60 ans de production. En y ajoutant celles récupérables et celles probables à découvrir, l'ensemble atteint 300000 milliards de m3, soit 180 années de consommation.

La concentration géographique du gaz est plus favorable aux utilisateurs que celle du pétrole. La Russie possède 31 % des réserves mondiales, l'Iran 15 %, le Qatar 10 %. Les pays consommateurs sont ainsi à l'abri des instabilités politiques des pays producteurs. Mais les zones de production restent éloignées des centres urbains et industriels et le transport du gaz sur de longues distances est coûteux. C'est uniquement en Amérique du Nord, aux États-Unis et au Canada que les centres de production et ceux de consommation sont proches, ce qui a favorisé la pose d'un réseau de gazoducs à mailles bien serrées.

c) La production

Le gaspillage à la torchère en tête de puits a beaucoup diminué. Sur de nombreux puits produisant du pétrole, le gaz recueilli est réinjecté dans la formation pour augmenter la pression interne et donc la récupération secondaire de pétrole, luttant ainsi contre le déclin du puits. Le gaz injecté pourra un jour être récupéré. De plus, le traitement du gaz permet d'en extraire les hydrocarbures liquides légers à grande valeur marchande.

La production décline en Europe (Lacq, Groningue, Mer du Nord) par contre elle croît de façon spectaculaire en Russie ainsi que dans les pays d'Asie centrale ou riverains de la mer Caspienne. Le réseau de gazoducs est déjà important mais nécessite d'être complété pour évacuer la production des nouveaux gisements de Turkménistan et Kazakhstan. Les négociations ont lieu pour définir des lieux de passage à l'abri des tourmentes politiques futures.

En Russie, l'industrie gazière est entre les mains de GASPROM la plus grande compagnie gazière du monde, contrôlée par l'État. Celui-ci n'a pas manqué de l'utiliser comme moyen de pression politique envers l'Ukraine et la Biélorussie, ses deux anciens pays satellites, lorsqu'ils avaient trop tendance à se rapprocher de l'Occident.

d) La consommation

Les principales zones de consommation sont l'Europe orientale, l'Europe occidentale, l'Amérique du Nord, le Japon.

-En Europe orientale, c'est la Russie le principal consommateur qui utilise le gaz naturel pour ses centrales électriques, l'industrie et le chauffage urbain. Elle est suivie par les autres États d'Europe orientale qui ont su profiter jusqu'à ces dernières années de tarifs intéressants. L'utilisation du gaz naturel présente l'avantage d'être le combustible fossile le moins polluant, dégageant les 2/3 du CO_2 produit par une quantité énergétique équivalente de pétrole et 1/3 de celle du charbon.

-En Europe occidentale, un gros effort a été réalisé pour remplacer les chaudières à fuel des immeubles par d'autres au gaz. Seuls les Pays-Bas et la Norvège sont toujours des exportateurs. Le gaz arrive de Russie par de très longs gazoducs et d'Algérie sous forme de LNG (Liquefied Natural Gas). L'utilisation de gaz pour la pétrochimie est en augmentation.

-En Amérique du Nord, les États-Unis, gros producteurs, sont obligés d'en importer du Canada, du Mexique et d'Algérie.

-Le Japon est un grand consommateur de gaz. Il est entièrement livré liquéfié. Les fournisseurs sont l'Indonésie et le Moyen-Orient.

Une nouvelle utilisation du gaz se développe dans les pays gros exportateurs du golfe Persique, dans les usines de dessalement de l'eau de mer, de plus en plus nombreuses dans ces régions désertiques.

e) Le commerce international

Le commerce international du gaz naturel s'est développé tardivement pour plusieurs raisons :

-les gros investissements nécessaires pour le transport par gazoduc

-la rente minière du gaz qui est inférieure à celle du pétrole brut

-la surabondance de pétrole bon marché

Le transport par bateau méthanier a progressé lentement à cause de la difficulté, lors de la conception, à assurer parfaitement la sécurité à bord de ces navires. De plus, ceux-ci ne pouvaient fonctionner que si aux deux extrémités du parcours existaient des unités de liquéfaction et de regazéification de capacités voisines. Le plus souvent, ces dernières dépassaient en possibilités les unités de liquéfaction et fonctionnaient à allure réduite.

La lourdeur des investissements oblige les pays acheteurs à se regrouper en consortium d'achats et à exiger de leurs fournisseurs des contrats de livraison de 10 à 20 ans. Les trois grands marchés internationaux sont ceux d'Europe occidentale, de l'Amérique du Nord et de la zone pacifique occidentale.

f) Le bilan

Inconvénients :

-Le transport nécessite une infrastructure importante, donc des investissements, en moyenne cinq fois plus coûteux, à énergie égale, à ceux du pétrole.

-C'est un faible réservoir d'énergie. 1000 m3 de gaz égalent en énergie 1m3 de pétrole.

-Les producteurs et consommateurs sont liés par contrat pendant de très longues périodes.

-Il peut être employé comme arme politique.

-il est dangereux s'il est mal utilisé. Comme il est inodore, les exploitants sont obligés de lui ajouter un produit donnant cette odeur caractéristique, bien utile pour détecter les fuites à domicile et empêcher les explosions.

Avantages :

-C'est un combustible propre, facile à utiliser.

-Les réserves sont très importantes. Il pourra longtemps couvrir les besoins énergétiques du monde industriel du XXIe siècle.

-C'est le moins polluant des combustibles fossiles.

-D'autres utilisations sont possibles, par exemple le GTL (Gas to Liquid) transformation du gaz en hydrocarbure léger liquide, c'est-à-dire en essence pour automobile. Il est de plus en plus employé pour la fabrication de matières plastiques et d'engrais.

-Il est possible de le stocker sous terre dans de grands réservoirs naturels, en toute sécurité.

4 - L'énergie nucléaire

a) Historique (6)

En 1942, Enrico Fermi construit le premier réacteur atomique à l'Université de Chicago, démontrant qu'il est possible de produire de l'énergie par la fission des atomes d'uranium. Trois années plus tard, la bombe atomique explosant à Hiroshima semblait être le signal du début de l'âge atomique devant ouvrir à l'humanité entière l'accès illimité à l'énergie. La réalité s'avéra être beaucoup plus complexe.

Durant les années 1960, le nombre de centrales électriques fonctionnant avec pour source de chaleur un réacteur nucléaire alla en croissant. Le principal problème était de ramener le kilowatt-heure produit de cette façon, au même prix que celui des centrales thermiques ordinaires. En même temps, commencèrent des campagnes de contestation, les appréhensions au sujet de la sécurité des installations, de la dissémination de produits radioactifs. La dénonciation du nucléaire, démon caché, commençait, renforcée par la publication des images des immenses dégâts, humains et matériels produits par la bombe d'Hiroshima.

C'est après le premier choc pétrolier de 1973 qu'en France, le Président Pompidou secondé par Messmer, Premier ministre, lance un important programme de centrales nucléaires visant à réduire la dépendance énergétique de la France au pétrole du Moyen-Orient. Maintenus sous la présidence de Giscard d'Estaing, ses résultats furent spectaculaires. La part du pétrole dans la production d'électricité passa de 41 % en 1975 à 2 % en 1985.

Aux États-Unis, en 1979, l'accident survenu au réacteur de Three Miles Island sema le doute dans l'opinion publique sur la fiabilité du nucléaire. Les mesures de sécurité semblaient insuffisantes et l'on ne savait quoi faire des déchets radioactifs produits dans les centrales. Il en résulta l'annulation des programmes de 60 centrales nucléaires. De nombreux pays suivirent cette voie.

Sous la pression des écologistes, l'Allemagne arrêta complètement son programme nucléaire, suivie de l'Italie.

Ce n'est qu'à partir de l'an 2000, avec le renchérissement du prix du pétrole brut, de la situation politique très instable au Moyen-Orient et de la pression écologique pour la réduction du CO_2 rejeté dans l'atmosphère, que la plupart des pays désirant ne pas dépendre d'une seule source d'énergie, relancent les constructions de centrales nucléaires. Le grave accident d'août 1986, sur la centrale de Tchernobyl en Ukraine n'a pas interrompu les programmes en cours de réalisation. Le retour au nucléaire semble acquis malgré la forte opposition toujours aussi vivace.

b) Situation actuelle

Faisons le bilan des inconvénients et avantages de cette nouvelle technologie.

(1) Inconvénients :

- L'électricité d'origine nucléaire nécessite des investissements très coûteux (2 à 3 milliards de dollars par centrale) et les délais de réalisation dépassent parfois les 10 ans. Peu d'entreprises privées peuvent se lancer seules dans pareille construction. Les décisions de lancement sont du ressort de consortiums de sociétés ou le plus souvent de l'État. Les oppositions à ces projets sont plus faciles à vaincre dans les États centralisés que dans les États fédérés où ils doivent être approuvés à plusieurs niveaux.
- La production d'électricité s'accompagne de celle des déchets radioactifs. Les uns sont de forts émetteurs, mais à durée de vie courte s'accompagnant d'émission de chaleur, d'autres sont à très longue durée de vie (allant jusqu'à des milliers d'années) mais sont faiblement radioactifs. Du plutonium est obtenu dans ces centrales. C'est un produit toxique qui peut servir à la fabrication de bombes atomiques. Ces déchets doivent être retraités avant le stockage qui se fait en surface pour ceux à faible durée de vie et en grande profondeur dans des cavités étanches pour ceux à très longue radioactivité.
- L'opposition des écologistes est très forte, ils contestent les données sur la sécurité des installations et sur le coût de l'électricité produite. Les plus radicaux demandent l'arrêt et la destruction de toutes les centrales en activité, d'autres sont pour le non-remplacement des unités vétustes. Ils se basent sur une fausse interprétation du « principe de précaution », refusant d'accepter toute installation même si elle s'avère comporter des risques très faibles. Dans ce cas, c'est l'idéologie qui remplace l'étude objective et rationnelle des risques. Comme le disait Jean Audouze, ancien directeur de l'Institut d'astrophysique.

« *Le principe de précaution est la meilleure des choses s'il permet de guider l'action, la pire s'il a pour effet de la bloquer en exigeant un dommage zéro que l'on sait impossible.* » (7)

- Nous assistons à une regrettable et irrationnelle peur de l'atome par une partie du public. Les communes refusent l'installation de centrales nucléaires ou de lieux de stockage des déchets (le meilleur emplacement est chez le voisin). La panique s'installe au moindre incident dans une centrale nucléaire. Lors de la catastrophe de Tchernobyl, les retombées atmosphériques en France, ainsi qu'en Europe occidentale, ont été très faibles, ne nécessitant pas de mesures sanitaires à grande échelle. Des pays ont eu des réactions excessives. Les enfants ont été consignés en classe en Allemagne et en Suisse. Des avortements volontaires ont été pratiqués en Italie et en Grèce. (8)
- L'énergie nucléaire n'est utilisable que pour la production d'électricité. Celle destinée au transport est jusqu'à nos jours à 97 % dépendante du pétrole. La voiture électrique pourra modifier quelque peu cette dépendance dans les années à venir.
- Finalement, les opposants au nucléaire pensent que la centrale nucléaire est le premier pas pour la fabrication de la bombe atomique dans les pays à politique agressive. En réalité, à partir de centrales nucléaires, le processus nécessaire pour arriver à obtenir l'uranium 235 nécessaire à la bombe est très complexe, il n'est pas à la portée de tout le monde.

(2) Avantages :

- Les centrales nucléaires émettent 0% de CO_2. Seul un fort développement de ces centrales pourra ralentir la pollution de l'atmosphère et diminuer les risques de réchauffement planétaire.
- Le kilowatt-heure produit par le nucléaire a aujourd'hui un prix inférieur à celui produit par le pétrole ou le charbon. Il restera très compétitif dans les prochaines années.
- Le taux de dépendance énergétique, c'est-à-dire le rapport entre les importations d'énergie sous différentes formes et la consommation nationale, était en 2008 de 54 % en France grâce à ses centrales nucléaires, de 65,1 % en Allemagne, de 86,8 % en Italie, de 85,1 % en Espagne. Il a donc été très payant en France de s'équiper ainsi. (9)
- La sécurité d'emploi, le taux d'accidents de personnes sont bien plus faibles dans le nucléaire que dans tous les autres systèmes de production d'énergie (mines de charbon, forages, gaz, etc.). Depuis plus de 20 ans, on n'a pas eu à déplorer d'accidents à haut degré de gravité mettant en danger la vie des techniciens.
- L'approvisionnement en uranium est facile. Les gisements sont bien répartis à la surface du globe, principalement en Australie, Afrique du Sud,

Niger, Brésil, États-Unis, donc sans risque de chantage politique. L'extraction en est facile.

c) L'avenir du nucléaire

-La construction de centrales nucléaires a repris dans tous les pays. En ce moment, 30 projets sont en cours aux États-Unis. Cette reprise est motivée :

-par les cours élevés du baril de pétrole et qui aura tendance à fortement augmenter les prochaines années.

-par le réchauffement climatique qui pousse les pays les plus pollueurs à chercher de nouvelles sources d'énergie.

-par la sécurité des approvisionnements en uranium.

La France vient de signer un contrat d'exploitation des mines d'uranium du Niger qui sont parmi les plus riches que l'on connaisse.

-Des études très poussées de réacteurs dits de IIIe et IVe génération sont en cours en France, aux États-Unis, en Allemagne. Une centrale nucléaire prototype de IIIe génération dite centrale EPR (European Pressurised Reactor) est en construction en Finlande. Ces nouveaux types de réacteurs doivent réduire la production de déchets nucléaires surtout ceux à longue durée de vie et augmenter la sécurité de fonctionnement. Ils pourront réutiliser le plutonium produit et dans certains cas fonctionner au Thorium, métal radioactif, à la place de l'uranium.

-Les programmes nucléaires sont amenés à se développer fortement durant les 20 prochaines années, diminuant ainsi la demande de pétrole et relâchant la tension sur ses prix. Il pourra ainsi rester disponible plus longtemps, à la disposition des générations futures.

5 - L'énergie hydraulique

L'utilisation des chutes d'eau pour produire de l'énergie date depuis fort longtemps. Mais ce n'est qu'au XXe siècle qu'elle a pris une dimension industrielle avec la construction de barrages accumulant de larges réserves d'eau servant à faire tourner turbines et générateurs d'électricité.

C'est une énergie renouvelable, propre, sans aucune émission de CO_2. Les grandes retenues d'eau donnent de la souplesse à l'utilisation, permettant de l'adapter à la demande. Elle comporte plusieurs inconvénients :

-Les investissements sont très lourds et la constitution des barrages et centrales électriques demandent de nombreuses années.

-Le paysage est radicalement transformé par la création de grands lacs artificiels.

-L'acceptation sociale n'est pas facile. Il faut souvent déplacer des villages entiers.

-La faune et la flore des alentours s'adaptent difficilement à ces changements.

-Les années de grande sécheresse, la baisse du niveau de l'eau dans les barrages, rend les centrales inutilisables.

La génération d'électricité d'origine hydraulique reste cependant une technique irremplaçable. Aujourd'hui, à l'échelle mondiale, elle arrive à satisfaire près de 20 % de la demande totale et son importance ira en croissant.

Il faut noter que le nombre d'endroits propices à l'installation de pareilles centrales n'est pas illimité. Près de 1/3 du potentiel mondial est déjà exploité. Dans les pays industrialisés (Europe occidentale, Amérique du Nord), la plupart des sites existants sont déjà mis en service. Il ne reste de gros projets qu'au Canada et en Turquie.

Les investissements actuels se font dans de petites installations, d'intérêt local, reliées ensuite au réseau national de distribution électrique.

Par contre, les potentialités sont très grandes dans les pays en voie de développement : Afrique, Asie, Amérique du Sud. Ce qui ralentit leur installation, c'est d'une part la difficulté d'accès aux sites ainsi que l'instabilité politique des pays ; de l'autre : quoi faire de l'électricité produite si les populations des alentours ne peuvent pas l'utiliser en entier ? L'exportation de l'énergie électrique est difficile dans une nature sauvage.

Après plusieurs décades de stagnation, le renouveau d'intérêt pour l'énergie d'origine hydraulique a repris. Il est dû d'abord à l'augmentation importante du prix du pétrole qui est très contraignante pour les pays sous-développés ; ensuite à la pression écologique qui pousse à développer les sources d'énergie propre.

À l'heure actuelle, des centrales totalisant 170 milliards de watts sont en construction, la plupart en Asie : Vietnam, Inde, Chine. Cette dernière a lancé plus de la moitié des projets de cette région. La Chine est en train d'achever la construction du barrage dit des Trois Gorges sur le fleuve Yangtsé. C'est de loin, le plus grand barrage du monde. Il a fallu déplacer près d'un million de personnes habitant dans des villages sur les rives du fleuve, condamnés à l'engloutissement lors de la montée des eaux. Sa capacité totale sera de 18 milliards de watts. Deux autres grands barrages de 12 et 6 milliards de watts sont en cours de construction.

6 - Énergie éolienne

L'énergie éolienne a commencé à se développer dans les années 1970, après les deux chocs pétroliers. Commencée avec de petites turbines de 10 à 15 kW, elle se poursuit actuellement avec de grosses unités de 100kW de puissance.

L'énergie éolienne présente plusieurs avantages :

-elle est disponible jour et nuit lorsque le vent souffle
-propre, elle n'émet pas de CO_2
-elle est renouvelable
-ses lieux de production sont décentralisés

Par contre, on peut noter plusieurs de ses inconvénients :

-elle est irrégulière. Les turbines s'arrêtent de tourner avec des vitesses de vent inférieures à 5 mètres/seconde ; au-delà de 25 mètres/seconde, il faut bloquer les hélices car des accidents sont possibles. En moyenne, une éolienne fonctionne de 25 à 35 % du temps annuel disponible, suivant les régions. L'électricité d'origine éolienne ne peut être qu'une énergie d'appoint à une autre source disponible en permanence.

-Les parcs à éoliennes occupent beaucoup de place au sol. Il faut également les entourer d'un espace de sécurité pour les cas où une des pales des hélices se détacherait.

-Elles font du bruit.

-Elles modifient le paysage.

On commence à installer des turbines éoliennes en off-shore, en mer peu profonde, mais au prix d'un investissement plus coûteux et d'un entretien plus difficile. On cherche actuellement des sites où les vents sont réguliers, loin de toute agglomération.

Leur utilisation s'est développée en Europe occidentale et en Amérique. L'Allemagne détient le record de puissance installée : 20 gigawatts (20 milliards de watts) suivi de l'Espagne (11GW), des États-Unis (11GW). Ces installations ont pu se développer car l'électricité fournie au réseau national est vendue plus cher que la moyenne. C'est une mesure prise par ces États pour encourager le développement de cette énergie. Le Danemark se distingue des autres car plus de 13 % de sa production d'électricité est d'origine éolienne alors qu'elle ne dépasse pas les 5 à 6 % pour les autres États. Aux États-Unis, les parcs à éoliennes sont en majorité au Texas ou en Californie.

La production mondiale est en pleine croissance, aussi bien dans les pays industrialisés que dans les autres. Elle était de 130 Twh (mille milliards de Watt/heure) en 2006. Elle pourrait atteindre 1500 Twh en 2030 dont 350 Twh en off-shore. Elle deviendra alors la deuxième source d'énergie renouvelable après l'hydraulique.

7 - Énergie solaire (12)

Le soleil qui est à l'origine de toutes les énergies sur terre peut être utilisé de diverses façons pour produire chaleur et électricité.

a) Conversion en énergie thermique

Cette conversion peut se faire de diverses manières :

-directement par conception de bâtiments réceptifs à la lumière solaire et bien calorifrigés pour ne pas perdre les calories restantes. C'est une excellente méthode d'utilisation de cette énergie, mais elle demande des investissements supplémentaires à ceux déjà engagés dans la construction. Il est difficile de chiffrer les économies à long terme qu'elle amène.

-par concentration de la lumière avec des miroirs paraboliques et obtention d'eau chaude pour les besoins domestiques ou de la vapeur pour actionner des turbines. Une installation de ce genre a été faite à Font-Romeu en France, il y en a d'autres qui fonctionnent en Australie, Grèce, Espagne. Elles se développeront dans les pays où le soleil est longtemps présent. Il est prévu que cette utilisation pourra totaliser près de 2 Gwatts de puissance vers 2020.

b) Conversion directe en électricité

Il est possible de convertir directement la lumière solaire en électricité par des cellules photovoltaïques, semi conducteurs en silicium. Elles sont largement utilisées dans tous les satellites lancés dans l'espace, devenant la principale source d'énergie à bord. Le grand obstacle à l'extension de leur utilisation est leur prix très élevé. Partant d'un coût de $1000 pour une puissance de 1 watt, ce prix a pu baisser jusqu'à $9 en 1980. C'est un progrès considérable mais pas suffisant pour rendre cette production d'électricité concurrentielle. Vers 1$ le watt, il commence à être rentable de l'utiliser.

La fabrication de cellules photovoltaïques non cristallines, à bas prix a débuté et quelques entreprises se lancent dans la production d'équipements les utilisant. Elles seront bien adaptées pour les pays à fort ensoleillement, pour les villages isolés, dans de petites centrales électriques. Elles ont l'avantage d'être d'une utilisation très simple sans aucun organe mécanique en mouvement. Leur principal défaut est l'arrêt de la production d'électricité la nuit, ce qui nécessitera des installations de stockage par batteries.

La production totale d'énergie photovoltaïque se chiffrait en 2006 à 2 ou 3 Twh, elle est prévue de l'ordre de 240 Twh en 2030, si les prix des cellules baissent de façon significative (Twh : Terawatts heure).

8 - Les biocarburants

Depuis la préhistoire, l'homme a utilisé la biomasse sous forme de branches d'arbres ou d'herbes sèches pour produire de la chaleur, c'est-à-dire de l'énergie. Le bois a été utilisé comme combustible au XIXe siècle dans les foyers des machines à vapeur, mais ce n'est que vers 1980 que l'on a commencé à s'intéresser à la biomasse pour la fabrication de carburants pour le transport automobile.

Les biocarburants sont des composés oxygénés provenant de productions ou de déchets agricoles. On les fait fermenter pour obtenir des alcools (Éthanol, méthanol) pouvant remplacer facilement les super carburants dans les voitures. On peut les mélanger à proportion de 10 à 15 % avec l'essence ou le diesel sans inconvénients.

Les avantages de ce produit sont évidents :

-il est renouvelable facilement

-son rejet de CO_2 dans l'atmosphère est nul. En effet, les plantes utilisées captent le CO_2 atmosphérique par photosynthèse, celui-ci est restitué lors de la combustion dans les moteurs.

-il peut être fabriqué dans tous les pays.

Par contre, il pose quelques problèmes :

-il est 3 à 4 fois plus cher que l'essence. Mais la répercussion de ce prix sur celui du litre d'essence reste limitée en pourcentage, car masquée par les taxes.

-la culture des plantes utilisées (le plus souvent de la canne à sucre) entre en compétition avec les cultures vivrières dans deux domaines : les terres arables et l'eau. En 2006, elle occupe 14 millions d'hectares de terres cultivables soit 1% du total utilisé dans le monde. Il est prévu que cette proportion pourra augmenter jusqu'à 4% à l'horizon 2030. Le problème de la répartition de l'eau disponible sera toujours présent dans les pays arides.

La production de biocarburants était de 20 millions de Toe (Tonne of oil equivalent) en 2005.

L'Agence Internationale pour l'Énergie a revu à la baisse en 2007 ses prévisions pour 2030. Elles seraient alors de 118 millions de Toe, soit 5 % de la demande mondiale d'essence. Le principal producteur est le Brésil fabriquant l'éthanol à partir de ses énormes déchets de canne à sucre. En 2008, celui-ci couvrait 13 % de ses besoins en carburants et les objectifs de ce pays sont d'une couverture de 28 % en 2030.

Les États-Unis dépassent en production brute celle du Brésil, mais ne prévoient que 8 % de couverture des besoins en 2030. L'Union européenne a entrepris la fabrication de ce produit et a pour objectif de produire en biocarburants 10 % de ses besoins globaux. La Chine suit également.

Les biocarburants contribuent-ils à la hausse du coût de la vie ? Y aura-t-il lutte pour l'utilisation des terres arables ? Il n'y a aucun consensus concernant l'impact de cette industrie sur le prix des produits alimentaires, il varie selon la source, de 3 % à 75 %, les méthodes de calcul et les hypothèses de départ étant différentes. (13)

Déjà, d'autres technologies dites de seconde génération apparaissent pour produire de l'éthanol à partir de plantes ligno-cellulosiques, de produits végétaux n'entrant pas dans la chaîne alimentaire et pouvant pousser sur des terres arides ou impropres à la culture.

L'utilisation de la biomasse comme productrice d'énergies de substitution est importante pour deux raisons :

-ce n'est pas une énergie fossile comme le charbon ou le gaz naturel

-elle permet de produire directement des carburants utilisables pour le transport alors que les autres sources d'énergie : nucléaire, hydraulique, solaire, éolienne, produisent de l'électricité difficilement adaptable aux véhicules autonomes.

Il est prématuré de faire des extrapolations précises sur son utilisation dans les décennies prochaines, mais il semble évident qu'elle occupera une place importante dans l'éventail des énergies utilisables.

9 - Le thermonucléaire : l'Eldorado énergétique ? (14)

a) La réaction nucléaire de fusion

En rapprochant deux noyaux d'isotopes de l'hydrogène : le deutérium (1 proton + 1 neutron) et le tritium (1 proton + 2 neutrons), on arrive à produire un noyau d'hélium (2 protons + 2 neutrons) plus un neutron libre et ceci avec un dégagement de chaleur dû à une perte de masse. C'est le type de réaction nucléaire entretenue dans le Soleil, source de toutes les énergies terrestres. C'est également la réaction se produisant dans les bombes atomiques thermonucléaires. La masse perdue se transforme en une quantité considérable d'énergie. Pour donner un ordre de grandeur, on évalue la quantité d'énergie que peut libérer un gramme d'uranium 235 à celle contenue dans 2,7 tonnes de charbon.

Après avoir maîtrisé l'énergie de fission dans nos centrales nucléaires, arriver à la faire pour l'énergie de fusion serait une avancée fondamentale dans le problème du renouvellement de nos sources d'énergie. Il s'agit donc de domestiquer cette énergie de fusion, de la produire en quantités raisonnables, et de la transformer en électricité.

b) Les avantages

Les bénéfices pour l'humanité seraient énormes :

-aucune matière première rare et difficile à obtenir. On part de l'eau pour fournir l'hydrogène nécessaire. La source de départ est donc infinie.

-pratiquement, aucun déchet radioactif à conserver soigneusement.

-peu d'accidents envisageables car on utilise très peu de matière.

-aucune limite à nos possibilités de produire de l'énergie.

c) Réalisations

Le tableau idyllique de cet « Eldorado énergétique » doit être tempéré par la prise de conscience des difficultés de mise en œuvre.

Pour obtenir la fusion de deux noyaux de deutérium et de tritium, il faut en faire un plasma porté à une température de cent millions de degrés pour donner à ces noyaux la vitesse nécessaire à leur rencontre. Il faut aussi les confiner dans un espace très réduit pour augmenter les chances de rencontre. Le premier appareil commençant à réaliser ses conditions a été l'œuvre du célèbre physicien russe SAKHAROV et se nomme TOKAMAK. Il se présente sous forme d'un tore où le plasma injecté est maintenu en suspension. Les premiers résultats prometteurs ont été obtenus en 1968 sur le Tokamak T3 de Moscou.

Encouragés par ces résultats, des machines de grande taille ont été construites. TFR en France, PLT aux États-Unis, ASDEX en Allemagne. L'augmentation de la taille améliorait le confinement du plasma. Finalement, en 1978, les Européens ont sagement accepté d'unir leurs efforts et ont lancé le projet JET (Joint European Torus). Il comprenait un large tore de rayon moyen de 3 mètres. Les résultats furent à la hauteur des espérances : en 1991, on atteignit l'équilibre entre énergie dépensée et énergie émise.

D'autres appareils de grande taille ont été construits : TFTR à Princeton, JT60 au Japon puis TORE SUPRA en France pour confirmer ces résultats et améliorer le temps de confinement (qui reste de quelques secondes).

d) Le projet ITER

La stratégie actuelle est de construire un nouveau réacteur encore plus grand devant servir d'intermédiaire entre les TOKAMAK et le premier réacteur industriel expérimental. Il doit démontrer qu'il n'y a plus d'objection fondamentale à la réalisation de ce prototype. C'est le projet ITER (International Toroïdal Experimental Reactor) avec un tore de 6 mètres de diamètre.

La décision de construction a été prise au début de ce siècle, après une vive compétition entre les États-Unis, le Japon et l'Europe. C'est finalement CADARACHE, en France, qui a été choisi comme le lieu le plus approprié pour sa construction.

Les résultats actuels sont encourageants, ils ne doivent pas masquer les grandes difficultés qu'il reste à surmonter. Il est trop tôt pour prévoir si le réacteur de fusion nucléaire sera l'appareil indispensable pour satisfaire les besoins croissants en énergie et dissiper l'angoisse causée par la fin inéluctable des combustibles fossiles. Comme le souligne Jean Adam dans son ouvrage *La fusion nucléaire* :

« *La richesse potentielle de cette technique et le niveau des résultats atteints aujourd'hui permettent de le penser et suffisent à justifier l'effort qui doit être fait dès ce moment dans cette direction.* » (15)

CHAPITRE XIX

ALLONS-NOUS EN MANQUER ?

Allons-nous en manquer ? C'est la grande question du moment. Allons-nous vers l'épuisement total des réserves pétrolières mondiales ? L'information, les prises de position multiples ont amené l'opinion publique à s'émouvoir et à prendre conscience du caractère fini des ressources existantes en carburants fossiles. Comme le remarque judicieusement Alain Perrodon :

« *En moins de trois siècles, les hommes auront consommé ce que la nature a mis 500 millions d'années à constituer.* » (1)

L'interrogation se porte ensuite sur le temps qui nous sépare de ce moment fatidique : est-il de quelques années ou de plusieurs décennies ? À ceci les spécialistes du pétrole répondent qu'en 1970, le total des réserves prouvées était évalué devant suffire pour à peine trente ans et pourtant le pétrole coule à flots de nos jours avec des réserves suffisantes pour une longue période, dont il est difficile de déterminer la fin.

Il importe donc d'essayer d'apporter à ces interrogations une réponse rationnelle en deux étapes. D'abord en étudiant comment évoluent la demande et la production à l'horizon 2030, puis en ébauchant les tendances jusqu'à la fin de ce siècle.

1 - Perspectives à l'horizon 2030 (2)

Le système actuel de consommation et de production d'énergie n'est pas acceptable. Il doit faire face à deux défis.

-Transformer notre façon de consommer de l'énergie, la rendre moins émettrice de CO_2, savoir l'économiser

-Sécuriser l'approvisionnement en hydrocarbures, à un prix raisonnable.

Le pétrole restera durant les deux prochaines décennies le principal moyen de satisfaire notre demande. Il sera un des principaux acteurs de cette « révolution énergétique » qui commence à se dérouler et dont nous pouvons évoquer les débuts :

a) La demande

-Le besoin actuel croît de 1 % par an, il se chiffre à plus de 86 millions de barils par jour, et il est prévu qu'il grimpera jusqu'à 106 millions en 2030. Les quantités pour cette dernière année sont sensiblement moindres que celles données en 2007 (évaluées alors à plus de 110 millions de barils par jour). Les économies d'énergie en cours d'implantation ainsi que le prix élevé du baril expliquent cette légère baisse de la consommation envisagée.

-La croissance de la demande est prévue surtout dans les pays en cours de développement, les 4/5e des quantités annoncées proviennent de la Chine, de l'Inde et du Moyen-Orient.

-À ce besoin croissant s'ajoutera celui du gaz naturel qui croît encore plus vite que celui du pétrole, ainsi que celui du charbon.

-La demande des consommateurs chinois et indiens, de ces milliards d'habitants tous désireux de confort et de bien-être doit être bien encadrée et orientée.

-La demande devra dans tous les pays, être affectée pour chaque produit vers les usages où il est difficilement remplaçable. Par exemple, le pétrole devra être employé en priorité au trafic aérien ainsi qu'au transport automobile sur de longues distances. Il sera également de plus en plus utilisé en pétrochimie. Les énergies primaires (nucléaire, hydraulique, éolienne) produisant de l'électricité s'orienteront vers les besoins industriels et domestiques.

b) L'offre

-Le pétrole restera un produit cher et souvent soumis à des hausses ou des baisses de prix soudaines et incontrôlées. Celui-ci actuellement varie autour de 70 $ le baril, il est prévu qu'il passera à 120 $ en 2030 (en dollars de 2008) donc pas loin de 200 $ le baril en monnaie courante. Le prix élevé poussera à l'économiser et à investir pour en trouver.

-Les réserves actuelles sont suffisantes pour faire face à la demande, mais la plupart des gisements sont en période de décroissance. Les efforts effectués, l'utilisation des techniques de récupération primaire ou secondaire ne sont pas suffisants pour compenser ce déclin.

-Le problème principal n'est donc pas le manque de réserves, mais le manque d'investissements pour mettre en valeur les gisements ou pour en découvrir d'autres. Les raisons de cette insuffisance de fonds sont nombreuses :

* Les sommes nécessaires sont énormes, cumulant autour de 26 milliards de dollars de 2008 à 2030, dont près de la moitié pour l'exploration et le développement des ressources en pétrole et gaz.

* Les pays de l'OPEP qui ont de grandes disponibilités en capitaux et qui pourraient les utiliser efficacement dans l'industrie pétrolière, sont actuellement réticents à dépenser leur argent pour fournir encore plus de pétrole aux Occidentaux. Ils préfèrent utiliser leurs rentes minières pour améliorer les infrastructures existantes (routes, universités, hôpitaux). Avec la production actuelle de pétrole et l'augmentation de son prix, leurs revenus augmentent automatiquement. Les pays de l'OPEP ont actuellement ensemble un revenu de 700 $ milliards. Il est prévu qu'il grimpera à 2000 milliards de dollars en 2030.

* Le manque de techniciens de talent, ceux en place vieillissant sans être remplacés décourage l'investissement. Pourquoi construire de nouveaux équipements s'il n'y a personne pour les faire fonctionner ?

-Les investissements dans le pétrole mettent beaucoup de temps avant d'être rentables. Le manque de capitaux injectés dans cette industrie au début du XXIe siècle, alors que le prix du baril était très bas, risque de créer une pénurie avant 2030 et une hausse incontrôlée des prix en hydrocarbures.

-L'OPEP prendra une place croissante dans l'offre mondiale de pétrole. Sa part de la production mondiale passera de 44 % en 2007 à 51 % en 2030. L'Arabie saoudite qui produit actuellement près de 10 millions de barils par jour pourrait porter sa production à 15 millions en 2030.

-S'il y a pénurie de production d'ici 2030, elle ne proviendra pas des ressources qui sont largement suffisantes pour 40 ans, mais d'un manque d'investissements ou d'une crise politique. Il y a assez de pétrole sous terre pour satisfaire la demande croissante jusqu'à cette date. Tout simplement, il faut pouvoir l'extraire.

-L'utilisation du pétrole et du gaz à cette échelle sera fortement émettrice de CO_2. La diminution de la pollution atmosphérique ne pourra se faire que par la mise en œuvre des autres sources d'énergie.

2 - Nouvelles frontières pour le XXIe siècle

En ce XXIe siècle, la recherche intense de pétrole se heurte à de nombreuses difficultés mais possède également beaucoup d'atouts :

-L'époque de la découverte de gisements « super-géants » est révolue. Il est peu probable que les campagnes d'exploration actuelles nous fassent découvrir un nouveau « golfe Persique ». Les futures réserves à exploiter seront de moyennes et petites dimensions.

-L'exploration, la production sont entre les mains des Compagnies Nationales dont beaucoup n'ont pas l'expertise nécessaire pour bien exploiter les potentialités de leur pays, alors que les technologies à utiliser sont de plus en plus sophistiquées.

-Les investissements nécessaires étant de plus en plus coûteux, certains pays peuvent différer pendant de longues périodes l'exploitation de leurs richesses pétrolières.

-Il n'y a pas encore de solutions techniques applicables à grande échelle pour la réduction des émissions de CO_2.

Par contre, l'industrie pétrolière est poussée à l'expansion par la forte demande de produits pétroliers, ne pouvant pas être remplacés par d'autres formes d'énergie. Elle l'est également par les prix élevés qui sont appelés à se maintenir sauf en cas de forte récession économique. Nous pouvons faire un bref rappel des principaux axes futurs de développement :

a) Amélioration des technologies existantes pour l'exploration/production

-Généralisation de l'utilisation de la sismique 3D ou 4D, donnant une véritable échographie des structures géologiques très fines. Elle permit parfois la découverte de nouveaux gisements passés inaperçus dans des régions depuis longtemps exploitées.

-Amélioration des techniques de mise en production d'un gisement par forages multiples, déviés ou horizontaux. Utilisées en off-shore, ces techniques permettent de diviser par près de 10 fois le coût d'exploitation des plateformes ou bateaux.

-Plus grande expérience dans l'exploration des gisements difficiles : très profonds, à haute température et forte pression, à forte présence de soufre.

-Nouvelles méthodes de récupération secondaire pour ralentir le déclin des puits en production par injection de CO_2, injection de gaz naturel, de vapeur, fracturation, drainage horizontal.

b) Grande extension des superficies pouvant être prospectées

-La possibilité de forer en eau profonde (jusqu'à 3000 mètres d'eau) a considérablement accru les possibilités d'exploration. Le domaine sous-marin à prospecter de 30 millions de km2 double en superficie celui existant sur terre ferme dans le monde entier. Les bassins sédimentaires favorables les plus connus se trouvent dans le golfe du Mexique, au large du Texas et de la Louisiane, dans l'Atlantique où le Brésil a fait d'importantes découvertes à

Campos, à Roncado. Au large de l'Angola, de nombreuses zones sont prometteuses.

-Les zones arctiques ne découragent plus les prospecteurs, depuis l'exploration du champ de Prudhore Bay au nord de l'Alaska. L'exploration a continué dans la mer de Beaufort en zone canadienne où des gisements découverts n'ont pas été exploités lorsque le pétrole était à bas prix mais qui pourraient reprendre en ce moment. L'Archipel arctique du nord du Canada, ainsi que le Grand Banc de Terre-Neuve sont des zones prometteuses. Le secteur arctique russe semble le plus intéressant avec des bassins sédimentaires situés sur les plateaux continentaux à moins de 500 mètres sous l'eau. De nombreuses études sismiques ont été effectuées dans la mer de Barents où l'on a découvert le champ de gaz géant de Shtokmanov, d'autres ont pu être localisés en mer de Kara plus à l'est, mais leur exploitation a été remise à une date ultérieure car les réserves de gaz russe actuelles suffisent largement à la demande.

La recherche en zone arctique se poursuit en Sibérie orientale dans la péninsule de Kamchatka et dans l'île de Sakhalin où d'importantes réserves de pétrole sont en cours d'exploitation. Les équipements de prospection et de forage adaptés aux grands froids sont disponibles actuellement.

c) Exploitation de pétroles non conventionnels

Cette appellation regroupe les sables asphaltiques, les huiles extra lourdes et les schistes bitumeux.

-L'exploitation des sables asphaltiques a commencé au Canada dans l'Alberta où ils constituent un immense réservoir de 500 km de long estimé à près de 2800 milliards de barils dont 100 milliards récupérables de suite. La récupération se fait par la technique de la mine à ciel ouvert avec traitement du minerai. Le pétrole obtenu est estimé à $10 le baril. Les problèmes de respect de l'environnement sont considérables et pas encore résolus.

-Le Venezuela possède dans le bassin de l'Orénoque une ceinture bitumeuse de plus de près de 1300 milliards de barils dont 100 milliards immédiatement récupérables mais demandant de lourds investissements, c'est un projet à long terme.

-D'autres bassins de schistes bitumeux existent aux États unis, au Colorado, Wyoming, Utah ainsi qu'au Brésil, mais leur exploitation nécessite un apport thermique considérable pour liquéfier les hydrocarbures des gisements.

- Il est nécessaire d'ajouter à la liste des hydrocarbures non conventionnels, les possibilités d'obtenir du pétrole à partir du gaz naturel par la technique GTL

(Gas to Liquid), ainsi que celles à partir du charbon par le procédé Fisher-Tropsch.

-Une dernière possibilité d'exploitation de ressources non conventionnelles réside dans celle du méthane aquifère profond. Le méthane se dissout dans l'eau sous l'effet de la pression. Des quantités inconnues existent au fond des océans. On en a localisé dans le golfe du Mexique. Il est difficile d'estimer actuellement le volume des réserves et de définir la méthode d'extraction.

d) Énergies de substitution

Les énergies de substitution étudiées dans les précédents chapitres pourront grandement contribuer à alléger la demande en pétrole et en gaz et permettront ainsi d'allonger la durée des réserves.

La plus importante actuellement est celle des biocarburants, fabriqués industriellement et qui permettent d'alléger la demande d'essence ou le diesel pour l'aviation ou le trafic automobile. Le développement des moyens de production d'énergie électrique : centrales nucléaires, barrages, éoliennes, installations photovoltaïques agiront dans le même sens.

La nature nous offre donc de multiples sources d'énergie. Les technologies pour les exploiter existent. Beaucoup sont déjà utilisées, d'autres sont en cours d'étude. Les seuls obstacles à leur mise en application sont d'ordre économique, social ou géopolitique.

3 - Le bilan

Une évaluation globale de la quantité de pétrole conventionnel, présent sous terre depuis des millénaires et qui a commencé à être exploité de façon industrielle vers 1850, permet de la chiffrer à 3600 milliards de barils. On exclut de cette évaluation les pétroles non conventionnels à extraire de minerais, les gaz ainsi que les hydrocarbures liquides issus de leur transformation.

Cette quantité peut être divisée en trois parties égales :

a) 1200 milliards extraits et consommés de 1850 à 2000.
b) 1200 milliards de réserves prouvées existant sous terre et en cours d'exploitation
c) 1200 milliards de réserves probables non encore découvertes, situées dans des régions où leur localisation est possible

Cette évaluation est naturellement sujette à ajustements. Les réserves prouvées peuvent augmenter si les techniques de récupération secondaires s'améliorent. Les réserves à découvrir peuvent nous décevoir.

La consommation actuelle se situe autour de 80 millions de barils par jour, ce qui porte la consommation annuelle à 30 milliards et nous promet 40 ans d'utilisation, donc jusqu'à 2050. Les réserves probables, si elles sont au rendez-vous, et si la consommation se maintient à 80 millions de barils par jour sous l'effet des économies d'énergie ainsi que des énergies de substitution, nous donnent encore 40 ans d'utilisation, nous amenant aux horizons de 2090 ou 2100.

La conclusion de cette étude simplifiée est que nous ne risquons pas de manquer de pétrole durant les décennies à venir, à condition de ne pas la gaspiller. Il faut ajouter à cela les immenses réserves de gaz naturel, prévues pour satisfaire les besoins croissants de façon modérée pour plus de 150 ans et qui pourraient dans certains cas remplacer les carburants liquides.

En essayant de dépasser l'horizon du XXIe siècle, l'utilisation des sables et schistes bitumeux dont les réserves sont estimées à 6000 milliards de barils, permettent de récupérer 2000 milliards économiquement. De même, la liquéfaction des gaz ou charbons donnerait autant, mettant ainsi 4000 milliards de barils à la disposition des futurs habitats de notre planète, mais à des coûts de production beaucoup plus élevés.

La fin des hydrocarbures fossiles, bien qu'inéluctable est donc ainsi renvoyée à des horizons lointains. Elle laisse le temps à l'humanité de mettre au point les énergies renouvelables à potentiel illimité comme l'énergie de fusion thermonucléaire. Le principal problème auquel il faudra apporter une solution économiquement valable (qui n'existe pas en ce moment) est celle de l'émission de CO_2 et le réchauffement climatique qui en résulte.

Nous devons faire confiance à la génération actuelle ainsi qu'à la suivante pour résoudre ce problème.

CONCLUSION

Le Cheikh Ahmed Zaki Yamani, le talentueux ancien ministre du pétrole d'Arabie saoudite serait à l'origine de cette réflexion.

« *Durant la préhistoire, l'âge de pierre ne s'est pas arrêté par manque de pierres* » (1)

Cette boutade sous-entendait qu'il n'était pas nécessaire pour que l'âge du pétrole prenne fin que ce produit manque par l'épuisement de sa dernière goutte.

La réalité présente confirme cette façon de voir. L'âge des hydrocarbures, débutant vers 1850 et durant près de 150 ans doit être remplacé de nos jours par celui des énergies diversifiées, dont le pétrole ne sera que l'une d'elles. Ces nouvelles façons de maîtriser les forces de la nature ont longuement été évoquées dans cet ouvrage. Certaines très anciennes, comme l'énergie éolienne ou hydraulique, réapparaissent sous une forme modernisée. D'autres sont entièrement nouvelles : énergies de fission et de fusion nucléaire.

Il est fondamental que la transition entre ces deux « âges » se fasse progressivement, rationnellement et pacifiquement :

-Elle se fera progressivement car l'implantation de ces nouvelles techniques demande des investissements très importants, en recherche et développement, puis pour la construction des installations nécessaires. Elles ne sont pas à la portée de beaucoup de petits États. D'autre part, le besoin de gros capitaux est nécessaire à la production pétrolière pour empêcher le déclin trop rapide du débit des hydrocarbures alors que les nouvelles technologies ne sont pas encore installées.

-Elle devra se faire rationnellement de façon à éviter le retard ou l'arrêt de certains programmes essentiels sous la pression d'une opinion publique mal informée ou prise de panique par peur de « l'atome » ou des « ondes électromagnétiques ».

-Elle devra se faire pacifiquement car cette transition va sûrement créer des chocs d'intérêts à l'échelle locale ou internationale, qu'il faudra résoudre avec sang-froid et esprit de coopération.

Nous abordons cette nouvelle ère de l'énergie diversifiée avec un certain nombre de problèmes non résolus et pouvant menacer son développement harmonieux. Les deux principaux sont :

1-celui de la croissance démographique : Notre planète compte six milliards de personnes à ce jour, elle en aura près de 8 milliards en 2050. Ces nouveaux

venus seront de plus en plus demandeurs d'énergie pour élever leur niveau de vie. Il n'est pas sûr que le pétrole, le gaz et le charbon, ainsi que les nouvelles technologies puissent répondre à leur demande. Le problème de leur niveau de vie et par répercussion le nôtre, se pose en entier.
2-celui du manque de maîtrise du réchauffement de l'atmosphère. Ce phénomène est-il réel ? Est-il dû au CO_2 ? Quels en sont les conséquences et les moyens d'éviter des catastrophes ?

Le pétrole, toujours abondant durant ce siècle, restera sans doute une des données importantes dans l'étude des solutions à ces problèmes. Il faut cependant reconnaître, d'une part, que d'énormes efforts sont entrepris à l'échelle mondiale pour mettre au point de nouvelles technologies pour accroître la performance et la sécurité des nouvelles ressources naturelles, de l'autre, que l'esprit d'initiative et d'innovation de tous les personnels s'occupant de ces problèmes, nous permet d'envisager l'avenir avec un certain optimisme. Le monde que nous allons léguer à nos arrière-petits-enfants devra être au moins aussi vivable que le nôtre.

NOTES

CHAPITRE I

(1) *La Bible*, Editions Colbo, Paris, 1983. Genèse, chapitre VI, verset 14.

(2) *Ibidem*, chapitre XI, verset 3.

(3) *Ibidem*, chapitre II, verset 3.

(4) *Ibidem*, chapitre III, verset 2.

(5) PERRODON Alain, *Le pétrole à travers les âges*, Éditions Boubée, Paris, 1989. Chapitre 2, p.34.

(6) GIRAUD André, BOY DE LA TOUR Xavier, *Géopolitique du pétrole et du gaz*, Technip, Paris, 1987, chapitre 5, p.182.

(7) PERRODON Alain, *Le pétrole à travers les âges*, Éditions Boubée, Paris, 1989, chapitre 2, p.135.

(8) EZRAN Maurice, John D. Rockefeller, *La naissance d'une multinationale*, Éditions L'Harmattan, Paris, 2007. Chapitre IV, p.55.

CHAPITRE II

(1)YERGIN Daniel, *Les hommes du pétrole, première partie : les Fondateurs*, Stock, Paris, 1991, chapitre 1, p.30.

(2) EZRAN Maurice, *John D. Rockefeller, La naissance d'une multinationale*, L'Harmattan, Paris, 2007. Chapitre IV, p.57-58.

(3) *Ibidem*, chapitre VI, p.100, 101.

CHAPITRE III

(1) GIRAUD André, BOY DE LA TOUR Xavier, *Géopolitique du pétrole et du gaz*, Technip, Paris, 1987, chapitre II, p.34.

(2) EZRAN Maurice, *John D. Rockefeller, La naissance d'une multinationale*, L'Harmattan, Paris, 2007. Chapitre VIII, p.136.

(3) CHERNOW Ron, TITAN, *The file of John D. Rockefeller*, Vintage Books, Randon House Inc, New York, 2004, p.285-287, Notes 9-16.

(4) LIEUWEN EDWIN, *Petroleum in Venezuela*, University of California Press, Berkeley 1954, Chapitre I.

CHAPITRE IV

(1) YERGIN Daniel, *Les hommes du pétrole*, Stock, Paris, 1991, tome I, première partie, chapitre 4, p.95.
(2) EZRAN Maurice, *Histoire du Texas,* L'Harmattan, Paris, 1996, chapitre XI.
(3) HOUSTON POST, 13, 15, 16 janvier 1901, cité par LARSON H. M. et PORTER K.W., *History of The Humble Oil and Refining Company*, Harper and Brothers, New York, 1959, p.16.
(4) OIL AND GAS JOURNAL, *Tulsa*, Oklaoma, 27 décembre 1918, p.35.
(5) LARSON Henrietta M., PORTER KENNETH N., *History of Humble Oil and Refining C°,* Harper and Brothers, New York, 1959.
(6) PERRODON Alain, *Le pétrole à travers les âges*, Éditions Boubée, Paris, 1989. Prologue, p.18.
(7) BRINGHURST Bruce, *Antitrust and the oil monopoly*, Greenwood Press, Wesport, Connecticut, 1979, p.16.
(8) CHERNOW Ron, *Titan, The life of John D. Rockefeller*, Vintage Books, Randon House Inc, New York, 2004, p. 442.
(9) LIEUWEN Edwin, *Petroleum in Venezuela*, University of California Press, Berkeley 1954, Chapitre 2

CHAPITRE V

(1) TOLF Robert W., *The Russian Rockefeller*, Hoover Institution Press, Stanford University, 1976, The saga of the Nobel family, chapitre 3, p.36.
(2) GIRAUD André, BOY DE LA TOUR Xavier, *Géopolitique du pétrole et du gaz*, Technip, Paris, 1987, chapitre 5, chapitre II, p.184.
(3) TOLF Robert W., *The Russian Rockefeller*, Hoover Institution Press, Stanford University, 1976, The saga of the Nobel family, chapitre 4, p.50.
(4) CHERNOW Ron, *Titan, The life of John D. Rockefeller*, Vintage Books, Randon House Inc, New York, 2004, p.248.
(5) SAMPSON Anthony, *Les sept sœurs*, Editions Alain Moreau, 1976, p.83.
(6) YERGIN Daniel, *Les hommes du pétrole*, Stock, Paris, 1991, tome I, première partie, chapitre 6, p.138.

(7) ROUHANI Fouad, *A History of OPEC*, Praeger Publishers, New York, 1971, chapitre 1.
(8) LONGHURST Henry, *Adventure in Oil. The story of the British Petroleum C°,* Sidwick and Jackson, Londres, 1959, chapitre 1, p.15.
(9) MOSLEY Leonard, *La guerre du pétrole*, Presses de la Cité, Paris 1973, chapitre III, p.57.
(10) SAMPSON Anthony, *Les sept sœurs*, Éditions Alain Moreau, 1976, p.184.

CHAPITRE VI
(1) SAMPSON Anthony, *Les sept sœurs*, Éditions Alain Moreau, 1976, p93/94.
(2) YERGIN Daniel, *Les hommes du pétrole*, Stock, Paris, 1991, 2e partie, chapitre 9, p.203.
(3) EZRAN Maurice, *John D. Rockefeller, La naissance d'une multinationale,* L'Harmattan, Paris, 2007. p.261-262.
(4) LONGHURST Henry, *Adventure in Oil. The story of the British Petroleum C°,* Sidwick and Jackson, Londres, 1959, p.54.

CHAPITRE VII
(1) GIRAUD André, BOY DE LA TOUR Xavier, *Géopolitique du pétrole et du gaz*, Technip, Paris, 1987, chapitre 5, p.181.
(2) YERGIN Daniel, *Les hommes du pétrole*, Stock, Paris, 1991, 2e partie, chapitre 14, p.324.
(3) EZRAN Maurice, *Histoire du Texas,* L'Harmattan, Paris, 1966, p.206.
(4) SAMPSON Anthony, *Les sept sœurs*, Éditions Alain Moreau, 1976, chapitre 4, p.135.
(5) *Ibidem*, chapitre 4, p.134.

CHAPITRE VIII
(1)TERZIAN Pierre, *L'étonnante histoire de l'OPEP*, Éditions jeune Afrique, 1983, chapitre 4.
(2) TUGWELL Francis, *The Politics of Oil in Venezuela*, Stanford University Press, Californie, 1975, p.63.
(3) *Ibidem*, p.49.
(4) YERGIN Daniel, *Les hommes du pétrole*, Stock, Paris, 1991, 2e partie, chapitre 14, p.332.

(5) PHILIP George, *Oil and Politics in Latin America*, Cambridge University Press, 1982, chapitre 17, p.329.
(6) PERRODON Alain, *Le pétrole à travers les âges*, Éditions Boubée, Paris, 1989, chapitre 11, p.163.
(7) PHILIP George, *Oil and Politics in Latin America,* Cambridge University Press, 1982, chapitre 18, p.368.
(8) *Ibidem*, chapitre 19, p.401.

CHAPITRE IX

(1)YERGIN Daniel, *Les hommes du pétrole*, Stock, Paris, 1991, 2e partie, chapitre 17, p.405.
(2) USSBS, United States Strategic Bombing Survey, German War Economy, Tables 37, 38, 41, pages 75, 76, 79.
(3) MOSLEY Leonard, *La guerre du pétrole*, Presses de la Cité, Paris 1973, chapitre X, p.191.
(4) GIRAUD André, BOY DE LA TOUR Xavier, *Géopolitique du pétrole et du gaz*, Technip, Paris, 1987, p.218.
(5) YERGIN Daniel, *Les hommes du pétrole*, Stock, Paris, 1991, 2e partie, chapitre 16, p.400.

CHAPITRE X

(1)YERGIN Daniel, *Les hommes du pétrole*, Stock, Paris, 1991, tome 2, p.53.
(2) ICKES Harold, *The secret diary of Harold L. Ickes*, New York, 1953, p.646, cité par Anthnoy Sampson, Les sept soeurs, Alain Moreau, Paris 1975, p.155.
(3) PERRODON Alain, *Le pétrole à travers les âges*, Éditions Boubée, Paris, 1989, p.243.
(4) ROUHANI Fouad, *A history of OPEC*, Praeger Publisher, New York, 1971, p.75.
(5) SAMPSON Anthony, *Les sept sœurs*, Éditions Alain Moreau, 1975, p.379 (note).
(6) *Ibidem*, p.358.

CHAPITRE XI

(1)YERGIN Daniel, *Les hommes du pétrole*, Stock, Paris, 1991, tome 2, p.93.

(2) MOSLEY Leonard, *La guerre du pétrole*, Presses de la Cité, Paris 1973, chapitre 15, p.289.
(3) YERGIN Daniel, *Les hommes du pétrole*, Stock, Paris, 1991, chapitre 24, p.140.
(4) TERZIAN Pierre, *L'étonnante histoire de l'OPEP*, Éditions jeune Afrique, 1983, chapitre 5, p.127.
(5) MOSLEY Leonard, *La guerre du pétrole*, Presses de la Cité, Paris 1973, chapitre 26, p.499.

CHAPITRE XII
(1) SAMPSON Anthony, *Les sept sœurs*, Éditions Alain Moreau, 1975, chapitre 11, p.349.
(2) STOBAUGH Robert, YERGIN Daniel, *L'énergie du futur*, Economica 1983, p.29.
(3) SAMPSON Anthony, *Les sept sœurs*, Éditions Alain Moreau, 1975, p.282.
(4) BOY DE LA TOUR XAVIER, *Le pétrole au-delà du mythe*, Éditions Technip, Paris 2004, p.73.
(5) CICCHETTI Charles, *Alaskan Oil*, John Hopkins University Press, 1972, p.116.
(6) International Energy Agency (IEA), *World Energy Outlook 2008*, IEA Publisher 2009, p.356.
(7) PERRODON Alain, *Le pétrole à travers les âges*, Éditions Boubée, Paris, 1989, p.169.

CHAPITRE XIII
(1)YERGIN Daniel, *Les hommes du pétrole*, Stock, Paris, 1992, tome II, chapitre 28, p.277.
(2) *Ibidem*, chapitre 31, p.310.

CHAPITRE XIV
(1) TERZIAN Pierre, *L'étonnante histoire de l'OPEP*, Éditions Jeune Afrique, Paris, 1983, p.225.
(2) JACQUET Pierre, NICOLAS Françoise, *Pétrole, crises, marchés, politique*, Dunod, Paris 1991, p.95.
(3) YERGIN Daniel, *Les hommes du pétrole*, Stock, Paris 1992, Tome II, p.337.

CHAPITRE XV
(1) YERGIN Daniel, *Les hommes du pétrole*, Stock, Paris 1992, Tome II, p. 317.
(2) TERZIAN Pierre, *L'étonnante histoire de l'OPEP*, Éditions jeune Afrique, 1983, p.313.
(3) *Ibidem*, p.348.

CHAPITRE XVI
(1) YERGIN Daniel, *Les hommes du pétrole*, Stock, Paris 1992, Tome II, p.450.
(2) BOY DE LA TOUR Xavier, *Le pétrole au-delà du mythe*, Éditions Technip, Paris 2004, p.24.
(3) JACQUET Pierre, NICOLAS Françoise, *Pétrole, crises, marchés, politique*, Dunod, Paris 1991, p.111.
(4) *Ibidem*, p.75 à 100.
(5) BOY DE LA TOUR Xavier, *Le pétrole au-delà du mythe*, Éditions Technip, Paris 2004, p.33.
(6) International Energy Agency (IEA), *World Energy Outlook 2006*, Résumé et Conclusions, p.3.

CHAPITRE XVII
(1)YERGIN Daniel, *Les hommes du pétrole*, Stock, Paris 1992, Tome II, p.489.
(2) BOY DE LA TOUR Xavier, *Le pétrole. Au-delà du mythe*, Éditions Technip, Paris 2004, p.30.
(3) *Ibidem*, p.130.
(4) International Energy Agency (IEA), *World Energy Outlook 2008*, OECD publisher, p.203, figure 9.3
(5) *Ibidem*, p.225, figure 10.10
(6) *Ibidem*, p.225, figure 10.1
(7) *Ibidem*, p237.
(8) International Energy Agency (IEA), *World Energy Outlook 2007*, OECD publisher, p.73.
(9) International Energy Agency (IEA), *Key World Energy Statistics 2008*, OECD Publisher, p. 48 à 56.

(10) International Energy Agency (IEA), *World Energy Outlook 2007*, OECD Publisher, p. 191.

(11) *Ibidem*, p.215.

(12) BOY DE LA TOUR Xavier, *Le pétrole. Au-delà du mythe*, Éditions Technip, Paris 2004, chapitres 2 et 5.

(13) *Ibidem*, p.146.

(14) GOULD Andrew, *Howard Weil Energy Conference*, 7 avril 2008, p.8.

(15) REED Stanley, Business Week, 3 janvier 2008, “The Stealth Oil Giant”.

CHAPITRE XVIII

(1) *Le Monde* du 2 juin 2008, article de Hervé Kempf, citant le WEO-2006 de l'AIE, p.19.

(2) STOBAUGH Robert, YERGIN Daniel, *L'énergie du futur*, Economica, 1983, chapitre IV.

(3) BACHER Pierre, *L'énergie en 21 questions*, Odile Jacob, 2007, chapitre 9.

(4) International Energy Agency (IEA), *World Energy Outlook 2006*, OECD publisher, chapitre 5.

(5) GIRAUD André, BOY DE LA TOUR Xavier, *Géopolitique du pétrole et du gaz*, Technip, Paris, 1987, chapitre 8.

(6) STOBAUGH Robert, YERGIN Daniel, *L'énergie du futur*, Economica, 1983, chapitre V, p.127.

(7) AUDOUZE Jean, cité par BACHER Pierre, *Quelle énergie pour demain ?* Éditions Nucléon, Paris 2000, p.103.

(8) BACHER Pierre, *Quelle énergie pour demain ?* Éditions Nucléon, Paris 2000, p.135.

(9) *Le Monde* du 5 juin 2008, article de Jean-Michel BEZAT, p.16.

(10) International Energy Agency (IEA), *World Energy Outlook 2007*, OECD Publisher, p.355.

(11) *Ibidem*, p.166.

(12) International Energy Agency (IEA), *World Energy Outlook 2008*, OECD Publisher, p.168.

(13) *Ibidem*, p.174.

(14) ADAM Jean, *La fusion nucléaire*, Éditions BELIN, Paris 1993, Chapitres 2 et 6.

(15) *Ibidem*, p.22.

CHAPITRE XIX

(1) PERRODON Alain, *Quel pétrole demain* ? Éditions Technip, 1999, Avant-propos.

(2) International Energy Agency (IEA), *World Energy Outlook 2008*, OECD Publisher, Executive summary, p.37-79.

(3) *Ibidem*, p.197.

CONCLUSION

(1) *Le Monde* du 29 avril 2008, Economies, p.VII.

BIBLIOGRAPHIE

ADAM Jean, *La fusion nucléaire*, Éditions Belin, Paris, 1993.

AUDOUZE Jean, cité par BACHER Pierre, *Quelle énergie pour demain ?,* Éditions Nucléon, Paris, 2000.

BACHER Pierre, *L'énergie en 21 questions*, Éditions Odile Jacob, Paris, 2007.

BACHER Pierre, *Quelle énergie pour demain* ?, Éditions Nucléon, Paris, 2000.

La Bible, Éditions Colbo, Paris, 1983.

BOY DE LA TOUR Xavier, *Le pétrole, au-delà du mythe*, Éditions Technip, Paris, 2004.

BRINGHURST Bruce, *Antitrust and the oil monoopoly*, Greenwood Press, Conn, 1979.

BUSINESS WEEK, Numéro du 3 janvier 2008, Reed Stanley "*The stealth Oil Giant*".

CHERNOW Ron, *Titan, The life of John D. Rockefeller, Vintage Books*, Randon House Inc, New York, 2004.

CICCHETTI Charles, *Alaskan Oil. John Hopkins*, University Press, 1972.

EZRAN Maurice, *Histoire du Texas*, L'Harmattan, Paris, 1966.

EZRAN Maurice, *John D. Rockefeller, la naissance d'une multinationale*, L'Harmattan, Pris, 2007.

GIRAUD André, BOY DE LA TOUR Xavier, *Géopolitique du pétrole et du gaz*, Technip, Paris, 1987.

GOULD Andrew, *Howard Weil energy conference*, New Orleans, 7 avril 2008.

HOUSTON POST, Numéros des 13, 15, 16 janvier 1901. Cité par LARSON H.M. et PORTER K.W., *History of the Humble Oil and Refining C°*, Harper and Brothers, New York, 1959.

ICKES Harold, *The secret diary of Harold L. ICKES*, New York, 1953. Cité par Anthony SAMPSON, *Les sept sœurs*, Alain Moreau, Paris, 1975.

INTERNATIONAL ENERGY AGENCY, *World Energy Outlook 2006*, OECD Publisher.
INTERNATIONAL ENERGY AGENCY, *World Energy Outlook 2007*, OECD Publisher.
INTERNATIONAL ENERGY AGENCY, *World Energy Outlook 2008*, OECD Publisher.
INTERNATIONAL ENERGY AGENCY, *Key World Energy Statistics 2008*, OECD Publisher.
JACQUET Pierre, NICOALS Françoise, *Pétrole, Crises, Marchés, Politiques*, Dunod, Paris, 1991.
LARSON Henrietta, PORTER Kennett, *History of the Humble Oil and Refining C°,* Harper and Brothers, New York, 1959.
LIEWEN Edwin, *Petroleum in Venezuela*, Univeristy of California Press, Berkeley, 1954.
Le Monde, Numéro de 2 juin 2008. Article de KEMPF Hervé.
Le Monde, Numéro du 5 juin 2008. Article de BEZAT Jean-Michel.
MOSLEY Leonard, *La guerre du pétrole*, Presses de la Cité, Paris, 1973.
OIL AND GAS JOURNAL, Numéro du 27 décembre 1918.
PERRODON Alain, *Le pétrole à travers les âges*, Éditions Boubée, Paris, 1989.
PHILIP George, *Oil and Politics en latin America*, Cambridge university Press, 1982.
ROUHANI Fouad, *A history of OPEC*, Praeger Publisher, New York, 1971.
SAMPSON Anthony, *Les sept soeurs*, Stock, Paris, 1991.
STOBAUGH Robert, YERGIN Daniel, *L'énergie du futur*, Economica, 1983.
TERZIAN Pierre, *L'étonnante histoire de l'OPEP*, Éditions Jeune Afrique, 1983.
TOLF Robert, *The Russian Rockefellers. The saga of the Nobel family*, Hoover Institution Press, Stanford University, California, 1976.
TUGWELL Francis, The Politics of Oil in Venezuela, Stanford University Press, California, 1975.
USSBS, United States Strategic Bombing Survey. *German War Economy*, tables 37, 38, 41.

YERGIN Daniel, *Les hommes du pétrole*, Stock, Paris, Tome I, 1991, Tome II, 1992.

TABLE DES MATIÈRES

Collection « Inter-National »

dirigée par Denis Rolland avec
Joëlle Chassin, Françoise Dekowski et Marc Le Dorh.

Cette collection a pour vocation de présenter les études les plus récentes sur les institutions, les politiques publiques et les forces politiques et culturelles à l'œuvre aujourd'hui. Au croisement des disciplines juridiques, des sciences politiques, des relations internationales, de l'histoire et de l'anthropologie, elle se propose, dans une perspective pluridisciplinaire, d'éclairer les enjeux de la scène mondiale et européenne.

Série générale (dernières parutions) :

François Chaubet, *La culture française dans le monde. 1980-2000. Les défis de la mondialisation.*
Jean-René GARCIA, *La Bolivie, Histoire constitutionnelle et ambivalence du pouvoir exécutif.*
Christian SCHÜLKE, *Les usages politiques du passé dans les relations germano-polonaises*, 2009.
M. Hobin, S. Lunet, *Le Dragon taiwanais : une chance pour les PME françaises.*
A. Martín Pérez, *Les étrangers en Espagne.*
A. Ceyrat, *Jamaïque. La construction de l'identité noire depuis l'indépendance.*
D. Cizeron, *Les représentations du Brésil lors des Expositions universelles.*
D. Rossignol, *Air France. Mutation économique et évolution statutaire.*
D. Rolland & D. Aarão Reis Filho (dir.), *Modernités alternatives. L'historien face aux discours et représentations de la modernité.*
A. Bachoud, J. Cuesta, M. Trebitsch (dir.), *Les intellectuels et l'Europe de 1945 à nos jours.*
G. Quagliariello, *Gaullisme. Une classification impossible.*
J. Faure et D. Rolland (dir.), *1968 hors de France.*
A. Purière, *Assistance et contrepartie. Actualité d'un débat ancien.*
R. Guillot, *La chute de Jacques Cœur. Une affaire d'État au XVe siècle.*
G. Brégain, *Syriens et Libanais d'Amérique du Sud (1918-1945).*
F. Bock, G. Bührer-Thierry, S. Alexandre (textes réunis et établis par), *L'échec, objet d'histoire.*
C. Collin Delavaud, *Les 1001 routes de la Soie.*
A. Bergeret-Cassagne, *Les bases américaines en France : impacts matériels et culturels, 1950-1967.*
C. Birebent, *Militants de la paix et de la SDN. Les mouvements de soutien à la Société des nations en France et au Royaume-Uni, 1918 – 1925.*

L'HARMATTAN, ITALIA
Via Degli Artisti 15 ; 10124 Torino

L'HARMATTAN HONGRIE
Könyvesbolt ; Kossuth L. u. 14-16
1053 Budapest

L'HARMATTAN BURKINA FASO
Rue 15.167 Route du Pô Patte d'oie
12 BP 226
Ouagadougou 12
(00226) 76 59 79 86

ESPACE L'HARMATTAN KINSHASA
Faculté des Sciences Sociales,
Politiques et Administratives
BP243, KIN XI ; Université de Kinshasa

L'HARMATTAN GUINEE
Almamya Rue KA 028
En face du restaurant le cèdre
OKB agency BP 3470 Conakry
(00224) 60 20 85 08
harmattanguinee@yahoo.fr

L'HARMATTAN COTE D'IVOIRE
M. Etien N'dah Ahmon
Résidence Karl / cité des arts
Abidjan-Cocody 03 BP 1588 Abidjan 03
(00225) 05 77 87 31

L'HARMATTAN MAURITANIE
Espace El Kettab du livre francophone
N° 472 avenue Palais des Congrès
BP 316 Nouakchott
(00222) 63 25 980

L'HARMATTAN CAMEROUN
BP 11486
(00237) 458 67 00
(00237) 976 61 66
harmattancam@yahoo.fr

633346 - Décembre 2015
Achevé d'imprimer par

1livre.com
du rêve à la réalité !

Made in United States
Orlando, FL
04 November 2026

90200397R00166